Territórios Clínicos

Coleção Debates
Dirigida por J. Guinsburg
(*in memoriam*)

Equipe de Realização
Coordenação textual: Luiz Henrique Soares e Elen Durando;
Edição de texto: Rita Durando;
Revisão: Fernanda Alvares;
Produção: Ricardo W. Neves e Sergio Kon.

tide setubal
viviane soranso
laís guizelini
fernanda almeida
(organizadoras)

**TERRITÓRIOS CLÍNICOS**

Copyright © 2024 Editora Perspectiva Ltda.

ESTA OBRA CONTOU COM O APOIO DA FUNDAÇÃO TIDE SETUBAL

---

CIP-Brasil. Catalogação na Publicação
Sindicato Nacional dos Editores de Livros, RJ

---

T317
    Territórios clínicos / organização Tide Setubal ... [et al.]. - 1.
ed. - São Paulo : Perspectiva : Fundação Tide Setubal, 2024.
    282 p. ; 21 cm. (Debates ; 352)

    ISBN 978-65-5505-201-5

    1. Saúde pública - Aspectos sociais. 2. Psicanálise. I. Setubal,
Tide. II. Série.

| | |
|---|---|
| | CDD: 150.195 |
| 24-93480 | CDU: 159.964.2 |

---

Meri Gleice Rodrigues de Souza - Bibliotecária - CRB-7/6439
23/08/2024 29/08/2024

1ª edição

Direitos reservados à

EDITORA PERSPECTIVA LTDA.

Praça Dom José Gaspar, 134, cj. 111
01047-912 São Paulo SP Brasil
Tel.: (11) 3885-8388
www.editoraperspectiva.com.br

2024

# SUMÁRIO

Apresentação – Tide Setubal . . . . . . . . . . . . . . . . . .   11

Prefácio:
    Corpo-Território-Coletivo –
    *Maria Lúcia da Silva e Noemi Moritz Kon* . . . .   27

## PARTE 1: COLETIVOS DE CLÍNICAS PÚBLICAS

CASA DE MARIAS –
    *Camila Generoso* . . . . . . . . . . . . . . . . . . . . . . . . .   37

REDE SUR:
    Construindo Dispositivos Clínicos
    nas Situações Sociais Críticas –
    *Helena Albuquerque* . . . . . . . . . . . . . . . . . . . . . .   40

PERIFANÁLISE –
    *Paula Jameli* . . . . . . . . . . . . . . . . . . . . . . . . . . . .   55

MARGENS CLÍNICAS:
    Centralidade e Marginalidade . . . . . . . . . . . . . .   59

INSTITUTO AMMA PSIQUE E NEGRITUDE:
Uma Necessidade Histórica –
*Maria Lúcia da Silva e Marcos Amaral* . . . . . . . 65

RODA TERAPÊUTICA DAS PRETAS:
Atravessando Utopias, Construindo Realidades –
*A Coletiva* . . . . . . . . . . . . . . . . . . . . . . . . . . . . . . 79

GRUPO VEREDAS:
Psicanálise e Imigração –
*Sandra Luzia de Souza Alencar, Miriam Debieux
Rosa, Gabriel Binkowski e Pedro Seincman* . . . 85

PARTE 2: DEBATES
**Políticas de Estado e Clínicas Públicas:**
Limites e Articulações . . . . . . . . . . . . . . . . . . . . . . 107

Abertura:
O Que Pode a Clínica Pública Diante da Barbárie
Colonial? – *Kwame Yonatan Poli dos Santos*
[Margens Clínicas] . . . . . . . . . . . . . . . . . . . . . 108

Psicanálise e Intervenção Social: Possibilidades
do Lugar de Estrangeiro na Clínica Pública de
Psicanálise – *Bianca Spinola Lapa* [SUR] . . . 119

Deslocamentos Físicos, Psíquicos e Territoriais:
Quem Faz Clínica nas Periferias? –
*Rosimeire Bussola* [PerifAnálise] . . . . . . . . . 140

O Antimanicolonial e Seu Agir Fronteiriço:
Articulações Entre as Políticas e Clínicas
Públicas – *Emiliano de Camargo David*
[Amma] . . . . . . . . . . . . . . . . . . . . . . . . . . . . . . 147

**Clínica, Militância e Formação:**
Questões de Raça, Classe e Gênero Vistas
Pelas Lentes da Metapsicologia Psicanalítica . . . . . 157

Abertura –
*Deisy Pessoa* [Casa de Marias] . . . . . . . . . . 158

(Pro)vocações da Militância à Psicanálise –
*Clélia Prestes* [Amma] .................. 161

O Caso Clínico-Político Frente aos Marcadores
Sociais: Articulação Entre a Escuta Psicanalítica
e a Face Pública da Clínica –
*Miriam Debieux Rosa, Gabriel Binkowski,*
*Sandra Luzia de Souza Alencar e Priscilla Santos*
*de Souza* [Veredas] ..................... 173

**Clínica e Território**......................... 199

Abertura: Sejamos Nós os Psicanalistas – *Laís de*
*Abreu Guizelini* [Fundação Tide Setubal] .. 200

Sobre as Estratégias de Lidar Com as Intempéries
em Forma de Roda – *A Coletiva*
[Roda Terapêutica das Pretas] ........... 208

Sujeito e Território:
Enodamentos Entre Clínica, Ética e Política –
*Ana Carolina Barros Silva* [Casa de Marias] 217

Desafios e Potências – *Verônica Rosa*
[PerifAnálise] ......................... 228

PARTE 3:
DEVIR E PORVIR DAS CLÍNICAS PÚBLICAS

Territórios Clínicos:
A Construção de Outros Tempos – São Tempos
de Esperança – *Fernanda Almeida* .......... 237

Os Coletivos de Psicanálise, a Institucionalização
e Seus Descontentes:
Um Ensaio Para um Debate Permanente –
*Rafael Alves Lima*........................ 252

Sobre os Autores ........................... 275

## APRESENTAÇÃO

*Tide Setubal*

> *A confluência é a energia que está nos movendo para o compartilhamento, para o reconhecimento, para o respeito. Um rio não deixa de ser um rio porque conflui com outro rio, ao contrário, ele passa a ser ele mesmo e outros rios, ele se fortalece. Quando a gente confluencia, a gente não deixa de ser a gente, a gente passa a ser a gente e outra gente – a gente rende. A confluência é uma força que rende, que aumenta, que amplia.*

> ANTÔNIO BISPO DOS SANTOS,
> *A Terra Dá, a Terra Quer.*

Este livro é um desdobramento do Seminário Territórios Clínicos, realizado no auditório da USP Zona Leste, no dia 15 de abril de 2023. O texto a seguir foi escrito para a abertura desse encontro e reproduzido aqui com pequenas modificações.

O Seminário Territórios Clínicos foi um grande encontro que resultou de dois anos de trabalho conjunto da Fundação Tide Setubal, em parceria com sete organizações – Amma Psique e Negritude, Casa de Marias, Margens Clínicas/REM – Rede de Escutas Marginais, PerifAnálise São Mateus, Roda Terapêutica das Pretas, SUR Psicanálise e Intervenção Social, Grupo Veredas: Psicanálise e Imigração. Começo fazendo um agradecimento especial a cada uma delas pela coragem de apostar e pela disponibilidade de construir conosco esse projeto, intitulado Territórios Clínicos, mesmo nome conferido, posteriormente, ao nosso seminário.

Antes de contar um pouco da história desse projeto, é incontornável agradecer também a três mulheres que me ajudaram nessa jornada. A primeira delas é a minha mãe, Neca Setubal, a quem agradeço pela inspiração, incentivo e apoio, que foram absolutamente fundamentais para tornar esse sonho uma realidade. A segunda é a Mariana Almeida, diretora da Fundação Tide Setubal e, na sua figura, toda a incrível equipe da Fundação, que muito nos ajudou na construção desse projeto, especialmente Laís, Vivi e Fernanda, que são alicerces dessa caminhada. E a terceira mulher a quem agradeço é minha avó Tide, que compõe minha ancestralidade, de quem herdei o nome e que sempre foi uma inspiração feminina para a construção de um fazer no mundo, atravessado pelo afeto e pela valorização das subjetividades.

## História dos Territórios Clínicos

> *Todo o processo alcança um estado de descolonização, isto é, internamente não existe mais como a/o Outra/o, mas como o eu. Somos eu, somos sujeito, somos quem descreve, somos quem narra, somos autoras/ es e autoridade da nossa própria realidade*[1].

1 G. Kilomba, *Memórias da Plantação*, p. 239.

A soma enfileirada de privilégios também pode angustiar, entristecer, insoniar e, sobretudo, paralisar numa posição de culpa sem saída. Ter a coragem de assumir a responsabilidade pelo meu lugar no mundo e descobrir outros possíveis ângulos dos privilégios; torcê-los, virá-los de cabeça para baixo e ter a alegria de encontrar no seu avesso uma mola propulsora que pode ser compartilhada com outros, com muitos, foi um ponto de partida para que eu começasse a tecer o programa Territórios Clínicos, em 2019.

O que estão fazendo nesse campo da psicanálise social? Quais textos, livros e pensadores nós temos? Quais são os projetos que estão atuando nas periferias, nas universidades, nas escolas de psicanálise, nos diversos territórios de São Paulo e deste Brasil?

Inúmeras perguntas surgiram logo no início dessa caminhada. Elas foram o motor dos primeiros passos para mapear o que existia no campo e, a partir daí, desenhar um projeto. Pesquisamos, lemos e conversamos com diversas pessoas que atuam nessa dobra da psicanálise com o campo social. Nesse meio-tempo, também tive a oportunidade de fazer parte de um grupo de pesquisa chamado "As Clínicas Públicas de Psicanálise no Brasil", no qual entrevistamos diversas pessoas e coletivos que trabalham com saúde mental de forma pública e abrangente em nosso país. Como resultado desse trabalho, lançamos um *podcast* de mesmo nome[2].

Foi, então, a partir dessa efervescente conjuntura que realizamos a nossa primeira iniciativa dentro do campo da saúde mental: um mapeamento de organizações que oferecem formação, supervisão e atendimento psicanalítico e/ou psicológico abertos à comunidade, para além da importante rede do Sistema Único de Saúde – SUS[3]. O objetivo

2 Ver no Spotify, Perspectiva, As Clínicas Públicas de Psicanálise no Brasil.
3 Ver Fundação Tide Setubal, Mapeamento Territórios Clínicos, *Fundação Tide Setubal*, set. 2021.

desse levantamento – que se encontra publicado no *site* da Fundação Tide Setubal – foi compreender o que está sendo ofertado na cidade de São Paulo, como uma fonte de informação para trabalhadores da saúde mental, além de facilitar o acesso da população a esses espaços.

A consolidação desse mapeamento demonstrou uma imensa centralização territorial desses serviços. Por exemplo, projetos que disponibilizam atendimentos sociais dificilmente se localizam nas zonas mais periféricas da cidade, o que pode implicar a necessidade de um grande deslocamento de uma pessoa que vive em territórios afastados do centro em busca de atendimento. Em contrapartida, por meio desse trabalho identificamos projetos vigentes muito interessantes, potentes e criativos no campo das clínicas públicas.

Assim, a partir desses muitos "fios de história", nasceu o programa Territórios Clínicos 2021-2022, que buscou *fomentar iniciativas que produzam a circulação e a ampliação de práticas no campo da saúde mental, sobretudo psicanalítico, nos diversos territórios periféricos, como forma de democratizar e descentralizar a produção de conhecimento, a formação profissional e o atendimento à população.*

Sete organizações foram selecionadas e convidadas a apresentar projetos consonantes com os princípios[4] orientadores do Territórios Clínicos. Além do apoio financeiro por dois anos, realizamos um acompanhamento trimestral – incentivando a articulação de uma rede – através de encontros entre as organizações apoiadas, voltados à

4 Ampliar a atuação, o diálogo e o alcance da psicanálise e do cuidado com a saúde mental nas políticas públicas; descentralizar e democratizar o acesso da população ao atendimento psicológico e/ou psicanalítico seja ele individual, grupal ou como dispositivo de elaboração psíquica; apoiar formação de profissionais da saúde mental, sobretudo daqueles que enfrentam dificuldades socioespaciais, periféricas e raciais; incentivar pesquisas no campo de saúde mental que incidam e dialoguem com o território, as periferias, as questões de raça e de gênero; apontar a importância do investimento e do trabalho no campo da saúde mental, trazendo esse tema para o debate em diferentes espaços.

troca de experiências, estudos de temas ligados aos projetos e à aprendizagem coletiva.

Foram dois anos de muito trabalho, atravessados por uma impensável pandemia que nos levou aos desafios dos encontros e dos atendimentos *on-line*. Foram anos também de resistência a um governo nefasto que destruiu políticas públicas de saúde mental e que nos deixou perplexos diante de sua capacidade de empregar enorme violência, principalmente contra as minorias em direito. Penso que, sobretudo nesses tempos difíceis, espaços como o do Territórios Clínicos foram importantes para a resistência e o fortalecimento de nossa luta, a partir dos laços comunitários.

Com o encerramento desses dois anos de trabalho, nos vimos diante do desejo de construir coletivamente um seminário de finalização do projeto, assim como de materializar esse encontro no presente livro, como ato de partilhar pensamentos, diálogos, interlocuções com diferentes grupos, para uma atuação coletiva e fortalecida nesse campo que ainda guarda imensos desafios.

Na presente publicação, além dos textos de cada palestrante do seminário, contamos com o prefácio de Noemi Moritz Kon e Maria Lúcia da Silva, e com dois textos sobre as clínicas públicas no Brasil, um de Fernanda Almeida e outro de Rafael Alves Lima.

*Desdobramentos dos Trabalhos Nesses Dois Anos de Territórios Clínicos*

A partir das reuniões coletivas, individuais e de relatórios, foi possível acompanhar as organizações na realização e na ampliação de seus projetos, com um maior número de atendimentos, alunos e equipe. Vimos uma melhor estruturação de suas atividades administrativas e também presenciamos o despertar dessas organizações para a importância de se pensar e de conferir sustentabilidade aos seus projetos.

Além desses momentos de encontros coletivos, aconteceram articulações paralelas entre os grupos, gerando sinergia nos trabalhos e possíveis colaborações, como quando um dava aula no curso do outro, ou quando trocavam formações e supervisões. Podemos pensar que essa maior interação levou a um fortalecimento político e teórico do campo psicanalítico das clínicas públicas.

Sobre isso, em um dos nossos encontros coletivos, Sandra Alencar, do Veredas, nos disse: "No projeto Territórios Clínicos, destaca-se a dimensão coletiva nas respostas a um sofrimento que é coletivo, socialmente construído. Há muitas experiências distintas e uma riqueza nesse compartilhamento entre os grupos."

Esse projeto tem, portanto, uma intencionalidade que vai além do apoio financeiro de cada organização. Entendemos que essa construção de um fazer coletivo, a partir das trocas teórico-clínicas que estão imersas num campo político-racial-social, é fundamental para a sustentação e a fertilização do campo das clínicas públicas de saúde mental. Sobre esse aspecto, cito um trecho do relatório final da Casa de Marias:

Pensamos ser importante lembrar que o apoio financeiro do projeto Territórios Clínicos ajudou a tornar possível que o espaço físico da Casa de Marias continuasse existindo e sendo cuidado. No entanto, nos parece fundamental destacar o apoio que nos foi dado para além do aspecto financeiro. Acreditamos que a luta antirracista é também responsabilidade das instituições que ocupam uma posição de privilégio na dinâmica das relações sociais e econômicas. E assumir essa responsabilidade, lado a lado no enfrentamento, quer dizer abrir espaço para que pessoas negras ocupem também os mesmos lugares "na mesa". Isso, na prática, é fazer mediações, apresentações, aproximações, abrir portas, colocar em contato, convidar para participar, construir junto, apostar no potencial, saber escutar, considerar, buscar soluções conjuntamente... enfim, há um imenso trabalho que está para muito além da transferência de valores monetários, e esse movimento, feito também pela Fundação Tide Setubal, fez muita diferença na nossa trajetória institucional.

Dentre as muitas histórias vividas e questões abordadas nos Territórios Clínicos, escolho partilhar neste escrito dois grandes temas que foram celeiro de trocas, tensões, conflitos e discussões em nossas reuniões coletivas. Temas que carregam justamente o nome do projeto: clínica e território. A intenção aqui é disparar primeiras reflexões que serão certamente retomadas e aprofundadas ao longo das páginas deste livro.

## As Clínicas Públicas de Psicanálise

O que é a prática clínica e o que são os dispositivos clínicos? Como ampliar a concepção de clínica para além dos muros? Como pensá-la nos espaços públicos e nos diversos territórios? O que são clínicas públicas de psicanálise?

Partimos de uma concepção comum de clínica que não se restringe ao consultório particular. A clínica pode estar em qualquer lugar: nas ruas, nos espaços públicos, nas praças, nos equipamentos públicos ou privados ou mesmo nos ambientes virtuais que tomaram um grande espaço a partir da pandemia.

As clínicas públicas são grupos de trabalhadores de saúde mental que se reúnem em torno de um projeto clínico (clínica ampliada), em articulação com a esfera pública, e que produzem algum benefício para um indivíduo e também, necessariamente, para um coletivo, para a sociedade, não atuando, portanto, exclusivamente na esfera privada/individual. São clínicas que muitas vezes podem e devem, inclusive, se articular com a rede pública de saúde mental.

Dessa forma, as clínicas públicas são projetos que contêm um posicionamento ético-político, uma reflexão embasada teoricamente, e que estão inseridos num tempo histórico de uma sociedade. Vemos, por exemplo, que momentos de crises sociais, como foi a ascensão da extrema direita no Brasil, em 2018, ou a pandemia mundial de Covid-19, nos anos de 2020 e 2021, são momentos de muita efervescência e de criação de novos projetos de clínicas públicas, como aconteceu, por exemplo, com a PerifAnálise de São Mateus, criada em 2018, e com a Casa de Marias, criada em 2019.

Assim, pensar hoje nas clínicas públicas de psicanálise no Brasil significa tensionar aspectos cruciais como classe, gênero, raça e território e, por conseguinte, buscar revisitar a teoria e a prática clínica partindo de tais conceitos. Como pensar uma psicanálise antirracista e nas periferias? Como democratizar a psicanálise? Como pensar a constituição de um sujeito que é atravessado por um racismo estrutural que se faz presente no cotidiano de todos nós?

As clínicas públicas trazem uma inventividade, liberdade, abertura para o novo, para a experimentação de uma nova forma de trabalho, atendimento e supervisão. É um trabalho certamente transformador, tanto para quem é atendido como para aquele que atende, e pode haver, portanto, um deslocamento de posições subjetivas de quem está envolvido. É um espírito de aventura e de invenção como Freud teve na criação da psicanálise, quando escutou as histéricas, se deslocando do lugar de saber onipotente do médico e se colocando a escutar um outro.

Em geral, esse trabalho implica a criação de dispositivos clínicos de atendimento, mas implica também a formação de, num grupo de retaguarda, um grupo que ajude a refletir e a simbolizar toda a experiência vivida. Muitas vezes são realidades por meio das quais entramos em contato com muita vulnerabilidade, violência e privação. Portanto, a necessidade de fazer circular a vivência num grupo que a sustente é fundamental, assim como a possibilidade de transmissão em outros espaços, livros, cursos, a fim de relatar e de disseminar tais experiências.

As clínicas públicas psicanalíticas trabalham com a singularidade do indivíduo, com a intersubjetividade constitutiva e, também, com a dimensão social, política e histórica. Há uma amplitude na compreensão do sujeito, sem deixar de buscar uma compreensão da profundidade de cada um. É um fazer clínico apoiado numa escuta estritamente psicanalítica, que leve em conta, primordialmente, o sujeito do inconsciente freudiano.

Mas o que fica da teoria e da ética psicanalítica nesses espaços de clínica ampliada? Penso que, mesmo que os grupos atendam nos mais diferentes espaços, ou ainda virtualmente, temos conceitos psicanalíticos fundamentais para embasar nossa prática, como a escuta, a transferência, o inconsciente, as pulsões, a associação livre, dentre outros. Todos eles fazem parte dos diferentes modos de clinicar.

Os dispositivos são múltiplos e necessariamente levam em conta a pessoa ou grupo em seu contexto histórico-social, podendo ser individuais, grupais, encontros pontuais ou mais extensos, enfim, são muitas as possibilidades. O que nos parece fundamental é pensar os dispositivos clínicos e em seu enquadre na singularidade das situações e que este, por meio de um combinado, seja explicitado e pactuado de acordo com os sujeitos envolvidos. Também é fundamental cuidar do sigilo, construir confiança e, claro, desenvolver uma escuta psicanalítica.

O que se busca garantir nesses processos é a capacidade do indivíduo de sentir, ver e escutar a si mesmo para que algo da experiência vivida possa ser simbolizado. É a possibilidade de que o sujeito invista na sua realidade psíquica, apropriando-se de sua história subjetiva, de suas marcas singulares, de seu contexto sócio-histórico e, assim, ressignifique e transforme sua posição no mundo.

Para exemplificar, cito um poema bordado pela Letícia Silva, da Roda Terapêutica das Pretas, feito a partir da colagem de diferentes falas de um grupo de mulheres atendidas pelo projeto, que mostra o resultado desse trabalho:

> Liberdade também é dizer não
> Estou aprendendo a me cuidar, ninguém me ensinou
> Aprendendo a me perdoar
> Aprendendo a descansar
> Não quero ficar me massacrando
> Não aceito mais morrer todos os dias

Vai doer até não doer mais
Eu aprendi a me enxergar
Sou digna de ser amada e receber amor
Olho no espelho e hoje estou gostando mais de mim
Crescer é como romper o teto
Romper o teto é passar pro próximo nível
Vamos bater a cabeça, ter cicatrizes, vamos lembrar
do que passamos
Mas é isso que faz você estar em outro nível
Reestabelecer o fôlego para continuar
Fazer com sentido as coisas
Me alimento da vontade de viver
Vou continuar me aprimorando
Quero ajudar para me fortalecer
Para ajudar outras pessoas
Sei que sou capaz.

Já do lado da analista, algo que vem se mostrando bastante relevante, sobretudo nesse contexto de situações sociais críticas, é a importância da escuta inserida sócio-politicamente. Isso não significa fazer política partidária na clínica, mas sim incluir na escuta aspectos referentes aos tensionamentos produzidos pelas dimensões de raça, gênero e classe. Nesse sentido, num dos nossos encontros coletivos do Territórios Clínicos, Miriam Debieux, do Veredas, nos disse:

É fundamental olharmos para o fato de que somos atravessados em diferentes lugares pela colonização para pensar a clínica e a escuta porque isso opera na transferência e, se a gente não souber disso, fazemos ideologia achando que estamos fazendo psicanálise. Ou fazemos manutenção dos interesses de classe, e não escuta e prática da psicanálise. Isso passa pela conversa de que se, para atender uma pessoa, é preciso ser da mesma classe e da mesma cor, ou se não – mas desde que sabendo devidamente –, é preciso ter outros dispositivos e estratégias clínicas para dar conta de poder escutar, de apreender o que está ali, se implicando com a psicanálise e com a clínica e não aplicando uma psicanálise neutra.

Nessa fala, Miriam ressalta como é fundamental olharmos e incluirmos uma escuta sócio-política nos atendimentos psicanalíticos para não reproduzirmos em nossa escuta, sem nos darmos conta, uma ideologia de classe. Um exemplo disso é como, durante um bom tempo, comumente a psicanálise embarcou na ideia muito disseminada em nossa sociedade de que o Brasil não era um país racista, tratando na clínica episódios extremamente violentos de racismo como algo da ordem do imaginário ou de uma persecutoriedade imaginária. Resultava em interpretações psicanalíticas equivocadas, deixando os pacientes desamparados, não se sentindo escutados e até confusos sobre suas próprias vivências, o que é muito grave e retraumatizante.

Uma outra questão que se coloca central para as clínicas públicas é o acesso. A psicanálise ainda se coloca num campo elitizado. É um tratamento caro, longo, e a oferta de espaços de tratamento está majoritariamente localizada em determinados bairros centrais da cidade. Então, como podemos ampliar o acesso? Partindo da visão de que o acesso ao tratamento psíquico deve ser um direito fundamental, o que se coloca no cerne do debate é como criar condições para que ele exista e seja sustentável.

Nesse cenário, os equipamentos do Estado têm um papel central, mas as clínicas públicas exercidas por grupos da sociedade civil também têm tido um lugar relevante. Muitos profissionais trabalham em diferentes grupos a partir de uma posição ética, um trabalho sustentado por seus valores, utopias e ideais. Existir um grupo de pertença que amplie a concepção de clínica pode ser muito enriquecedor para a formação de um psicanalista.

No entanto, é também verdade e desejado que o profissional que desenvolve esse trabalho seja por ele remunerado. Esse aspecto se torna ainda mais complexo quando olhamos para os profissionais das periferias que estão fazendo esses atendimentos e que, muitas vezes, são também mulheres, negras, acumulando uma interseccionalidade repleta de enormes desafios. Aqui o binômio acesso à população de baixa renda e pagamento dos profissionais se configura uma equação complexa. Como remunerar essas profissionais que desenvolvem um trabalho com dimensões públicas, mas não dentro dos equipamentos do Estado? Como tornar esse trabalho das clínicas públicas sustentável? Essas são questões com as quais temos nos deparado incessantemente ao longo do projeto.

Vemos que pensar o acesso não diz respeito somente ao público atendido, mas também a quem são os profissionais que fazem esses trabalhos. Essa dimensão do campo produz conflito, como podemos escutar na fala de Rosimeire, integrante do grupo PerifAnálise, em um dos nossos encontros coletivos:

Há um mal-estar na psicanálise que não é de agora, que parece que as coisas que a gente fala, por sermos periféricos, por sermos de movimento negro, por sermos de diversos espaços, soa como agressão ou ofensa, e não é disso que se trata. Estamos falando da nossa vivência (enquanto periféricos, pretos, de movimentos sociais), de como nos sentimos a partir desse lugar. Era muito comum ouvirmos, na condição de analistas, isso da parte de nossos analisantes – de como se sentiam oprimidos, explorados, violentados –, mas agora me parece que, no círculo da psicanálise, tem sido muito difícil ouvir dos pares analistas como é ser um analista periférico, um analista preto ou preta. Isso está se refletindo de modo geral no campo, e demanda que olhemos para essas questões, inclusive para os nossos furos. Por que é importante marcar esse lugar da periferia? Por que é importante marcar esse lugar da psicanálise exercida na e pela periferia? Como essas psicanálises dialogam? Isso é o que temos nos ocupado em pensar no PerifAnálise, mas não sem mal-estar, angústia, não sem os questionamentos da psicanálise hegemônica que se perpetua nos diferentes espaços. Ouvimos muitas vezes o questionamento de se o que a gente faz é psicanálise, se o trabalho que fazemos no PerifAnálise é psicanálise. Que bom que aqui nesse grupo do Territórios Clínicos temos a possibilidade de trocar com pessoas importantes no campo da psicanálise brasileira e de São Paulo e compartilhar sobre o que tem acontecido.

*Território*

Qual afetação o local, o território, gera na psicanálise? Como articular a teoria psicanalítica de constituição do sujeito com o ambiente social e territorial em que ele está inserido? Como se constitui o sujeito na periferia? O local onde crescemos tem um profundo impacto constituinte em nossa subjetividade.

Para pensar os dispositivos clínicos é então fundamental que se faça uma escuta do território e dos sujeitos que lá habitam. É a partir desse movimento que os dispositivos são criados e transformados. Nesse sentido, a técnica da Escuta Territorial, desenvolvida por Jorge e Emília Broide, da Sur Psicanálise, é muito potente pois "se trata de ir para o território entender quais os significantes que estão pulsando enquanto urgências, que partem das relações conscientes e inconscientes que os sujeitos têm com o território em que vivem"[5].

Sobre esse tema, Liamar, do Amma Psique e Negritude, nos lembra:

Trata-se de um convite e um alerta para nós que estamos aqui, de como olhar para o território. Trazemos nossa "caixinha de ferramentas", mas que muitas vezes não serve, demanda-se despir do que trazemos em nossa bagagem para poder construir algo a partir desse lugar, desse espaço e, principalmente, a partir das pessoas que estão lá, para potencializar conhecimentos, vivências, rotinas e dinâmicas ali existentes. É um desafio não se colocar exclusivamente no lugar de quem tem a levar, ofertar algo.[6]

Esse é um debate central sobre a perspectiva imperativa da colonialidade, em contraposição à produção de saberes dos sujeitos periféricos. Aquele que chega, o estrangeiro, aparenta muitas vezes não conseguir abdicar

---

5 Fala de Jorge Broide no 3º encontro de acompanhamento do edital Territórios Clínicos, Fundação Tide Setubal, 18 de setembro de 2021.
6 Fala de Liamar Oliveira no 5º encontro de acompanhamento do edital Territórios Clínicos, Fundação Tide Setubal, 19 de março de 2022.

de uma posição colonizadora; talvez esta tenha se incorporado em sua identidade. Assim, em primeiro lugar, parece não aceitar que o que se reivindica hoje é uma inversão da lógica do entendimento da produção e reprodução das relações sociais no interior dos territórios periféricos e, em segundo, quando chega com um discurso legítimo e legitimado pela concepção da participação social como diretriz – afinal não lhe faltam boas estratégias e metodologias participativas e colaborativas – parece não perceber que um saber externo, a depender de como foi apresentado, pode ser, ainda que pleno de boas intenções, profundamente arbitrário na forma e no conteúdo. Nesse sentido, saber escutar e construir efetivamente de maneira conjunta são enormes desafios.

Há então uma complexa e necessária tarefa de pensar nessas questões singulares de cada território periférico sem se fixar exclusivamente no sofrimento lá presente. Há muita potência nas periferias, nesses sujeitos. Essa é uma linha tênue entre apontar os efeitos precarizantes do racismo/capitalismo e não fixar os sujeitos no lugar da pura falta e das inúmeras carências existentes nas periferias. Vemos em muitos territórios periféricos uma generosidade da vizinhança e, também, um censo de coletividade (a pandemia deixou inúmeros exemplos disso, como o projeto das Guardiãs, no Jardim Lapenna) que nós não encontramos em bairros mais ricos, onde muitas vezes não se sabe nem o nome do vizinho de porta. Essa é a diferença entre urbanismo (como aquele território está organizado fisicamente) e urbanidade. Pensar em urbanidade tem relação com vitalidade urbana, é a promoção do lócus do encontro, da convivência coletiva, da diversidade, do território como promotor de vida social. A vitalidade urbana está estritamente ligada às pessoas daquele território. Como os lugares de convivência podem ser espaços de promoção de saúde mental?

O coletivo Margens Clínicas nos oferta um exemplo, desenvolvendo uma metodologia de Cartografia que se baseia na geografia crítica para apoiar as comunidades a construírem seus próprios mapas, uma memória coletiva. São mapas subjetivos, com afetos e histórias que vão para muito além das ruas. Afinal, pensar um território é maior que pensar uma localização ou um CEP. É preciso olhar para a sua subjetividade. Enxergar suas faltas, o racismo estrutural expresso nos cantos e nas relações entre aqueles habitantes, mas também sua vitalidade urbana, suas relações sociais, seus espaços de encontros, de diversidade. Um território deve ser promotor de convivência coletiva e – por que não? – de saúde mental. Escutar um sujeito em seu território, em sua terra, a partir de suas raízes e asas, além de ser urgente, traz potência e renovação para nosso fazer psicanalítico.

## Reflexões Finais e Caminhos Futuros

O encontro de mundos diversos traz tensões expressas numa posição de confronto, mas traz também a oportunidade de engendrar pontes, num diálogo que reconhece diferentes pensamentos e saberes. O trabalho do Territórios Clínicos aconteceu nessa dialética: por um lado, acolhendo o conflito necessário para abalar certezas e posições cristalizadas, mas, por outro, criando redes e afirmando positivamente diferentes formas de fazer e de trabalhar.

Atualmente, há uma forte e irreversível onda na psicanálise; não seremos os mesmos porque a paisagem mudou. Haverá aqueles que irão brigar pelo retorno da antiga paisagem e aqueles que irão plantar novas árvores, desenhar outros horizontes, nos quais a democratização, a luta antirracista, a justiça social e a descolonização se façam cada vem mais presentes e férteis na construção de uma psicanálise no Brasil.

Mirando o futuro, encerro este texto com a alegria da chegada de uma nova aventura: em 2024 e 2025 realizaremos o projeto Territórios Clínicos 2, por meio do qual apoiaremos dez novas organizações, grupos, coletivos de saúde mental no estado de São Paulo.

## Referências

BROIDE, Jorge; BROIDE, Emília Estivalet. *A Psicanálise em Situações Sociais Críticas: Metodologia Clínica e Intervenções*. São Paulo: Escuta, 2015.

DAVID, Emiliano de Camargo. Aquilombar a Cidade: Território, Raça e Produção de Saúde em São Paulo. *Revista do Centro de Pesquisa e Formação*, São Paulo, n. 10, ago. 2020.

FREUD, Sigmund. *Obras Completas, v. 15: Psicologia das Massas e Análise do Eu e Outros Textos [1920-1923]*. Trad. Paulo César de Souza. São Paulo: Companhia das Letras, 2011.

FUNDAÇÃO TIDE SETUBAL. Mapeamento Territórios Clínicos. *Fundação Tide Setubal*, set. 2021. Disponível em: <https://fundacaotidesetubal.org.br>. Acesso em: jan. 2024.

KILOMBA, Grada. *Memórias da Plantação: Episódios de Racismo Cotidiano*. Rio de Janeiro: Cobogó, 2019.

KON, Noemi Moritz; SILVA, Maria Lúcia; ABUD, Cristiane Curi (orgs.). *O Racismo e o Negro no Brasil: Questões Para a Psicanálise*. São Paulo: Perspectiva, 2017.

PERSPECTIVA. As Clínicas Públicas de Psicanálise no Brasil. *Spotify*, maio 2023. Disponível em: <https://www.spotify.com>. Acesso em: dez. 2023.

ROSA, Miriam Debieux. *A Clínica Psicanalítica em Face da Dimensão Sociopolítica do Sofrimento*. São Paulo: Escuta/Fapesp, 2016.

SETUBAL, Tide. Territórios Clínicos: Uma Escuta Psicanalítica Entre o Singular e o Social, São Paulo, *Revista Percurso*, n. 67, 2021.

## PREFÁCIO:
## CORPO-TERRITÓRIO-COLETIVO

*Maria Lúcia da Silva e Noemi Moritz Kon*

> *O lugar em que nos situamos determinará*
> *nossa interpretação sobre o duplo fenômeno*
> *do racismo e do sexismo. Para nós o*
> *racismo se constitui como a sintomática que*
> *caracteriza a neurose cultural brasileira.*

LÉLIA GONZALEZ

Seja bem-vinda a esse território de saberes, percepções, cores, sons, tonalidades… queremos fazer uma proposta e esperamos que você a aceite.

Para apresentar este livro, *Territórios Clínicos*, nós te convidamos para um passeio.

Queremos que esta leitura seja a oportunidade para um processo, para uma experiência de retomada de seus *territórios* materiais, mentais e emocionais, para que seja possível, quem sabe, certas retomadas, certas descobertas e invenções de que você, talvez, ainda não tenha se dado conta.

Venha com a gente...

Primeiramente, gostaríamos que percebesse como você está neste momento: tensa, relaxada, preocupada, desconfiada, surpresa, curiosa... enfim, encontre uma palavra que defina seu estado. Não tenha pressa, temos tempo! Afinal, tudo o que vivenciamos, do prazer ao desprazer, se passa em nosso *corpo-território*.

Então, respire fundo algumas vezes e vá soltando a respiração bem lentamente. Vá distensionando cada músculo, cada nervo do seu corpo, que possa impedir sua energia de fluir naturalmente nesta viagem que nos propomos a fazer com você.

Vá percebendo, à medida que vai respirando lentamente, como o corpo e a mente ficam mais livres das tensões; cada vez mais relaxados, abrem espaço para que imagens internas possam surgir. Coloque sua atenção nas emoções que vão surgindo, não se fixe em nenhuma imagem, deixe que elas passem como se você fosse uma tela de cinema.

Qual é a sua sensação? Que sentido ela tem para você? Demore-se nela o quanto precisar...

Esta experiência está ancorada em sua realidade, em sua experiência viva de seu território corporal e psíquico; preste atenção a esse processo e guarde-o para si.

Agora, vamos passear pelo território em que você reside. Quais sensações e imagens surgem quando você lembra dele, quando passeia por ele mentalmente? Você gosta de morar aí? Como é esse lugar? Quais são os odores, os sabores e os sons que surgem em sua rememoração? São agradáveis? Esse território é organizado... é arborizado, tem praças e espaços para brincadeiras, jogos e shows? Há animais que por lá passeiam? Quais? Há hospitais e centros de saúde? Existem igrejas, terreiros, templos, locais para o encontro de fiéis? E as ruas? Apresentam calçamento?

São limpas e bem iluminadas? E a segurança? Há delegacias, postos de bombeiros, segurança privada, outro tipo de vigilância? Eles trazem proteção para você? E o comércio? Há supermercados, vendas, farmácias, lojas com produtos variados, bares, restaurantes? Você se sente bem nesse seu território? O que há nesse lugar que você aprecia? O que gostaria que fosse diferente?

Onde moram os negros? Onde moram os brancos? Como são suas casas? Que lugar ocupam brancos e que lugar ocupam negros no comércio, no trabalho, na economia desse território?

Há outros grupos convivendo aí? Indígenas, por exemplo? Cidadãos de outros países, migrantes, refugiados?

Você acha que esse território é seguro para mulheres, negros, crianças, idosos, lésbicas, gays, trans, indígenas? É seguro e receptivo para pessoas com deficiências? Seguro e receptivo de que maneira? Você, sua família e seus conhecidos se sentem confortáveis e protegidos? E as suas amizades, são de fora ou de dentro desse espaço? E os vizinhos, o que nos diz deles?

Esse território é seguro para alguém? Seguro para quem? Você acha que brancos e negros, homens e mulheres se sentem igualmente seguros aí? Quem anda com tranquilidade à noite? E se você se depara com um homem, negro ou branco, como se sente? Tranquila? Tem medo? Você é negra ou branca? Já viveu ou vive a experiência de terem medo de você? Como é isso? Como se sente? O que tem a dizer sobre essa experiência?

Quanto tempo você leva de casa ao trabalho? Até a escola ou a universidade? Esses estabelecimentos ficam aí no seu território? Como são feitos esses trajetos? De trem, ônibus, metrô, táxi, carro, moto, bicicleta, a pé?

O que você faz para viver? Gosta do que faz? Acha interessante e útil? Gostaria de mudar de ocupação? Acha digno o que ganha?

Enquanto vai revisitando seu território, que sentimentos vão surgindo e como é para você experimentar essas emoções? Você se sente satisfeita com a vida que leva? Imagina que viver nesse território e a maneira em que vive nele afetam de alguma forma a sua saúde mental? Como se daria isso? O que significa saúde mental para você? Gostaria de pensar sobre isso de uma perspectiva mais coletiva?

Fizemos essa viagem com você para prepará-la para receber melhor a experiência proposta e vivida nos Territórios Clínicos.

Foi em 15 de abril de 2023, num sábado chuvoso, úmido. Sabe um daqueles dias difíceis de sair de casa? Mas podemos te dizer que quem não foi perdeu! No salão, o sol brilhava! Foi lindo, foi uma ocupação. Tomamos posse, por um dia, do auditório da Escola de Artes, Ciências e Humanidades da Universidade de São Paulo – EACH-USP Leste. Distanciados por dois anos pela imposição do isolamento devido à pandemia da Covid-19, tudo o que queríamos era estar juntos e tomar esse lugar. Nesse dia nos apresentamos, falamos sobre o que havíamos produzido nos últimos dois anos, trocamos experiências… foi um lindo balanço!

Mas queríamos também chamar a atenção para um problema político e social importante e que havia ganhado mais visibilidade na pandemia: o da *saúde mental*.

Nesse dia, estivemos a serviço não só da informação, mas da alegria estampada no colorido nas roupas, na abundância dos sorrisos, no prazer dos abraços que curam e que estiveram distantes de nós por tanto tempo. Estávamos ali, sobretudo, comemorando a vida e o bem viver em tempos pós-pandêmicos e pós-fascismo do governo negacionista de Jair Bolsonaro, que havia perdido a eleição poucos meses antes.

Tempo de reconstrução. Uma surpresa e uma alegria há muito esperada, talvez só comparável à potência de um povo que nacionalmente saiu às ruas, no país inteiro, para assegurar a volta da democracia, comemorada com a vitória de Lula. Ali também celebrávamos nossa resistência!

Foi um dia de copertencimento, de esperança, de dar chances para um futuro produtivo, para a alegria coletiva.

Sabíamos dos nossos desafios, sim, mas naquele momento a esperança estava materializada em nossos corpos, negros em sua maioria, naquela universidade que ainda nos rejeitava, falando de ações e iniciativas potentes e já realizadas, que nos convocavam para um novo fôlego, para um novo tempo.

Essa é a ocupação desejada – e que precisamos – de nossos territórios. Tomando a forma do cuidado coletivo, do respeito, do trabalho de transformação e de alianças entre diferentes: brasileiros, imigrantes, refugiados, negros, brancos, povos originários, pobres, cidadãos das bordas, das tantas bordas... Apesar da imensa desigualdade na condição objetiva e subjetiva do viver, pudemos experienciar coletivamente a esperança de futuro que um encontro como esse pode proporcionar. E essa não é uma esperança apaziguadora, mas a que nos impulsiona e que nos faz acreditar que juntos e em trabalho temos chance de fazer mais e melhor para todos.

Esse momento de comemoração foi o *gran finale* de uma construção que durou ao menos dois anos, em que sete grupos dedicados às clínicas públicas de cuidados psíquicos, convidados a desenvolver e compartilhar seu trabalho com a intermediação da Fundação Tide Setubal – numa iniciativa inovadora no campo, denominada Territórios Clínicos –, apresentaram seus trabalhos.

O livro que você tem hoje em mãos é o registro de todo esse longo e pujante trabalho e traz as elaborações dos processos realizados por Amma Psique e Negritude, Casa de Marias, Margens Clínicas, PerifAnálise São Mateus, Roda Terapêutica das Pretas, SUR Psicanálise e Grupo Veredas: Psicanálise e Imigração. Ele se configura também como marco simbólico, ao dar corpo, letra e visibilidade pública à produção e atuação desses grupos, o que habitualmente não se materializava em textos escritos. Esta publicação é, assim, uma continuação daquele encontro, ao tornar-se algo que pode permanecer no tempo e se desdobrar em tantos outros trabalhos em favor desse campo da saúde mental, ensejando novas ocupações, novos territórios clínicos.

Este livro testemunha, ainda, a importância e a potência do trabalho em grupo, em coletividade, para que o cuidado da saúde mental ganhe relevância, qualidade e alcance, um trabalho capaz de produzir a identificação entre os corpos considerados e tratados socialmente como subalternizados, como aqueles que são incluídos como excluídos, fortalecendo-os para que ocupem cada vez mais seu justo lugar na cena social. É esse espaço coletivo de validação, de desfazimento da solidão, que possibilita reconhecer e responsabilizar a estrutura social pelo sofrimento reiterado vivido no corpo individual, fortalecendo a reinvindicação de novos espaços de cuidado, a serem sustentados também pelas políticas públicas. A escuta receptiva do sofrimento de negros, de mulheres, de minorizados e torturados pela violência de Estado, da população periférica e LGBTQIA+, de refugiados, imigrantes e migrantes cuida de restabelecer a dignidade, acolher e validar a denúncia da exploração e fortalecer a todos e a cada um na busca de justiça social e da garantia do que é direito de todo cidadão numa sociedade democrática.

Aquele dia nos Territórios Clínicos era de celebração viva da potência da grupalidade, celebração do reconhecimento recíproco entre companheiras de (ou em) luta. Esta publicação prolonga o tempo do abraço, a força do sorriso, e dá mais um corpo ao trabalho desses aliados, ressaltando a importância de suas atuações singulares como grupos de clínicas públicas de cuidados psíquicos. Guardando a especificidade de suas atuações, todos os trabalhos dialogavam entre si, trazendo como objetivo comum a luta pela justiça social, o reconhecimento de que raça, classe e gênero são marcadores sociais que se interseccionam e que produzem, assimetricamente, sofrimento e exclusão, os quais precisam ser tratados e reparados. Encontravam-se alinhados politicamente e atentos às desigualdades, buscando estabelecer oportunidades positivas para o convívio social, resguardando a diferença e buscando o pertencimento.

A grande maioria presente nesse dia, participantes dos projetos ou convidadas, traziam nas suas apresentações e falas a marca de um momento histórico atravessado pelo embate e pela articulação da diferença entre negritude e branquitude. Em sua grande maioria eram jovens, oriundos das políticas de ações afirmativas e que traziam o frescor da juventude aliado à potência dos questionamentos alicerçados em seus pertencimentos periféricos, negros, indígenas, entre outros.

Traziam novas contribuições, novas experiências, novas práticas e novas epistemologias. Suas produções, atravessadas por suas vivências particulares, evidenciavam que não há um universal – inalcançável para a imensa maioria –, um padrão fora de nosso tempo e de nosso espaço ao qual se deveria adequar, e que, portanto, passa a ser nossa a tarefa de dar sustentação de outras compreensões para aquilo que é vivido, resgatando práticas e saberes que foram desprezados. Ressaltavam a importância de nossa história para alicerçar os novos movimentos, afirmavam que vidas negras, vidas periféricas, vidas trans, vidas de mulheres... enfim, que todas as vidas importam e que temos o desejo e o dever de cuidar delas.

Afirmavam a importância da saúde mental, a certeza da urgência de que fosse um bem e um direito para todas, e que fosse protagonizada por todas.

E para isso estávamos lá. Para isso, tanto trabalho havia sido feito. Aquele momento de encontro e avaliação do trabalho realizado, materializado aqui, é também bússola para os destinos que se abrem à frente e mapa dos territórios que temos de ocupar para fazê-los nossos.

E agora sabemos que somos muitas; e agora, juntas, ocuparemos e criaremos ainda outros espaços de produção de saber/poder/fazer.

Uma nova edição do projeto Territórios Clínicos, da Fundação Tide Setubal, com novos grupos, foi lançada.

A esperança – e alguma certeza – é que esse encontro fundante se renovará em muitos outros, com a mesma alegria e a expectativa diante dos novos e belos trabalhos que estão por vir.

# PARTE 1
## COLETIVOS DE CLÍNICAS PÚBLICAS

# CASA DE MARIAS

*Camila Generoso*

A Casa de Marias foi inaugurada no dia 2 de fevereiro de 2020, um lindo domingo, cheio de sorrisos, abraços e muitas emoções. Aquela celebração, na Vila Esperança, periferia leste da cidade de São Paulo, marcou o início do nosso percurso. E o começo de muitos sonhos.

Casa de Marias não tem esse nome ao acaso. Chamamos esse espaço de casa porque é assim que o vemos. É assim que gostaríamos que as pessoas que chegam o sentissem. Casa como lugar das nossas memórias, das nossas histórias, das nossas origens e raízes, das lembranças e experiências que fazem parte de quem somos hoje. Casa como espaço de aconchego, de acolhimento, de ancoradouro e oásis; lugar de respiro, de refazimento, de parar, de recobrar as forças e energias, de se sentir melhor do que chegou para seguir em frente de outro jeito, mais fortes, mais atentas, mais cicatrizadas.

Marias porque somos todas nós. São todas as que nos antecederam, que lutaram e abriram espaço para que hoje estejamos aqui. São todas as nossas sementes que hoje plantamos e que irão florir no futuro. Marias são as guerreiras brasileiras de todos os dias, são mulheres como nós, nossas mães, nossas avós, nossas tias, nossas irmãs. Marias são nossas raízes, origem do mundo, lutadoras que nos inspiram, nos guiam e nos servem de bússola em nosso horizonte de justiça social, emancipação e liberdade para o nosso povo.

A Casa de Marias tem a árvore como símbolo porque é metáfora do ciclo da vida. É para nos lembrarmos que antes de nós existiram muitas outras. Temos raízes de luta, de garra, de força, e assim serão nossos frutos, de tudo o que plantarmos juntas. Há três estrelas ao lado da árvore, símbolo da Casa de Marias porque fazem referência às três marias, estrelas que nos servem de guia quando olhamos para o céu à noite e achamos que estamos perdidos. Todas nós temos nossas Marias-Guias e a elas rendemos todas as nossas homenagens, sempre.

Hoje, entre psicólogas, terapeutas, assistentes sociais, advogadas e equipe administrativa somos quarenta mulheres, majoritariamente negras e de origem periférica, que, com muita convicção e aposta em futuros melhores, se dedicam todos os dias a fazer todas as engrenagens dessa instituição funcionar e seguir fazendo sentido para as pessoas que veem nessa casa uma possibilidade de ser e estar melhor na vida e no mundo.

Na Casa de Marias, acreditamos que a saúde mental não é uma questão estritamente individual ou de foro exclusivamente íntimo. Entendemos que o mundo interno está profundamente entrelaçado com o mundo externo e, por isso, os nossos sintomas, mal-estares, sofrimentos e dores emocionais não são produzidos de forma dissociada de tudo o que nos rodeia. O íntimo é também político. Por isso, concebemos a Casa de Marias como um lugar de escuta e prática clínica não dissociada do campo social, olhando com especial atenção para as questões que envolvam classe, gênero, raça e território.

Para nós, da Casa de Marias, a prática clínica é indissociável da ética e da luta política. Não acreditamos na imparcialidade ou na neutralidade que – com parcialidade – são ensinadas pela formação psicológica burguesa, embranquecida e eurocêntrica. Temos posição, pública e inegociável, porque acreditamos que não há escuta clínica que se sustente, num país como o nosso, desconsiderando a história e a organização social brasileiras, atravessada pela violência da colonização e do processo de escravização que deixaram suas marcas traumáticas reverberando até hoje.

Por isso, a Casa de Marias é, acima de tudo, um espaço de resistência. Espaço-fortaleza de guardar sonhos, porque acreditamos que sem utopias e sonhos nós somos facilmente vencidas. Adoecidas emocionalmente, fragilizadas psiquicamente, não temos condições de lutar pelo que acreditamos. E, por isso, a missão da Casa de Marias é cuidar, escutar e acolher. É promover processos terapêuticos e curativos não só dentro dos nossos consultórios, mas fora deles também. Não só pela fala e pela escuta, mas pela arte, pela cultura, pela música e pelas mais diversas manifestações e potências humanas.

A Casa de Marias é, desde sua inauguração, esse espaço em que cabe todas nós, nossas diferenças e semelhanças, nossas trajetórias e experiências diversas, nossas afinidades e desejos, nossos mais variados trabalhos e fazeres, nossos tempos singulares, nossas maneiras de sentir e de existir e, principalmente, todos os nossos sonhos, utopias e horizontes.

## REDE SUR:
## CONSTRUINDO DISPOSITIVOS CLÍNICOS
## NAS SITUAÇÕES SOCIAIS CRÍTICAS

*Helena Albuquerque*

A Rede SUR tem sua origem muito antes de seu nascimento oficial. Em 2013, o Centro Assistencial Cruz de Malta respondeu a um edital da FUMCAD e enviou um projeto-piloto para qualificar a equipe do Serviço de Proteção Social a Adolescente em Cumprimento de Medida Socioeducativa de Liberdade Assistida (LA).

Para desenvolver esse projeto, foi contratada uma equipe de consultoria especializada, a SUR Psicanálise e Intervenção Social[1]. A partir desse trabalho, formou-se o primeiro vínculo desse coletivo com o centro assistencial,

---

1 A SUR Psicanálise é uma empresa de planejamento e execução de metodologias de intervenção social. Tem como sócios Emília Estivalet Broide e Jorge Broide.

por meio de Jorge e Emília Broide, no desenvolvimento do projeto Pode Pá[2].

Após o desenvolvimento desse projeto e com o vínculo formado, em 2019, o Centro Assistencial Cruz de Malta tornou-se um dos *campi* indicados por Jorge Broide para o Estágio Básico I e II de seus alunos da PUC-SP. A ida desses alunos para a instituição suscitou no diretor do LA o desejo de que se formasse ali um serviço de atendimento psicológico para esses adolescentes. Essa demanda de atendimento foi levada para Broide, que, por sua vez, resolveu montar uma equipe com seus alunos, para pensar a formação de algum dispositivo[3] clínico naquele território.

Após uma primeira conversa com a diretoria do centro assistencial, acordamos que desenvolveríamos dispositivos clínicos para a população do território e, atendendo a uma demanda da diretoria, iríamos também atender os funcionários da instituição.

Após um período de seis meses de Escuta Territorial[4], desenvolvemos dispositivos-piloto, grupais e individuais, para atuar na instituição. Durante a Escuta Territorial, escutamos todos os funcionários e voluntários de todos os equipamentos do espaço, tanto em grupos quanto em conversas individuais realizadas na instituição. A partir dessa escuta e em reuniões semanais elaboramos todos os significantes emergentes nesse processo.

Iríamos começar com atendimentos individuais para os adolescentes que frequentam o LA – por já terem a participação em grupos como parte de seu PIA[5] – e para os funcionários que não se sentiam à vontade com atendimentos grupais por trabalharem todos juntos. Já para

---

2 Ver J. Broide et al., *Pode Pá: Uma Abordagem na Aplicação de Medidas Socioeducativas em Meio Aberto.*

3 Para uma definição, veja o trecho sobre "Método". Ibidem, p. 8.

4 Ibidem.

5 Plano Individual de Atendimento: instituído a partir da lei 12.594/2012, trata-se de um documento que contém um conjunto de propostas de intervenções para o sujeito ou para o coletivo em que esse sujeito se insere, a ser entregue ao Poder Judiciário.

os demais moradores do território ofereceríamos cinco grupos temáticos, temas esses oriundos dos significantes que surgem na nossa Escuta Territorial: mães, estresse, depressão, desemprego e crianças.

Em 2020, já em fevereiro começaram os atendimentos individuais com os grupos, antes previstos para serem iniciados em abril. Entretanto, todo esse projeto foi interrompido pela pandemia e pelas imposições de distanciamento.

Apesar da pandemia e da angústia que ela provocou em todos nós, continuamos nos reunindo e trabalhando. E, no começo de abril, surgiu no grupo a demanda de continuar os atendimentos remotamente, a partir da procura de uma das funcionárias, que nos solicitou a continuidade de seus atendimentos.

Passamos a pensar em como poderia ser realizado esse atendimento remoto, a fim de que fosse oferecido não só aos funcionários, mas aos moradores do território. Surgiu, então, outro desafio: como acessar as pessoas? Desenvolvemos, inicialmente, uma modalidade de plantão psicológico. Criamos um formulário de inscrição com a possibilidade de, ao final do atendimento, propor sua continuidade; com o assentimento do atendido, fixávamos um horário semanal para as sessões.

Para termos acesso aos moradores do território, nos inspiramos em uma ideia da equipe do LA do Centro Assistencial Cruz de Malta, que fez um vídeo anunciando um dos grupos que continuaram a oferecer atendimento aos seus adolescentes, em formato *on-line*; esse vídeo se espalhou pelo WhatsApp. Descobrimos que existiam grandes grupos de WhatsApp no território, e a própria instituição tinha uma linha de transmissão de mais de duas mil pessoas. Assim, criamos vídeos e *flyers* de nossos atendimentos, que incluíam o *link* para nosso formulário de inscrição, e divulgamos por meio dessas linhas de transmissão, o que fez com que tivéssemos cada vez mais sucesso em adentrar o território com nosso dispositivo.

Fomos percebendo que, quase que invariavelmente, aqueles que tinham acesso a esse espaço de escuta oferecido pelo nosso dispositivo optavam por dar continuidade aos atendimentos. Dessa forma, foi sendo criado, para além de um plantão psicológico, um dispositivo de atendimento individual semanal gratuito. Passamos a atender semanalmente uma média de 40 pessoas, tendo alguma variabilidade de entrada e saída de inscritos, atendendo ao todo 97 pessoas apenas no ano 2020.

No entanto, também percebemos uma falta. Nossa entrada nas urgências sociais foi dificultada pelo modo *on-line* de atendimento. Percebemos que se instalava nesse mergulho *on-line*, a partir da pandemia, mais uma exclusão social: a exclusão daqueles que não têm acesso à internet estável e/ou não sabem operá-la. Entretanto, nesse momento da pandemia, até pelas restrições do estado de São Paulo em relação ao distanciamento social, não existia a possibilidade de estarmos no território de modo presencial. Em julho de 2020, tínhamos mais de trinta mil mortos em decorrência da Covid.

Em 2021, a partir de uma chamada da Fundação Tide Setubal[6] para a formação de uma nova parceria, intitulada Territórios Clínicos[7], nossos dispositivos se expandiram. No âmbito *on-line*, passamos a investir novamente na formulação de grupos para nosso dispositivo, apostando em nossa visão de que os grupos têm a potência de restituir os laços grupais e relações de contiguidade no território, contrapondo a lógica da globalização perversa, neoliberalista, que privilegia o indivíduo em detrimento do coletivo[8].

---

6 A Fundação Tide Setubal é uma organização não governamental e de origem familiar, criada em 2006, cujo foco de trabalho são as periferias urbanas.

7 O projeto Territórios Clínicos visa desenvolver e fomentar propostas que promovam a circulação e a ampliação de práticas no campo da saúde mental, nos diversos territórios periféricos.

8 Ver M. Santos, O Retorno do Território, *Observatório Social de América Latina*, v. 6, n. 16.

Expandimos também em relação a território, ao sermos convidados pela Fundação a construir um dispositivo para o Jardim Lapenna, onde têm em funcionamento o Galpão Cidadania.

Com essas mudanças, passamos a atender todos os adultos exclusivamente em formato de grupos, e individualmente apenas as crianças. E começamos nosso processo de Escuta Territorial do Jardim Lapenna, realizada exclusivamente *on-line* devido às restrições da pandemia. Entre março e abril de 2021 morreram, em média, 150 mil pessoas de Covid-19 no Brasil.

Escutamos os funcionários do Galpão Cidadania e tivemos acesso a um grupo de mulheres do território, chamado Guardiãs. As guardiãs são mulheres que se denominam "agentes comunitárias voluntárias". É um grupo de trabalho que começou quando uma assistente social percebeu haver mulheres da própria comunidade que conheciam e adentravam locais do Lapenna que nenhum outro serviço atingia. Eram as próprias moradoras que tinham o saber e o contato necessários com a população para que se viabilizasse o acolhimento às demandas do território. Por isso, decidimos que seria através de seus relatos que poderíamos ter um maior acesso às dinâmicas profundas do Jardim Lapenna.

Desde o início, as guardiãs nos contaram não somente sobre o processo de redescobrimento do seu próprio bairro através dos encontros proporcionados pelo trabalho, mas também sobre a transformação de si mesmas e do cenário coletivo, por meio da construção de uma rede de solidariedade entre os próprios moradores, entre elas e entre elas e a comunidade.

Com esse trabalho de investimento no bairro, existia também um trabalho de fortalecimento e de investimento nelas próprias. Ouvimos relatos de mulheres que, ao entrar nesse grupo, conseguiram sair de situações de vulnerabilidade geradas pela pobreza, pela fome, pelo frio, pela drogadição, pela violência doméstica, pelo desemprego, entre outras questões.

Havia uma gratificação por, a partir de então, poder ser aquela que ouve, retirando essas pessoas do manto da invisibilidade que recai sobre a periferia, o que novamente nos leva a pensar sobre a potência dos laços grupais e de contiguidade, assim como pensado por Milton Santos[9]. A partir dessa escuta grupal das guardiãs, percebemos que já tínhamos ali um dispositivo e resolvemos dar continuidade a esses grupos, ainda no formato *on-line*. A partir do meio de 2021, com o recuo da pandemia, o grupo passou a ser presencial e, em 2022, transformou-se em um grupo para mulheres, não somente para as guardiãs, tendo em vista nosso desejo de acessar todos os territórios. Esse trabalho continua até hoje.

Desde a entrada da nossa equipe no Jardim Lapenna, em nossa primeira reunião com a equipe do Acolhe, surgiram emergentes que indicavam a importância de um trabalho com os adolescentes do território. Essa primeira reunião ocorreu ainda no primeiro semestre de 2021, quando estávamos na fase vermelha em São Paulo, no pico mais alto de mortes devido à pandemia no Brasil, e esse acontecimento e seus efeitos no território foram os temas que tomaram o encontro.

Ainda falando sobre o efeito da pandemia nos jovens e a necessidade de trabalharmos com os adolescentes, nos foi narrada uma cena de morte, isolamento, solidão e descaso. Eram por esses emergentes que os adolescentes pareciam se sentir rodeados. Frases como "Tudo pode parar, mas o tráfico não para", "ninguém fica sem droga" ou "ninguém está nem aí para a gente" foram ditas pelos próprios adolescentes em rodas de conversas realizadas pelos profissionais que trabalhavam com esses jovens diariamente no galpão, antes da pandemia. Falavam de uma realidade cheia de hostilidade e violência, em que se sentiam encurralados entre as pressões familiares, o tráfico, o medo da morte pela polícia, o isolamento e a solidão.

9 Op. cit., p. 250-261.

Contudo, apesar da urgência da entrada de algum dispositivo que rompesse essa ordem da violência e que desse voz à vida que opera nisso que pulsa como resto nas relações inconscientes que esses jovens formam entre si e com o território, o isolamento nos impedia; não conseguíamos acessá-los remotamente e não podíamos estar lá de forma presencial. Até que, em agosto de 2021, com o avanço da vacinação, começamos a frequentar o galpão presencialmente e, a partir de 2022, demos início a um grupo para adolescentes, formado após uma escuta com os jovens. Entretanto, esse grupo se firmou apenas a partir do meio do ano, após o estabelecimento de uma parceria com a E.E. Pedro Moreira; começamos a realizar o atendimento em grupo na escola. Esse trabalho também continua até hoje.

A partir de referido trabalho, pudemos confirmar o atravessamento da violência nas relações tanto entre os jovens, evidenciada pela existência de diversas cisões entre eles, assim como pela existência de uma sensação de que não tinham pontos de encontro. Por outro lado, encontramos também um desejo pulsante que os levava a buscar saídas como o grêmio escolar, o grafite e o *slam*.

Temos em andamento na zona leste a construção de um atendimento na rua, na porta do Centro Municipal de Educação Infantil – Cemei, para escutar os cuidadores quando vêm buscar as crianças. A ideia partiu de um desejo nosso de adentrar o território, saindo de um lugar passivo, de espera, e indo até onde as pessoas estão. Percebemos com o trabalho na rua que, muitas vezes, a busca por atenção psicológica está obstada, que o espaço de cuidado psicológico não lhes pertence. Nossa ideia de levar a saúde mental até as pessoas é, também, o de fazer com que sintam que esse espaço de cuidado lhes pertence. Levar a ideia de saúde mental como direito universal.

Em 2022, expandimos nosso trabalho também no Centro Assistencial Cruz de Malta. No final de 2021, descobrimos que existe na instituição, toda sexta-feira de manhã, uma "fila do pão". A instituição estabeleceu parcerias com as padarias da região, que consistem em juntar o pão excedente de cada dia e distribuir àqueles que necessitam.

Assim, toda sexta-feira, na parte da manhã, eles distribuem senhas, forma-se uma fila e o pão é distribuído. Fizemos essa descoberta enquanto estávamos pensando em como voltaríamos para o território e como faríamos para quebrar essa barreira social instituída pelo *on-line*, de modo a acessar aqueles em maior urgência social. A partir dessa descoberta, resolvemos que era ali que precisávamos estar e passamos a realizar uma escuta durante a fila. Desenvolvemos, portanto, a partir desse processo inicial de escuta, uma forma de atendimento na rua, no qual as pessoas são atendidas na própria fila.

Além dessa entrada, migramos e criamos alguns grupos presenciais, incluindo dois grupos com crianças, algo novo para nosso coletivo e, na instituição, passamos todos os atendimentos individuais para o formato presencial. Todos esses trabalhos continuam acontecendo até o presente momento.

*Método: Escuta Territorial
e a Criação de Dispositivos no Território*

Dispositivos

O conceito de dispositivo, para Foucault, é definido como uma junção heterogênea de saberes que respondem a um fato social, ao tecer uma rede entre esses elementos[10]. Pensamos que a noção de dispositivo aplicável ao nosso trabalho como psicanalistas no território seria justamente aquele que seja hábil em encontrar uma forma de articular aquilo que se dá apenas no âmbito do real com o imaginário e o simbólico, operando naqueles conflitos que parecem inacessíveis, à medida que passam por

10 Ver *História da Sexualidade I*.

lógicas paralelas, tecendo nesse espaço vazio – que Badiou apresenta ao discutir o lugar da psicanálise e da filosofia[11] – uma abertura para que emerja ali um sujeito de desejo através do inconsciente na transferência[12].

Como apontado por Emília e Jorge Broide[13], para compreendermos o lugar onde os dispositivos operam, podemos recorrer a Badiou, que afirma que a função do filósofo e do psicanalista é atuar justamente no que não se alinha, criando conexões entre duas lógicas que não se encostam[14]. O filósofo busca esses espaços vazios no ser, ao passo que o psicanalista busca esses espaços no sujeito, que se manifestam em seus desejos inconscientes, como o que resta daquilo que foi clivado para a entrada na cultura.

E é justamente nesse espaço vazio, entre essas lógicas paralelas, que criamos nossos próprios dispositivos, com vias que deem vazão a esse mal-estar impedido de se expressar. Para dar voz ao mal-estar inconsciente, criamos aquilo que Agamben chama de "dispositivos libertários"[15], os quais são da ordem da profanação do sagrado, ou seja, que vão contra os dispositivos de controle, que seriam aqueles que ordenam a organização da vida e, dessa forma, abrem espaço para uma ordenação própria do sujeito ou do grupo.

## Escuta Territorial

Este é um método de pesquisa e investigação qualitativa, desenvolvida por Emília Estivalet Broide e Jorge Broide[16],

11 Ver *Filosofia y Psicoanalisis.*
12 Ver J. Broide; E.E. Broide, *A Psicanálise nas Situações Sociais Críticas.*
13 Ibidem.
14 Ver Pensar el Acontecimiento, *Filosofia y Actualidad.*
15 Ver *O Que É um Dispositivo?*
16 Foi utilizado para a construção do plano Pop Rua de São Paulo (ver J. Broide et al., *População de Rua*), no plano municipal para a Pop Rua de Porto Alegre (A.E. Dornelles et al., *A Rua em Movimento*), em um processo de avaliação do impacto da "Flipinha" em Paraty/RJ (E. Broide, *Avaliação de Impacto do Desenvolvimento de Competências de Leitura e Escrita na Flipinha da Festa Literária de Paraty*), assim como em um trabalho de consultoria para a Empresa Odebrecht Properties. ▶

que consiste "na construção coletiva de mapas das relações afetivas, culturais, econômicas, políticas, formais e informais dos diferentes poderes lícitos e ilícitos que constituem o território"[17].

O método é composto de conversas individuais e grupais, assim como de andanças pelo território, que visam compreender as várias formas nas quais as pessoas, grupos e coletivos estão no mundo e de que modo habitam determinados espaços sociais nas cidades e nos municípios. A imersão no campo de investigação inclui diálogos e encontros nas ruas, nos equipamentos de saúde, nas residências e nos serviços socioassistenciais, propiciando a construção de imagens a respeito do que engloba a compreensão do cotidiano local, as diferentes manifestações sociais, assim como as diferentes relações de poder.

No processo de escuta, temos por tarefa entender as diferentes elaborações a respeito de como se dão e quais são as urgências, no que diz respeito à garantia e à promoção da saúde mental, tendo em vista não somente as misérias e vulnerabilidades dos territórios, mas também as potências onde os desejos se ancoram.

## Grupos

O dispositivo grupal é muito utilizado em diferentes instituições que atendem a população, como uma forma de atender mais pessoas. Entretanto, a proposição de um grupo, sem considerar as demandas dos sujeitos e do território em que se instala, acaba por perder aquilo de mais potente em um grupo, o vínculo transferencial, que é aquilo que implica o sujeito no dispositivo[18].

▷Esse método é objeto de estudo de uma disciplina do curso de extensão do COGEAE/PUC-SP, assim como de uma disciplina da pós-graduação da USP, na IP/USP.

17 J. Broide; E.E. Broide, op. cit., p. 48.
18 Ibidem.

Pichon-Rivière propõe que aquilo que deve reger um grupo é sua tarefa comum, que dá espaço para que se desvele ali a individualidade dos sujeitos, os quais se juntam numa trama coletiva[19]. Aqui apostamos na potência dos laços grupais e na restituição de laços de contiguidade, assim como pensado por Milton Santos[20].

O que faz um grupo não é apenas a presença ou não de seus participantes, mas a sua possibilidade de constituir aquilo que Emília E. Broide descreve como o poroso e tramado[21]. Poroso por estar aberto àquilo que é singular nos sujeitos, e tramado porque essas singularidades devem se tramar num elo comum que se guia pela tarefa. O horror, que está como resto no sujeito, pode ser integrado, recebendo novos sentidos pela escuta do grupo, podendo ser introjetado pelo sujeito com sua própria forma de ser no mundo.

A partir dessa premissa do que seria o trabalho grupal, instituímos em nosso projeto uma metodologia de trabalho que se dê a partir de duas funções operativas: a do cronista e a do coordenador, que podem se alternar ou não, e que também podem ser executadas pelos mesmos sujeitos.

Trabalhamos a partir da metodologia de grupos proposta por Emília e Jorge Broide, que tem três formulações principais: 1. Coordenador e Cronista; 2. Tarefa e Pré-Tarefa; 3. Contrato ou Enquadre[22].

### COORDENADOR E CRONISTA

O papel do coordenador se desvela durante o trabalho em grupo sem uma definição preconcebida. Ele deve se permitir ser o alicerce das projeções dos participantes do grupo e trabalhar a partir delas. A direção desse trabalho será dada na escuta do material produzido em grupo, a partir das transferências pulsionais daqueles que o integram.

19 Ver *O Processo Grupal*.
20 Op. cit.
21 Ver Grupos Operativos, *RUMOS*, v. 1.
22 Op. cit.

Já o cronista, nessa metodologia, tem a função de dar à equipe uma visão da experiência dos encontros grupais a partir de sua transferência, daquilo que ecoou nas falas dos participantes, em sua escrita, juntando a escuta com a escrita, dando ênfase à palavra. A crônica é, também, uma forma de registro do trabalho, mas que não possui a mesma objetividade de um relatório; se trata não só de um relato daquilo que se passou, mas também de uma elaboração teórica desses acontecimentos. Essas duas figuras se articulam no pré e no pós-grupo, que são reuniões que acontecem antes e depois do grupo, dando voz ao conteúdo que delas emergiu[23].

## TAREFA E PRÉ-TAREFA

A tarefa é a razão de ser do grupo, e é essa que se institui como líder. É muito comum que o papel de líder nos grupos seja atribuído a uma pessoa, em geral, aquele que coordena, mas isso só faz com que ocorra no grupo uma regressão, que põe o grupo sob efeito de massa[24], impedindo a abertura para o desejo inconsciente, que pulsa e dá vida ao grupo. A constituição da tarefa contém aspectos conscientes e inconscientes, tem aquilo que está explícito, o motivo por que estamos ali, mas também por aquilo que pulsa inconscientemente e que vai se desvelar ao longo do desenvolvimento do grupo.

Já a pré-tarefa, assim como conceituado por Pichon-Rivière, é tudo aquilo que impede o grupo de se manter na tarefa[25], desde eventos concretos até as resistências inconscientes que surgem ao longo do grupo, que impedem o grupo de se aprofundar naquilo que foi proposto. A função do coordenador é fazer com que o grupo sempre volte à tarefa, o que faz dele o motor do grupo[26].

23 Ibidem.
24 Efeito de massa, assim como proposto por Freud em: S. Freud, *Obras Completas*, v. 15.
25 Ver op. cit.
26 Ver J. Broide; E.E. Broide, op. cit.

CONTRATO OU ENQUADRE

O contrato ou enquadre é composto de sua tarefa, dia em que acontece, horário, tempo de duração, assim como o modo de funcionamento e o papel de cada integrante (coordenador e cronista). Tem a função de intervir nas fantasias que se criam à medida que se formam os grupos.

Sendo o contrato pactuado em grupo, damos a oportunidade para que aquilo que está como enigmático ali emerja e saia de um lugar fantasmático, que pode aparecer como uma sobra no grupo.

## Reflexões

Estar nesse trabalho é sempre um processo ambíguo. Por um lado, estamos sempre sendo convocados transferencialmente em nossa impotência, diante da falta visceral em que muitas vezes nos vemos atuando. Por outro, nos coloca diretamente em contato com a vida, com o criativo, à medida que também somos convocados pelo desejo de todos que estão conosco investindo no território, sejam os funcionários das instituições parceiras ou os próprios moradores.

Vivemos, nessa entrada no território, as mesmas polaridades distintas que regem nossa vida psíquica em pulsões ambivalentes, assim como descritas por Freud[27], em uma uma dialética entre o desejo de consumir, devorar e destruir, mas também de proteger, conservar e cuidar, que se dirige ao outro, mas também ao Eu, e que ocupa, ao mesmo tempo, um lugar passivo e também ativo.

É justamente nesse olhar, que procura o desejo, o belo, em concurso com o horror, o criativo, em concurso com a falta, que apostamos no processo de Escuta Territorial. Acreditamos que, seja onde for, nunca estamos falando de terra arrasada e que, para apostarmos na vida de um território, temos que procurá-la nele mesmo, assim como escreve Milton Santos:

27 Ver S. Freud, *Obras Completas*, v. 12.

Mesmo nos lugares onde os vetores da mundialização são mais operantes e eficazes, o território habitado cria novas sinergias e acaba por impor, ao mundo, uma revanche. Seu papel ativo faz-nos pensar no início da História, ainda que nada seja como antes. Daí essa metáfora do retorno[28].

Esse processo de procurar a vida, o belo, em nossos trabalhos fez também com que encontrássemos vida dentro de nossa equipe. Executar todo esse trabalho durante a pandemia nos deu uma potência criativa, que nos possibilitou ver vida em uma situação de angústia paralisante.

Para todos os territórios que vamos, temos por tarefa levar o acesso à saúde mental como um direito. Pensamos que nos prender a *settings* tradicionais de atendimento seria como nos aprisionarmos na pré-tarefa, assim como posto por Pichon-Rivière[29]. Portanto, nos propomos a estar onde precisamos estar, indo ao encontro das demandas do território.

Além de nosso trabalho em campo, faz parte de nossas atribuições como um coletivo pensar sobre o trabalho executado, elaborar os significantes e pensar como operar nesses espaços vazios de representações, marcados pelo desencontro de duas lógicas em concurso, em consonância com o que já escreveu Badiou acerca desse tema[30].

E nesse trabalho grupal de elaboração desses conteúdos nos deparamos com esse mesmo desejo criativo que buscamos no território. A partir dos laços grupais que criamos entre nós, encontramos essa mesma potência dos laços de solidariedade e de contiguidade, que nos permite pensar um território compartilhado, em oposição à regulação exterior, que parte de um conteúdo ideológico de origem externa, que se impõe em um acontecer hierárquico, a partir de forças centrífugas que separam e dividem os territórios[31].

28 M. Santos, O Retorno do Território, op. cit., p. 255.
29 Ver Pichon-Rivière, op. cit.
30 Ver A. Badiou, *Filosofia y Psicoanalisis*.
31 Ver M. Santos, O Retorno do Território, op. cit.

Desse nosso trabalho grupal, entre o poroso e o tramado, encontramos novos sentidos para esses afetos ambivalentes que surgem na transferência, entre a impotência, o desejo e o criativo, dando origem a novos dispositivos.

REFERÊNCIAS

AGAMBEN, Giorgio. O Que É um Dispositivo? *O Que É um Contemporâneo? e Outros Ensaios*. Trad. Vinícius Nicastro Honesko. Chapecó: Argos, 2010.

BADIOU, Alain. Pensar el Acontecimiento. *Filosofia y Actualidad*. Buenos Aires: Amorrortu, 2011.

_____. *Filosofia y Psicoanalisis*. Buenos Aires: Siglo Veintiuno, 2013.

BROIDE, Emília Estivalet. Grupos Operativos: O Trabalho Psicanalítico Com Grupos É Levante!, RUMOS, São Paulo, v. 1, 2019.

_____. *Avaliação de Impacto do Desenvolvimento de Competências de Leitura e Escrita na Flipinha da Festa Literária de Paraty*. [S.l.]: [s.n.], 2016.

BROIDE, Jorge; BROIDE, Emília Estivalet. *A Psicanálise em Situações Sociais Críticas: Metodologia Clínica e Intervenções*. São Paulo: Escuta, 2015.

BROIDE, Jorge; BROIDE, Emília Estivalet; SATO, Fernanda Ghiringhello; GUEDES, Carina Ferreira Guedes. *Pode Pá: Uma Abordagem na Aplicação de Medidas Socioeducativas em Meio Aberto*. Cotia: Ateliê, 2016.

BROIDE, Jorge; BROIDE, Emília Estivalet; SCHOR, Silvia Maria, *População de Rua: Pesquisa Social Participativa; Censo, Perfil Demográfico e Condições de Vida na Cidade de São Paulo*, Curitiba: Juruá, 2018.

DORNELLES, Aline Espindola; OBST, Júlia; SILVA, Marta Borba, *A Rua em Movimento: Debates Acerca da População Adulta em Situação de Rua na Cidade de Porto Alegre*, Belo Horizonte: Didática, 2012.

FOUCAULT, Michel. *História da Sexualidade I: A Vontade de Saber*. Trad. Maria Thereza da Costa Albuquerque; J.A. Guilhon Albuquerque. 5. ed. Rio de Janeiro: Graal, 1984.

FREUD, Sigmund. *Obras Completas, v. 15: Psicologia das Massas e Análise do Eu e Outros Textos [1920-1923]*. Trad. Paulo César de Souza. São Paulo: Companhia das Letras, 2011.

_____. Os Instintos e Seus Destinos. *Obras Completas, v. 12: Introdução ao Narcisismo, Ensaios de Metapsicologia e Outros Textos (1914-1916)*. Trad. Paulo César de Souza. São Paulo: Companhia das Letras, 2010.

PICHON-RIVIÈRE, Enrique. *O Processo Grupal*. 7 ed. São Paulo: Martins Fontes, 2005.

SANTOS, Milton. O Retorno do Território. *Observatório Social de América Latina*, Buenos Aires, v. 6, n. 16, jun. 2005.

# PERIFANÁLISE

*Paula Jameli*[1]

A PerifAnálise é um coletivo composto de pessoas periféricas, psicólogues e psicanalistas, que se propõe a aproximar a psicanálise e a periferia a partir de uma dimensão territorializada em que a psicanálise possa ser produzida, significada e praticada a partir de questões e afetações locais, políticas e sociais, interseccionada com as questões de raça, classe e gênero. Isso implica a construção de uma práxis psicanalítica propriamente brasileira e mais próxima da realidade periférica.

Nascemos e estamos localizados em São Mateus, zona leste de São Paulo, e expandindo para outras periferias do Brasil.

---

1 Texto organizado e narrado por Paula Jameli, a partir de conceitos e de ideias construídas em coletivo por Emília Ramos, Jefferson Pinto, Reine Rodrigues, Rosimeire Bussola, Thainá Aroca e Verônica Rosa.

Atualmente, somos sete pessoas compondo o que chamamos de corpo organizativo ou institucional, cuja função é pensar e repensar constantemente as nossas ações, atividades, a formação do perifanalista, as articulações de rede, territorialização, a interseccionalidade de temáticas dentro e fora do coletivo, entre outras demandas que vão surgindo e que não são poucas.

Além do grupo institucional, desenvolvemos mais três principais eixos de trabalho:

1. dispositivo e o corpo clínico – atualmente com nove perifanalistas (psicólogues e psicanalistas), que se dispõem à escuta clínica individual de pessoas interessadas no espaço de atendimento analítico/terapêutico. O dispositivo clínico acontece de maneira *on-line* e também presencial, no espaço da Favela Galeria, uma galeria de artes situada na Vila Flávia, periferia de São Mateus;

2. o dispositivo formativo, que contempla os subeixos:

   a. intervisões – realização de encontros do corpo clínico para discussão, problematizações e elaborações de nossa prática, sejam casos ou recortes clínicos ou questões suscitadas pelos membros do coletivo, tendo como premissa a horizontalidade, a afetividade e a coletividade;

   b. supervisões – realização de encontros do corpo clínico com o mesmo objetivo das intervisões, com a diferença de que convidamos um psicanalista externo para nos auxiliar com questões clínicas e institucionais, de modo a contribuir com as nossas reflexões e com as ampliações de estratégias de intervenções;

   c. ciclos formativos – realizamos parcerias com psicanalistas e professores, que vêm ao espaço da PerifAnálise para transmitir conceitos psicanalíticos e temas contemporâneos que atravessam a nossa clínica e contribuem para uma escuta implicada e descolonizada, considerando a territorialidade e os efeitos do sofrimento sociopolítico;

d. grupos de estudos – atualmente, acontecem três grupos de estudos divididos por temáticas, cuja metodologia consiste na leitura, na análise e na articulação, com vivências pessoais e com a clínica:

- Grupo dos Sonhos. Obra: *A Interpretação dos Sonhos*[2].

- Grupo EtnoPerifa. Obra: *Por um Feminismo Afro-Latino-Americano*[3].

- Grupo Clínica e Política. Obra: *A Psicanálise na Ditadura Civil-Militar Brasileira (1964-1985): História, Clínica e Política*[4].

e. dispositivo Salve Geral – a abertura de um espaço de trocas com pessoas interessadas em nos conhecer e a compor conosco. É geralmente por essa via que se dá a entrada das pessoas nos grupos de estudos. Há também as nossas participações em trabalhos externos, como jornadas, simpósios, colóquios e demais formatos de mesas de debates em instituições.

As pessoas que compõem os espaços acima citados são plurais em gênero, raça e identidade sexual; são mulheres e homens cis, negres, branques e pardes, heterossexuais e bissexuais. Com percursos e vivências singulares, temos em comum o enfrentamento das precarizações pela experiência periferizada e o desejo de sermos psicanalistas na, para e com a periferia.

Deixamos um salve à Fundação Tide Setubal, cujo projeto proporcionou impactos significativos em nossa

2 Ver S. Freud, *Obras Completas*, v. 4.
3 Ver L. Gonzalez, *Por um Feminismo Afro-Latino-Americano*.
4 Ver R.A. Lima, *A Psicanálise na Ditadura*.

práxis perifanalítica, especialmente com relação à ampliação de nossas ações e de nossa formação, e também do acesso a espaços e parcerias com outros coletivos e pessoas que compuseram esse projeto, com alguns dos quais fizemos partilhas incríveis.

Desejamos poder seguir "re-pensando" e "re-des-construindo" a nossa prática dentro das premissas horizontais, afetivas, coletivas e organicistas, ainda que por vezes a gente se depare com o peso do próprio desejo. Que possamos movimentar as trocas, partilhas e parcerias que nos ancoram, nos ensinam, nos potencializam e nos transformam. Que possamos fazer clínica e território na diferença, sustentando uma escuta implicada, onde é a terra que vai dizer, com seu saber, o que se planta para colher e o que não se colhe. Que possamos operar nas fronteiras, nas encruzilhadas, reconhecendo em quais limites esbarramos e que depois ressignificamos, para não ceder do pacto social em que estamos ancorados.

Marcha!

REFERÊNCIAS

FREUD, Sigmund. *Obras Completas, v. 4: A Interpretação dos Sonhos* (*1900*). Trad. Paulo César de Souza. São Paulo: Companhia das Letras, 2019.

GONZALEZ, Lélia. *Por um Feminismo Afro-Latino-Americano: Ensaios, Intervenções e Diálogos*. Org. Flávia Rios; Marcia Lima. Rio de Janeiro: Zahar, 2020.

LIMA, Rafael Alves. *A Psicanálise na Ditadura: História, Clínica e Política*. São Paulo: Perspectiva, 2024.

## MARGENS CLÍNICAS:
CENTRALIDADE E MARGINALIDADE

*Do Nome: Centrífugas e Centrípetas*

Que um coletivo de psicanalistas e psicologues componha seu nome próprio a partir da palavra "clínica" é algo de se esperar. Estranho substantivo referente a tantas coisas, por vezes até usado em forma verbal, indicativo de uma certa prática, mas também apenas um lugar, o significante "clínica" é central ao pensamento relacionado à saúde. Não raro relativizamos o termo "paciente", ora referido como analisando, ora cliente, ora pelo nome próprio ou pseudônimos, Anderson, Eduardo, Rafael, Olívia, Victor, Kwame, Laura ou Pedro, por tantas outras vezes, simplesmente pessoas: todos termos que visam nomear, ou situar, esse sujeito que emerge na situação do tratamento, a partir de uma transferência, que dentro de sua especificidade carrega a particularidade do seu inconsciente. "Clínica", no entanto, permanece, em sua imagem, sem relativizações, sem sinônimos, sem metáforas ou metonímias.

Mas o que daria borda à clínica? Qual laço, de tal forma seguro e forte, permite nomearmos algo como clínica, em toda sua suposta clareza que insiste em iluminar os horizontes daqueles que trabalham na área da saúde? Qual força centrípeta opera para que no centro de tantas práticas distintas chegue-se a esse mesmo termo?

A origem da palavra (do grego *klinikós*) remete ao cuidado que se dá a alguém em seu leito; sua variação latina estabelece uma oposição entre um cuidado da esfera do que seria científico em contraposição a um cuidado que seria empírico. O que se repete na trajetória etimológica da palavra são duas práticas que parecem coexistir com igual força e relevância na clínica: o cuidado e a colonização. Do primeiro emerge a singularidade, é impossível cuidar sem entender antes qual é a forma de cuidado efetiva a um Outro; do segundo a violência da adaptação calcada na estupidez, em que mata-se o Outro para curar sua doença, muitas vezes sem antes sequer enxergá-la propriamente.

A construção paradoxal, e paradoxalmente monolítica, da clínica exigiu, do nosso coletivo, a relativização de sua força centrípeta através de dois movimentos. O primeiro é sua adjetivação, pois não nos interessa seu uso como pedra de construção, mas como horizonte orientador. O segundo, sua veiculação a um significante tão forte e enigmático quanto, porém de força contrário, centrífuga: Margens.

"Margem" é uma palavra incrível, já que ela contém uma contradição que é da esfera do Toro, uma tropicalização de Lacan, porque toda margem tem um centro, e todo centro é uma margem, que tem outra margem e dela faz-se centro, numa progressão aritmética infinita. Uma palavra que contém em si, mesmo enquanto substantivo, a movência permanente que permite a convivência, em igual importância, da borda e da forma que a borda cria, colocando a tensão permanente da coexistência de diversos tempos por meio dos quais esses papéis invertem-se um ao outro e ao fazê-lo se ressignificam, se tocam e se modificam.

O fato de nos nomearmos Margens Clínicas, e de nos referirmos a nós mesmos simplesmente como Margens, diz dessa dupla consciência/inconsciência a partir da qual o coletivo busca trabalhar; diz desse paradoxo a partir do qual a própria clínica se constrói quando ela se propõe a partir de um diálogo com as especificidades locais, temporais e subjetivas, relativizando seu lugar de saber, sem abrir mão dele, fazendo emergir um saber compartilhado, um cuidado nomeado.

Nesse sentido, o início dos trabalhos do coletivo se deu pela procura pelo deslocamento espacial ao longo da cidade de São Paulo. Formado por pessoas de origens distintas, porém no momento de sua fundação, todas residentes em regiões centrais da cidade de São Paulo, estudantes de universidades também centrais, PUC e USP, a busca pela margem se fez como a busca pela própria origem daquilo que se impunha e se autodenominava centro. Qual era esse território, quais eram esses sujeitos, que nos margeavam e, ao fazê-lo, permitiam nosso reconhecimento como centro? Que centro era esse que se autodenominava como tal a partir de uma narrativa meritocrática de conquista e direito, excluindo e violentando as margens que lhe permitiam sua forma?

Também central foi a busca pela escuta da memória daqueles que foram violentados pela ditadura militar que assolou o país, e que se atualiza marginalmente moldando o centro político supostamente democrático que temos nas últimas décadas. Através do projeto Clínicas do Testemunho (CT), vinculado à Comissão de Anistia (do Ministério da Justiça), o Margens pôde habitar uma clínica existente em tempos coexistentes: passado para o centro, presente para a margem. A opressão e a violência policial/política existiam de forma marginal para os centros, que, medrosos de sua existência, moldavam o viver em condomínios e falsas promessas de segurança, discursos de paz que propagam a violência de memórias traumáticas que, sem lugar no tecido social, repetem-se debatendo-se contra a parede do sujeito. Nas margens, a violência e a opressão política sempre fora central, nada mudara nesse quesito e o debate sobre a ditadura militar, seus traumas e violências, revelava sua forma marginal, que a moldava no histórico de violências coloniais e políticas que forja o estado brasileiro nas suas formas normativas mais nefastas, entre elas: os racismos, o abismo entre as classes, o patriarcado e a heteronormatividade. O ontem é hoje e o hoje está fadado a ser ontem amanhã, centros e margens.

Junto às Clínicas do Testemunho, inventamos um centro para promover encontros na margem, chamado de Centro de Estudos de Reparação Psíquica (CERP), dispositivo reproduzido em cada núcleo das CTs no país. Com o objetivo de promover cursos e supervisões, o CERP marcaria o Margens de forma definitiva, indicando que formações e desformações seriam como vias de mão dupla, em que o centro se refaz pelo empuxo à margem, ao passo que a margem se revigora pelas contradições do centro. Dessas duas experiências, a CT e o CERP, brotaram dois livros: o "cinza" e o "vermelho", disponíveis em nosso *site*. Da aventura do CERP, veio a inspiração para formar uma Rede para Escutas Marginais, que a certa altura se destacou do coletivo e tornou-se autônoma em relação a ele – a REM encerrou seu ciclo no ano passado.

Das experiências de formação e trocas, surgiu também o grupo de estudos para a Justiça Restaurativa. Puxado por discussões de textos clínico-filosóficos críticos das leituras reformistas do direito e da forma jurídica, o grupo colocava questões estranhas à maioria dos seus participantes, sobre o que consideravam justiça ou que formas além da punição do infrator que poderiam ser buscadas, exercício difícil a qualquer um criado em uma sociedade capitalista na qual o Estado é forjado para garantir a propriedade privada acima de todas as coisas. Apontamos ali para a necessidade de se deslocar, novamente, para uma margem, em busca de um horizonte revolucionário no encontro entre a antropologia do perspectivismo ameríndio e a leitura científica marxista da materialidade social.

Dos mais recentes, e ainda atuando com muito fôlego, temos o *aquilombamento* nas Margens, que nasce da demanda de tratar o racismo dentro do Sistema Único de Saúde (SUS) e do Sistema Único de Assistência Social (SUAS), com base no trabalho de aquilombação dos CAPS desenvolvido pelo psicanalista Emiliano Camargo David. A nossa ideia inicial era fazer um trabalho itinerante territorial, na zona sul de São Paulo, visitando diversos serviços públicos para falar sobre questões raciais, pensar em formas de enfrentamento ao racismo, tecer redes e dar passagem. Chegamos a realizar dois encontros em 2019 e 2020 com pessoas convidadas e profissionais dos serviços para falar sobre suas experiências de aquilombamento. Contudo em março de 2020 veio a pandemia de Covid-19, o que nos levou a abrir um grupo *on-line* para trabalhadoras SUS e SUAS, com a ideia de reunirmos no máximo vinte participantes, mas a procura foi tão grande que preferimos recorrer às *lives* (recurso típico da época pandêmica), convidando pessoas cujos trabalhos e vidas eram inspiradores, para falar sobre aquilombamento. Essas *lives* compõem o que denominamos de "formação aberta de aquilombamento nas margens". Após dois anos desse trabalho virtual, apresentamos o projeto ao Sesc Avenida Paulista, região central de São Paulo, que nos convidou a realizar as entrevistas lá, presencialmente, as quais tiveram início em 2023 e seguiram em 2024. O aquilombamento nas margens é um convite a escutar outros modos de existir, logo também a outros modos de pensar a clínica.

A partir desses projetos, quiçá fundantes do coletivo, vemos como a margem entre clínica e política do coletivo foi se desdobrando em diversas formas de atuação. A multiplicidade das experiências do coletivo, o tempo com seus cuidados e descuidados, foi também operando cortes na própria constituição do Margens Clínicas que, durante sua trajetória, foi se construindo e se descons-truindo a partir de diferentes centros tornados marginais e de inúmeras margens assumindo posições centrais para que novas bordas pudessem ser tecidas. Esse permanente deslocamento do que é cuidar e ser cuidado, de quem cuida de quem, do que necessita de cuidado, e de que cuidado necessita do quê, faz do próprio movimento a margem que dá forma ao Margens.

Dessa forma, a atuação atual do Margens Clínicas está também na construção da sustentação de um horizonte ético, que está para além de suas atividades e projetos, e em entender-se ele próprio como elemento central de sustentação de uma certa trajetória que, devidamente marginalizada, pôde servir de borda e forma para novos centros emergirem. Ou seja, aquém das margens, testemu-nhamos a proliferação das clínicas públicas de psicanálise Brasil afora com entusiasmo e disposição para parcerias. É como se fôssemos nelas sem ser uma delas, como se reencontrássemos a força que nos movia de dentro para fora e entendêssemos que a definição das nossas causas últimas fosse formulada de fora para dentro. Em favor da saúde e do cuidado, nos contracolonizemos: sejamos coletivamente.

# INSTITUTO AMMA PSIQUE E NEGRITUDE: UMA NECESSIDADE HISTÓRICA

*Maria Lúcia da Silva e Marcos Amaral*

> *A gente vai trabalhar com duas noções que ajudarão a sacar o que a gente pretende caracterizar. A gente tá falando das noções de consciência e memória. Como consciência a gente entende o lugar do desconhecimento, do encobrimento, da alienação, do esquecimento e até do saber. É por aí que o discurso ideológico se faz presente. Já a memória, a gente considera como o não saber que conhece, esse lugar de inscrições que restituem uma história que não foi escrita, o lugar da emergência da verdade, dessa verdade que se estrutura como ficção. Consciência exclui o que a memória inclui.*
>
> LÉLIA GONZALEZ

Brasil nação se constitui pela marca da invasão e colonização portuguesa, que descaracterizou violentamente a vida dos povos africanos e dos povos originários. O processo de escravização relegou à margem da sociedade esses povos, produzindo consequências que se reproduzem até hoje.

A partir da crise do modelo escravocrata, negros e negras ficaram impedidos de acessar o mundo do trabalho, porque o Brasil optou por um projeto racista de embranquecimento da nação, que se deu através da imigração de trabalhadores brancos assalariados europeus. Isso corroborou estruturalmente com a desigualdade social e a manutenção do racismo. Portanto, historicamente o Brasil se faz a partir do antagonismo de classe e de raça estruturais explícitos. O racismo fez e faz parte do projeto de nação brasileiro.

Nos anos 1980, o Brasil mergulhou em uma grande crise econômica proveniente da situação mundial e da dívida externa contraída. Isso resultou em taxas de crescimento econômico baixíssimas, influência direta de órgãos neoliberais estrangeiros no país, como o Banco Mundial, perda de poder aquisitivo dos salários e crescimento da violência urbana.

Apesar dessa realidade, os anos 1970 e 1980 produziram mudanças significativas no Movimento Negro Brasileiro[1], tal como destacado por Silva:

Entre as décadas de 1970 e 1980, durante a ditadura, ocorreram mudanças significativas produzidas pelo movimento negro. Vale destacar o ato de 1971, que evocou a resistência do povo negro, marcando o dia 20 de novembro como dia de luta do negro no Brasil, um contraponto ao 13 de maio de 1888, que não garantiu direitos humanos à população negra brasileira. Era um período em que o movimento se inspirava na luta por libertação dos povos africanos, particularmente em Angola, Moçambique e Guiné Bissau; nas lutas contra o apartheid na África do Sul e pelos direitos civis dos negros estadunidenses. Esse contexto influenciou o avanço

1 Para saber mais ver: UFRGS, 20 de Novembro, *Oliveira Silveira* e "Movimentos Negros" no *site Memórias da Ditadura*.

dos embates contra o racismo no Brasil. O lançamento do Movimento Negro Unificado Contra a Discriminação Racial, em 1978, nas escadarias do Theatro Municipal de São Paulo, representou uma mudança qualitativa na forma de se fazer política: o Estado é responsabilizado pelas precárias condições de vida da população negra, e políticas públicas de reparação são reivindicadas.[2]

Na década de 1990, a situação só se agravara com os cortes provenientes das políticas neoliberais, impactando a indústria nacional. Para o povo negro, aumentam-se a ocupação informal, as condições precárias de trabalho, características de uma população desempregada e empobrecida. Esta acaba por migrar de maneira desordenada para regiões periféricas da cidade, em decorrência da falta de oportunidades e de recursos.

Se retroalimenta um país historicamente desigual, em que negros e negras estão sobrerepresentados nas camadas pobres do país. O Brasil se estrutura a partir de uma lógica patriarcal e racista, que se expressa no lugar em que a mulher e as pessoas negras ocupam na sociedade e no mundo do trabalho. Ou seja, a desigualdade social no Brasil está intimamente relacionada à desigualdade de gênero e racial. Essa é a base material que constitui a subjetividade do povo brasileiro.

Do ponto de vista do fenômeno psicológico, a natureza da subjetividade é social. Nesse sentido, a subjetividade é constituída socialmente, tem base material e conteúdo histórico. O fenômeno psicológico é a constituição, no nível individual, do mundo simbólico que é social, sendo a subjetividade concebida como algo que se constitui na relação com a objetividade, no mundo material, que só existe pela atividade do humano[3]. Em uma sociedade racista, o racismo é uma base material fundamental e, portanto, determinante na constituição da subjetividade de negros, brancos, povos originários, entre outros.

2 M.L. Silva, Prefácio, em N.S. Souza, *Tornar-se Negro*, p. 11-12.
3 Ver A.E. Matsumoto; M.M. Amaral, Psicologia, Marxismo, Relações Raciais e de Gênero, *Cadernos Cemarx*, v. 14.

Embora já houvesse Frantz Fanon nos anos 1970 e Neusa Sousa Santos nos anos 1980 apontando essa realidade, não havia massa crítica para pensar o tema da subjetividade e da raça[4]. O Amma nasce nesse momento, nesse contexto e com essa perspectiva teórica e política. É uma Instituição do Movimento Negro Brasileiro, idealizado e criado por quatro psicólogas negras, em 1995. Elas tinham diferentes experiências no campo da Saúde Mental, tendo em comum o ativismo e o compromisso com o enfrentamento ao racismo e ao sofrimento psíquico por ele produzido. Desde sua fundação, a instituição tem sustentado em seu quadro diretivo uma composição plural, com mulheres negras de gerações distintas, homens negros e pessoas negras LGBTQIA+.

O Amma tem como símbolo o espírito fecundador e criador – Deus Amma –, aquele que inaugura todas as coisas e é simbolizado por um pote envolto por uma espiral de cobre vermelho em três voltas. A simbologia da espiral representa um crescimento sem deformar sua base original, isto é, crescer sem destruir a própria essência. E assim temos caminhado.

A instituição é uma organização da sociedade civil cuja atuação é pautada pela convicção de que o enfrentamento do racismo, da discriminação e do preconceito se faz, necessariamente, por duas vias: *política* e *psiquicamente*. Compreendemos que o racismo não viola apenas direitos sociais, mas também prejudica a saúde física e psíquica dos indivíduos, produzindo sofrimentos mentais e psíquicos, podendo gerar o desenvolvimento de inibições, sintomas psicossomáticos, impedimentos, entre outros.

O reconhecimento de que o racismo produz sofrimento psíquico foi fundamental tanto para o campo da psicologia brasileira, que começa a ser tensionado para reconhecer a determinação da raça numa sociedade desigual, quanto para o Movimento Negro, que, na década de

4 Ibidem.

1990, não tinha a dimensão do quanto o racismo produz sofrimento psíquico. Nesse sentido, o Amma nasce na perspectiva tanto de instrumentalizar o Movimento Negro, ante o sofrimento produzido pelo racismo, quanto para que o movimento possa criar possibilidades de enfrentamento e de cuidado. Além disso, nasce na perspectiva de contribuir com a psicologia brasileira, no reconhecimento da dimensão subjetiva da raça e do racismo.

O Amma tem, portanto, como missão desenvolver estratégias de identificação e desconstrução do racismo e do sexismo, assim como de elaboração de seus efeitos psicossociais, para a promoção de relações raciais e de gênero saudáveis.

O racismo acarreta a negros, brancos, povos originários e a todos nós o desenvolvimento de uma percepção de si equivocada e/ou distorcida. E, para lidar com esses efeitos do racismo, a instituição tem se empenhado em se constituir, cada vez mais, como um espaço de formação e pesquisa de referência para a educação permanente e aprimoramento em saúde mental – de pessoas, grupos e instituições –, nos temas da psicologia e das relações raciais, e da saúde da população negra.

Nesses 28 anos de existência, promovemos oficinas, grupos de reflexões, processos terapêuticos, assessorias organizacionais. Trilhamos uma jornada circulando por diferentes territórios, transgredindo fronteiras disciplinares e estabelecendo parcerias para ampliar nossas forças.

Nesse itinerário, o Amma desenvolveu um repertório político-pedagógico próprio, nomeado como teórico-vivencial, e estruturou um currículo pautado pelo cuidado e pela escuta, atento às dimensões de cuidado em saúde mental, especialmente no âmbito coletivo, para o enfrentamento do racismo e do sexismo institucionais, além da promoção de espaços de trocas políticas, epistêmicas e afetivas.

A principal estratégia adotada pelo Amma está na integração do campo da psicologia e da educação, articuladas à pesquisa. As principais contribuições dessa estratégia enfocam o embasamento científico para incentivar a criação e potencialização de políticas públicas voltadas para o enfrentamento do racismo e do sexismo.

O Amma Psique e Negritude tem atuado em direção ao enfrentamento dos efeitos psicossociais do racismo por meio dos eixos de formação, pesquisa e intervenção. A partir dessa atuação, as principais contribuições circundam a formação de profissionais qualificadas(os) para atuar nas diferentes políticas públicas, em especial nos serviços públicos de saúde e de saúde mental, em sintonia com a realidade social de usuárias(os) negras e negros. Além disso, o Amma tem produzido referências técnicas que permitem um processo de formação e letramento racial contínuo, para além dos encontros formativos. As referências estão ancoradas no desenvolvimento de estudos e de pesquisas sobre saúde mental e relações raciais e de gênero.

Realizamos produção de conhecimento através de cursos e minicursos em psicologia e relações raciais, ações de promoção à saúde da população negra, ciclos formativos sobre os efeitos psicossociais do racismo e do sexismo, oficinas de sensibilização para identificação e abordagem do racismo institucional, além de articulação e participação política em diversas esferas da sociedade civil e do poder público.

As oficinas de sensibilização para identificação e abordagem do racismo institucional constituem um trabalho orientado para a construção de um processo coletivo e participativo de diagnóstico do racismo estrutural e de proposição de ações para enfrentá-lo no âmbito institucional. A dimensão psicológica da raça é valorizada, pois ela é determinante na constituição do indivíduo e das relações psicossociais numa sociedade racializada.

Fazemos uso de abordagem psicossocial para a elaboração de plano de ação para a diversidade, a inclusão e o desenvolvimento do tema relações raciais no âmbito de um projeto de qualquer natureza, que esteja em andamento. Essa formação é dirigida a profissionais das áreas de saúde e educação, organizações públicas, privadas e não governamentais.

O Amma desenvolveu ações políticas em escala nacional, a exemplo da importante atuação nas Conferências Nacionais de Saúde Mental, no Programa de Combate ao Racismo Institucional e no Grupo de Trabalho sobre Saúde Mental e Racismo do Ministério da Saúde, nos idos dos anos 2000; promoveu processos formativos em parceria com Promotorias de Justiça Estaduais e Federais, com secretarias municipais e estaduais de saúde, entre outros atores do Poder Executivo, do sistema de justiça e da sociedade civil. As formações estiveram e permanecem ancoradas no desenvolvimento de pesquisas e de estudos que se desdobram em importantes publicações para a superação dos efeitos psicossociais do racismo.

*Desafios da Conjuntura:*
*A Produção de um Centro de Formação, Pesquisa e*
*Referência em Relações Raciais*

A partir do século XXI, a desigualdade brasileira passa a reduzir de maneira substancial. O coeficiente Gini[5] está em queda desde 2001, quando estava próximo a 0,60. Em 2022, alcançou um valor de 0,518, o que nos permite inferir que a desigualdade social está diminuindo no país. Valores próximos a 0,5 não nos permite dizer que temos uma distribuição razoável de renda; quando olhamos para o índice precisamos nos ater ao fato de que valores acima de 0,5 nos mostram extrema desigualdade e, abaixo, valores mais próximos a uma distribuição mais igualitária. Apesar

---

5 Existem alguns indicadores que medem a desigualdade. Um dos principais indicadores de desigualdade de renda é o índice de Gini, o seu valor varia de zero, igualdade perfeita, a um, desigualdade máxima.

disso, estruturalmente nada mudou, a hierarquia entre homens e mulheres, brancos e pretos, se mantém estável.

Segundo dados da PNAD 2018[6], no Brasil o homem branco tem rendimento médio superior ao restante da população, estando no topo da pirâmide. Na base da pirâmide, no tocante aos rendimentos, está a mulher negra.

Por consequência, o acesso ao ensino superior também é desigual. Contudo, aqui se apresenta uma diferença importante no que diz respeito a gênero: mesmo com salários médios inferiores, as mulheres estudam mais que os homens. Entretanto, quando olhamos para pretos e pardos, a realidade é outra. Dados da PNAD 2018 também nos mostram que os brancos estudam em média 10,1 anos; os negros, 8,2 anos. Brancos estudam, em anos, mais que pretos e pardos, e as mulheres mais que os homens, o que coloca os homens negros na base da pirâmide.

Um importante marco, e avanço, para a educação brasileira está marcado pela Constituição da República Federativa do Brasil de 1988, que, além do reconhecimento do racismo como crime inafiançável, normatiza e formaliza a estrutura da educação superior. O art. 22, inciso XXIV, afirma que compete à União legislar sobre as diretrizes e bases da educação nacional; que o Estado é responsável pela educação gratuita e de qualidade, mas também normatiza as instituições privadas através do art. 209, quando afirma que o ensino é livre à iniciativa privada.

Nos anos 1990, tínhamos dois modelos de universidade, um público e um privado. A expansão das universidades privadas permitiu o aumento de acesso a esse nível de ensino, porém, "é importante destacar que a educação superior continua sendo um segmento educacional voltado a uma minoria"[7]. É nesse período que as discussões

---

6 IBGE, *Pesquisa Nacional por Amostra de Domicílio Contínua* (*Pnad Contínua*).

7 M.R. Aprile; R.E.M. Barone, Políticas Públicas Para Acesso ao Ensino Superior e Inclusão no Mundo do Trabalho, *VI Congresso Português de Sociologia*, p. 6.

acerca da restrição ao acesso e à permanência no ensino superior vão se afirmando mais incisivamente, consequentemente às pressões do Movimento Negro para que políticas públicas para a educação avancem, principalmente o investimento em universidades públicas e o acesso das pessoas negras a esse nível de ensino, que historicamente nos foi negado.

Para se ter uma ideia do abismo brasileiro no que tange ao acesso ao ensino superior, em 2001, menos de 12% dos jovens brasileiros entre 18 e 24 anos estavam matriculados em instituições de ensino superior, situação desfavorável frente a outros países da América Latina: o Chile apresentava 20,6%, a Venezuela 26% e a Bolívia 20,6% de pessoas nessa faixa etária no ensino superior[8].

O acesso da população negra ao ensino superior brasileiro foi historicamente negado, mas o investimento no avanço do financiamento estudantil através do FIES, a chegada do PROUNI e as políticas públicas de ações afirmativas foram um avanço na medida em que, apesar das contradições, abriram espaço para que essa população pudesse ocupar os bancos universitários. A lei de cotas para as instituições federais, histórica luta do Movimento Negro, data de 2012.

A entrada da população negra no ensino superior provocou esse nível de ensino a reconhecer a produção negra como parte importante da epistemologia do conhecimento. A ciência e a profissão psicológica atualmente vivem o que podemos chamar de crise epistemológica, na medida em que a juventude negra universitária brasileira tensiona os saberes psicológicos eurocentrados, reproduzidos pelas instituições de ensino superior. O Amma também vem preencher essa lacuna produzida pela branquitude.

O avanço de uma tímida implementação de políticas reparatórias – como as da área da educação –, pelo Estado brasileiro, à população negra foi paralisado no

8 Ver Unesco, *Plano Nacional de Educação*.

último período, por conta da gestão de extrema direita que estava na Presidência da República.

Além da educação, nos últimos anos, assistiu-se ao desmantelamento relativo aos serviços de saúde e das iniciativas governamentais que visavam superar as lacunas relacionadas à implementação da política nacional de saúde integral da população negra. Por outro lado, atualmente, sobretudo diante do agravamento das crises sociais com a pandemia de Covid-19, novas questões vieram à tona; observa-se a "revelação" da imensa demanda por acolhimento, no campo da saúde mental, dos sofrimentos mentais oriundos da vivência cotidiana e dos diferentes lugares sociais que os grupos populacionais ocupam. A ênfase foi reafirmada em denúncias que os movimentos/psicólogos negros fazem há anos, de que as privações, opressões, racismo, sexismo etc. podem produzir sofrimento. Nesse momento, a pandemia ratificou essa realidade cotidiana.

Nesse sentido, há alguns anos tem havido um movimento em duas direções: por um lado, uma maior consciência da população no que diz respeito ao sofrimento mental que o racismo pode produzir e às precárias condições que dele resultam, que ocasiona uma busca, dentro da comunidade, por profissionais que tenham uma escuta qualificada; por outro lado, uma maior organização e articulação – em grupos e em rede – de psicólogas e psicólogos, ofertando serviços voltados à comunidade.

Isso posto, o Amma aprimorou seu fazer e seu compromisso com a constituição de uma sociedade justa e igualitária, em consonância com as contradições da conjuntura brasileira, e consolida seu projeto rebatizado de "Amma Psique e Negritude: Centro de Formação, Pesquisa e Referência em Psicologia e Relações Raciais".

Vale destacar que esse momento vem junto à conclusão de um processo, iniciado há alguns anos, de transição geracional conduzido por duas fundadoras da instituição, Jussara Dias e Maria Lúcia da Silva. Uma tarefa árdua tanto para a antiga quanto para a nova geração, mas imprescindível para a longevidade das instituições do Movimento Negro Brasileiro.

Esse processo de reestruturação organizacional está refinando a atuação da instituição, seu escopo, propósito e estrutura, com a finalidade de responder às demandas e urgências do presente, ancorado na memória e nos caminhos percorridos até então, apontando para um projeto de futuro possível.

*Um Projeto Possível:*
*Amma Psique e Negritude – Centro de Formação,*
*Pesquisa e Referência em Psicologia e Relações Raciais*

O Centro de Formação, Pesquisa e Referência em Psicologia e Relações Raciais visa contribuir com o Movimento Negro e o reconhecimento de que racismo produz sofrimento psíquico; produzir estratégias de enfrentamento político e psíquico do racismo; e preencher uma lacuna ainda existente na produção de conhecimentos e na formação inicial e continuada dos profissionais de saúde mental e da psicologia, em particular a interface entre as relações raciais e a subjetividade. Essa iniciativa é parte de um amplo investimento político, teórico e pedagógico efetuado pelo Instituto Amma Psique e Negritude nos últimos trinta anos.

A realidade brasileira nos permite constatar, historicamente, teoricamente e empiricamente, que o racismo produz sofrimento psíquico. Essa tese impulsionou a organização a refletir sobre as suas responsabilidades políticas, bem como sobre as possibilidades de intervenção na defesa dos direitos humanos e na promoção da equidade racial no campo da saúde mental.

Esse processo evidenciou a necessidade da constituição de um espaço permanente de reflexão, pesquisa, ensino e extensão que una pesquisadores, docentes, intelectuais e profissionais oriundos de abordagens e epistemologias diversas em torno das seguintes perguntas:

como o racismo interfere na saúde mental dos sujeitos submetidos à racialização? Quais são as possibilidades de ressignificação dos traumas provocados pelas discriminações sociopolíticas? Qual é o papel do campo da saúde mental diante dessas questões? Quais dispositivos psicológicos e pedagógicos podem ser mobilizados em busca de um processo formativo que convoque o profissional à estruturação de uma clínica ampliada e implicada com o enfrentamento às discriminações e à promoção de saúde?

Sabemos que a preocupação e o enfoque sobre as relações raciais na sociedade brasileira têm mudado nos últimos anos. Em um primeiro momento, agências governamentais, bem como programas específicos no âmbito dos governos federal, estadual e municipal, foram criadas com o intuito de diminuir as desigualdades provocadas pelo racismo. A sociedade brasileira e, mais especificamente, o Estado brasileiro começaram a responder às demandas e reivindicações da luta política do movimento negro. No entanto, ainda são respostas tímidas e pontuais, o que resulta na existência de lacunas entre os níveis definidores das leis e das políticas públicas e as necessidades da população propriamente dita.

No campo da ciência e da profissão psicológica, a psicologia privilegia hegemonicamente uma formação voltada para o consultório particular e, por vezes, negligencia as discussões do campo do social e o preparo dos estudantes em relação aos temas sociais, particularmente, o racismo, dificultando o engajamento nas ações de cunho mais político e estrutural, na busca de comprometer o Estado na oferta de serviços para todas e todos, e com qualidade.

Dessa forma, se faz necessário um centro emanador de pensamentos e de práticas, municiadas com pesquisas que auxiliem psicólogas e psicólogos na (re)orientação das suas ações/produções. Nesse sentido, um centro de formação e pesquisa poderá cumprir esse papel.

O Centro de Formação atuará a partir do foco em pesquisa, formação e intervenção clínica; da disseminação de conteúdo das áreas de atuação, por meio de cursos, pesquisas e publicações; do aprimoramento de pessoas, grupos e instituições para o enfrentamento do racismo e do sexismo; da extensão do nosso campo de atuação por meio da formação e multiplicação de estratégias; do estudo e da elaboração psíquica dos conteúdos, assim como das relações raciais e de gênero, por meio do desenvolvimento de metodologias teórico-vivenciais, participativas, entre outras; da articulação e da incidência política no campo das relações raciais e de gênero.

A área de atuação é a saúde e a saúde mental, educação e direitos humanos, com foco na psicologia e nas relações raciais, na perspectiva psicossocial. A organização interna da instituição se dá pelos eixos: 1. institucional – promove estratégias de identificação e enfrentamento do racismo, em suas expressões estrutural, institucional e interpessoal; 2. formação – metodologias teórico-vivenciais, participativas, teóricas, entre outras, sobre os conteúdos das áreas de atuação; 3. pesquisa – com foco na psicologia e nas relações raciais; 4. política – participação em redes, associações e articulações de movimentos sociais populares, especialmente negro e de mulheres negras, e em entidades da psicologia, com foco prioritário na incidência política para a garantia de direitos.

Portanto, o Centro contribuirá para a superação dos problemas relacionados à fragilidade da formação de profissionais que atuam no campo da saúde e da saúde mental, bem como para o fornecimento de referências técnicas para essa atuação, baseadas em resultados de pesquisas que considerem a dimensão racial e de gênero como determinante nos processos de saúde e sofrimento psicossocial que afetam a população negra.

Após esses 28 anos de trajetória, podemos afirmar que o nosso propósito é: *ser e oferecer um espaço de formação e pesquisa, visando a troca de saberes e produção de conhecimentos sobre relações raciais e de gênero, por meio de uma abordagem psicossocial.*

# REFERÊNCIAS

APRILE, Maria Rita; BARONE, Rosa; ELISA, Mirra. Políticas Públicas Para Acesso ao Ensino Superior e Inclusão no Mundo do Trabalho O Programa Universidade Para Todos (Prouni) em Questão. *VI Congresso Português de Sociologia*, Universidade Nova de Lisboa, 2008.

BRASIL. Constituição da República Federativa do Brasil, promulgada em 5 de outubro de 1988. Disponível em: < https://www.planalto.gov.br>. Acesso em: jan. 2024.

GONZALEZ, Lélia. Racismo e Sexismo na Cultura Brasileira. *Por um Feminismo Afro-Latino-Americano: Ensaios, Intervenções e Diálogos*. Org. Flavia Rios; Márcia Lima. Rio de Janeiro: Zahar, 2020.

IBGE. *Pesquisa Nacional por Amostra de Domicílio Contínua* (*Pnad Contínua*), *2018*. Rio de Janeiro: IBGE, 2018.

MATSUMOTO, Adriana Eiko; AMARAL, Marcos Martins. Psicologia, Marxismo, Relações Raciais e de Gênero: Contribuições da Psicologia Sócio-Histórica a Partir da Categoria "Dimensão Subjetiva da Realidade". *Cadernos Cemarx*, Campinas, v. 14, 2021.

MOVIMENTOS NEGROS, Memórias da Ditadura. Disponível em: <http://memoriasdaditadura.org.br>. Acesso em: set. 2024.

UFRGS. 20 de Novembro, *Oliveira Silveira*. Disponível em: <https://www.ufrgs.br>. Acesso em: set. 2024.

SILVA, Maria Lúcia. Prefácio. In: SOUZA, Neusa Santos. *Tornar-se Negro: Ou as Vicissitudes da Identidade do Negro Brasileiro em Ascensão Social*. São Paulo: Companhia das Letras, 2021.

UNESCO. *Plano Nacional de Educação*. Brasília: Senado Federal/Unesco, 2001.

# A RODA TERAPÊUTICA DAS PRETAS:
## ATRAVESSANDO UTOPIAS, CONSTRUINDO REALIDADES

*A Coletiva*

Na perspectiva hegemônica colonialista é necessário e desejado que, eventualmente, se atravesse o caminho para que se alcance um ponto de chegada certeiro, planejado com o propósito de produzir algo, tantas das vezes, em função exclusivamente do capital; mas não para nós. Tal como aponta Antônio Bispo dos Santos, o Nego Bispo, poeta, lavrador, quilombola e mestre griô, é necessário que saibamos que o que nos orienta enquanto corpos/corpas contracolonialistas é pautado na lógica do *início, meio e início*[1]. Orientarmo-nos pela ótica do *início, meio e início* representa dizer que

---

1 Ver A.B. dos Santos; J. Mayer, Início, Meio, Início, *Indisciplinar*, v. 6, n. 1.

o tempo se apresenta para nossa coletiva de modo circular, pois, se o tempo linear é aquele que a sociedade se ajusta para somente produzir, o tempo que inventamos enquanto mulheres negras é o registro de tempo em que aliançamos nossas rotinas particulares (muitas vezes) de três turnos de trabalho, com o desejo de atravessar utopias (juventudes negras vivas, mulheridades negras com saúde, corpas pretas afetadas por afeto-sentido) para então construir outras realidades (destruindo as lógicas hegemônicas em que a cada 23 minutos um jovem negro morre em território brasileiro, de que a maior parte da violência obstétrica está direcionada a mulheres negras, tendo, por exemplo, maior prevalência de depressão pós-parto, entre outras violências desumanizatórias).

Se desenvolvimento significa desenvolver, desconexão, tal como aponta Nego Bispo[2], o que nos propomos aqui é envolver. Envolvimento. Para que seja possível apresentar a pretensão deste texto.

O objetivo aqui é compartilhar como há anos a Roda Terapêutica das Pretas vem trabalhando coletivamente, incansavelmente, e a partir dos afetos, para contribuir criticamente na direção da construção de uma psicologia antirracista, mas, para além, uma psicologia que seja, sobretudo, antimanicolonial, antiproibicionista, antipatriarcal, ancorada com os pés na periferia, nos coletivos/es/as pretos/es/as e que se faça a partir da ética aquilombada.

A Roda Terapêutica das Pretas é um dispositivo que, de diversas formas, propõe a diminuição de iniquidades sociais. Para tanto, se dispõe a pensar um processo itinerante, dentro do próprio território em que o grupo a ser atendido existe e promove acesso e identificação. Pensar lógica e territorialmente tendo a extraclínica como principal local de desenvolvimento das Rodas assegura que, na prática, ela aconteça de forma decolonial, além de oportunizar a adequação cultural ao processo e, consequentemente,

2 Ibidem.

à parte do manejo clínico e dos processos transferenciais. Pertencimento.

A coletiva nasce em novembro de 2016, a partir do encontro e da soma de sete psicólogas negras que emergiam de diferentes regiões da cidade de São Paulo, mas que comungavam de um desejo e horizonte comuns: a oferta do cuidado ético-político para mulheres negras, feito a partir de mulheres negras. Atravessadas por narrativas de desconforto, não identificação, violências das mais diversas formas que eram protagonizadas por profissionais aliançados às psicologias culpabilizantes, hierarquizadas, de elite para elite, típicas da lógica hegemônica da branquitude, ali se pactua e se organiza uma nova direção a ser construída, que visa atravessar o desejo utópico da existência de um cuidado afrorreferenciado para propor, efetivamente, novas realidades: psicólogas negras transitando pelos territórios, rumo ao cuidado de outras mulheres negras.

A construção do nosso arcabouço teórico foi conjuntamente fundamentada nas vivências dos grupos e das oficinas. É sabido que a mulher negra, enquanto base da pirâmide social[3], é privada de diversos acessos, sendo um deles o acesso ao cuidado da saúde mental que, corriqueiramente, não é algo considerado importante.

No que se refere ao trabalho realizado, dividimos sua linha do tempo em quatro partes, a saber:

1. 2016 até 2018: período em que a RTP se articulou estruturalmente e iniciou os atendimentos;
2. 2019: entrada de novas integrantes para atendimento da demanda;
3. 2020 a 2021: período pandêmico, que exigiu mudanças estruturais que dessem conta da demanda à época;
4. 2022 até o período atual de 2023, que se desvela com a retomada dos encontros no pós-crise sanitária da Covid-19.

3 Ver G.C. Santos, "Ribeiro D., O Que É Lugar de Fala?" (resenha), *Saúde em Debate*, v. 43, n. spe 8.

Quanto aos ciclos de atendimento, dividem-se em cinco. De outubro de 2016 a fevereiro de 2017, a Roda recebeu cerca de 250 inscrições, através de um formulário Google. Com isso, as sete psicólogas se organizaram, a fim de dar conta desse volume de inscritas, realizando uma triagem e encaminhando aquelas que residiam fora da cidade de São Paulo. Já em 2017, foram feitas diversas reuniões para o desenvolvimento do projeto que, naquele momento, e apesar da demanda, ainda era embrionário; era sabido que pensar saúde coletiva dentro do contexto racial e com recorte de gênero demandava que considerássemos diversas minúcias.

A partir de dezembro de 2017, a coletiva foi contemplada por fundos que apoiaram financeiramente o projeto e o tornaram possível.

Em 2018, realizamos atendimentos psicoterapêuticos em grupo nas regiões Norte, Sul, Leste e Oeste de São Paulo, com dez integrantes na coletiva e, com o valor recebido do fomento, foi possível auxiliar as psicólogas com as passagens e também custear o lanche das atendidas.

Em 2019, a coletiva cresceu e chegamos a 39 integrantes, o que tornou possível a realização dos grupos nas regiões Norte, Sul, Leste, Oeste e em Osasco e, nesse período, alguns aspectos puderam ser observados, sendo o principal deles perceber que havia uma dificuldade dessas mulheres atendidas em se vincular aos grupos de forma semanal, mantendo a assiduidade.

Em resposta a isso, criamos as Oficinas Terapêuticas: espaços de livre acesso para mulheres negras nos quais, diferentemente do Grupo Terapêutico, elas poderiam comparecer esporadicamente, a fim de participar das atividades. Tais espaços tinham como disparador intervenções culturais. Esse foi um modo de possibilitar que essas mulheres que, durante muito tempo, não puderam e sequer aprenderam a receber cuidado, delicadamente, pudessem ter acesso a isso. Essas oficinas também aconteceram na cidade de São Paulo, nas regiões Norte, Sul, Leste, Oeste, Centro, e também na cidade de Osasco.

Já em 2020, tivemos o advento da pandemia. Vale dizer que, em tempos normais, já existe uma grande dificuldade de acesso das mulheres periféricas aos serviços de saúde mental. É importante considerar que nosso público-alvo não são pessoas com acesso à internet ou a informações de forma tão fácil, logo, tivemos esse atravessamento que impactou diretamente no objetivo central da coletiva. Como alternativa, inicialmente realizamos atendimentos individuais no formato de psicoterapia breve, para seguir acolhendo as mulheres negras que, diante da conjuntura, estavam ainda mais fragilizadas. Posteriormente, em 2021, foram abertos grupos e oficinas temáticas *on-line*, uma modalidade nunca antes adotada pela Roda, mas que nos possibilitou alcançar pessoas residentes fora do território de São Paulo.

No ano de 2022, os atendimentos presenciais voltaram a acontecer e então realizamos um ciclo de atendimentos em grupo nas regiões Norte, Sul, Leste e Oeste, e também na modalidade *on-line*. Além disso, fizemos uma parceria com o Centro de Promoção de Igualdade Racial – CPIR e, em consequência disso, alguns Centros puderam receber as oficinas de rodas de conversa com o tema "Desafios Para Cuidado da Saúde Emocional e Potencialidades Coletivas de Mulheres Negras Periféricas". Além das demandas já ditas, carregadas por pretas brasileiras, nesse ano, sobretudo com o retorno dos atendimentos presenciais, tivemos também a escuta sobre o período pandêmico e seus desdobramentos, e também encomendamos uma pesquisa sobre saúde mental das mulheres negras que, em breve, terá seus resultados divulgados.

Ainda é uma dificuldade para nós, enquanto coletiva, mensurar qualitativamente, assim como em diversos processos subjetivos, como a RTP impacta na vida dessas mulheres que recebem nosso trabalho, através dos grupos, das oficinas ou do atendimento individual, entretanto, é considerado que não só aquela participante é atingida, mas também diversas pessoas da sua rede de convivência, o que faz com que a perspectiva do cuidado possível para uma mulher negra se amplie e se propague.

As profissionais membras da RTP são, antes de tudo, mulheres negras e, com isso, são também atravessadas por todas as questões estruturais, sociais e subjetivas. Sendo assim, a coletiva entendeu que as integrantes também precisavam de cuidado, sobretudo durante o período pandêmico e, a partir de 2021, foi criada a coordenação de Cuidados e Afetos, que tem como objetivo cuidar das integrantes da coletiva. Desde então, ações vêm sendo realizadas a fim de proporcionar um espaço de acolhimento e aquilombamento para as profissionais.

É de suma importância dizer que o trabalho da RTP é, sobretudo, questionador, no sentido de que ele trabalha pró e a partir do questionamento, tanto da lógica racista, quanto do questionamento, ainda que indireto, às mulheres sobre: "A quem beneficia sua falta de saúde mental?"

Parte de um lugar que não responde ao suposto saber do analista, mas do lugar subversivo de considerar que partimos todas de um ponto único: nossa cor. E mesmo que nossas vivências sejam cheias de particularidades e de subjetividades, socialmente, ainda somos as "neguinhas". E se é desse lugar que comungamos, compartilharemos também o cuidado através do afeto.

Esse, fundamentalmente, é nosso maior referencial. Reconhecermo-nos enquanto mulheres negras, escalarmos a pirâmide social, enxergarmos as questões sociais e, politicamente, assim como dito no início, em formato de Roda, criarmos possibilidades e devolvermos cuidado, afeto e escuta uma para as outras.

REFERÊNCIAS

COSTA SANTOS, Gilney. "Ribeiro D. O Que É Lugar de Fala?" *Saúde em Debate*, Rio de Janeiro, v. 43, n. spe 8. (Resenha.) Disponível em: <https://doi.org/10.1590/0103-11042019S826>. Acesso em: set. 2023.

SANTOS, Antônio Bispo dos; MAYER, Joviano. Início, Meio, Início: Conversa Com Antônio Bispo dos Santos. *Indisciplinar*, Belo Horizonte, v. 6, n. 1, 2020.

## GRUPO VEREDAS:
PSICANÁLISE E IMIGRAÇÃO

*Sandra Luzia de Souza Alencar,*
*Miriam Debieux Rosa, Gabriel Binkowski*
*e Pedro Seincman*

O Veredas é um projeto de extensão universitária, vinculado ao Laboratório de Psicanálise, Sociedade e Política (PSOPOL) do Instituto de Psicologia da Universidade de São Paulo – USP. O projeto de Extensão tem sua base conceitual, clínica e ética na articulação entre psicanálise, sociedade e política, na intervenção psicanalítica fora dos enquadres tradicionais, em situações de precariedade e de urgência. Visa à experiência de sujeitos afetados diretamente por fatos sociais e políticos que levam a exclusão, segregação e consequente imigração ou exílio do país de origem, e à busca de refúgio em país estrangeiro.

O objetivo principal, assim, é estabelecer espaços de intervenção com essas populações, catalisando elaborações singulares e grupais e apontando as diferentes possibilidades de (re)constituição de laços sociais, favorecendo os vínculos afetivos e de trabalho, de modo a possibilitar revisar e elaborar formas de viver os novos contextos e as modalidades de deslocamento dos sujeitos a partir das configurações e impasses através dos quais eles são tomados no Brasil. Apesar das inúmeras carências objetivas e urgências, insistimos com nossa presença em instituições e no espaço social como possibilidade clínica e como coletivo que intenta friccionar as políticas públicas sobre a presença e o acolhimento do estrangeiro nas mais diferentes instituições da malha social. Para nós, saúde mental não é especialidade, é um direito e condição de luta pela cidadania e consequente autonomia do indivíduo.

## História

Uma longa e movimentada história marca os quase vinte anos do Grupos Veredas. Iniciamos nossas ações em 2004, a partir do projeto de pesquisa pós-doutoral *História, Clínica e a Cultura em Psicanálise*, de Taeco Toma Carignato. Atuamos em várias instituições voltadas ao acolhimento e, nos primeiros anos de práticas e articulações, solidificamos parcerias com a Casa do Migrante, ligada à Missão Paz, albergue que acolhe migrantes e imigrantes de todos os países. No decorrer dos anos, ampliamos nossas parcerias e passamos a desenvolver ações no Centro de Referência e Assistência ao Imigrante – CRAI, no Centro de Atendimento ao Imigrante – CIM e na Cáritas de São Paulo, assim como em escolas públicas e instituições públicas de saúde. Também realizamos ações no campo da cultura, com seminários livres, debates temáticos, apresentação teatral e outras linguagens artísticas, dentre as quais é possível citar atividades realizadas no espaço do Centro

Cultural Banco do Brasil e no Memorial da América Latina. Entre 2016 e 2018, mantivemos o espaço Veredas Convida, atividade de formação para o público específico, mas estendido a outros interessados. Foi um evento de frequência mensal, realizado no restaurante Al Janiah, espaço gastronômico, político e cultural organizado por imigrantes palestinos na cidade de São Paulo. Faziam parte da programação palestras, debates, depoimentos, apresentações de movimentos políticos, musicais, pró-moradia, entre outros, sobre temas relacionados à imigração e ao refúgio, voltados ao público geral.

Às atividades de escuta-intervenção somam-se e se articulam pesquisas de iniciação científica, mestrado, doutorado e pós-doutorado. Temos produzido trabalhos sobre as expressões da violência, os efeitos e as dimensões coletivas do trauma, do desamparo e da violação de direitos, as modalidades de resistência e de enfrentamento dos sujeitos em situações de violência/vulnerabilidade, a construção/transformação do laço social na contemporaneidade, imigração e migração, e o desenvolvimento de práticas clínico-políticas de intervenção. Os projetos de pesquisa são articulados e ligados a dispositivos de pesquisa-intervenção psicanalítica com populações em situação de vulnerabilidade social e com diversidade cultural, linguística e religiosa. Para indicar nossa posição metodológica, citamos Miriam Rosa e Eliane Domingues, que afirmam que, no caso da contribuição da psicanálise ao estudo do campo social e político, não lhe cabe a pretensão de esgotar, por si só, o fenômeno: "cabe-lhe esclarecer uma parcela dos seus aspectos, ainda que uma parcela fundamental. Sem pretensão de substituir a análise sociológica, cabe à psicanálise incidir sobre o que escapa a essa análise, isto é, sobre a dimensão inconsciente presente nas práticas sociais.[1]"

1 M.D. Rosa; E. Domingues, O Método na Pesquisa Psicanalítica de Fenômenos Sociais e Políticos, *Psicologia & Sociedade*, v. 22, n. 1, p. 180-188.

*Algumas Palavras Sobre a Clínica do Traumático*

Para além dos dispositivos, a dimensão clínico-política aponta leituras e implica tempo de compreender o que se apresenta, muitas vezes marcado pela urgência social e subjetiva. Uma referência para nosso trabalho tem sido as elaborações do Laboratório de Psicanálise, Sociedade e Política, coordenado por Miriam Debieux Rosa[2], sobre a clínica do traumático[3]. Formulamos as bases para a clínica do traumático a partir desses casos em que o sujeito não construiu ainda uma resposta metafórica, um sintoma, através do qual possa falar de seu sofrimento e endereçar uma demanda. Esse silêncio, a dor e a falta de uma demanda são as vicissitudes do psicanalista nessa clínica.

Se não há demanda, se a dor é presumida pelos fatos e pelo vazio do silêncio, o que sustenta a posição do analista? Que direção dar a essa clínica? Há uma clínica possível quando pensamos que o traumático do sujeito está em seu retorno ao acontecimento, no detalhe que o capturou para além da violência e do gozo do outro. Desse modo, é possível despotencializar a violência para retomar o lugar de sujeito na cena. Essa distinção permite que não recuemos perante a violência.

No tempo de chegada no país do Outro, muitas vezes o sujeito revê a lógica que o lançou nele, a decisão de partir deixando para trás laços afetivos e compromissos pessoais e políticos, sua história, sua língua e o mundo que o constituiu, para lançar-se em outro lugar, lugar estranho para ele e onde ele é estranho para o outro. Olhar para o que deixou para trás e suas consequências pode ser para alguns um excesso – culpa e gozo – que desestabiliza o sujeito de um lugar no discurso e o lança na dimensão do desamparo.

Sem poder dar um contorno simbólico ao acontecimento para situar sua dor e perda, para produzir um

---

2 Ver M.D. Rosa, *A Clínica Psicanalítica em Face da Dimensão Sociopolítica do Sofrimento*.
3 Ibidem.

sintoma, uma versão dos acontecimentos, o sujeito vê-se impossibilitado de construir uma demanda para um outro/semelhante e cala-se. Para tratar o trauma provocado pela intervenção do Outro totalitário, que pretende reduzir os homens a restos e por meio da qual se tenta apagar todas as marcas da subjetividade, é necessária uma elaboração que finque suas bases na reconstituição do laço social que norteia o funcionamento do campo social[4].

*Práticas Clínico-Políticas*

A vida na cidade/país de chegada muitas vezes é marcada por excessos que se somam aos que levaram à emigração forçada. Embora a saída do país de origem, no momento da decisão de partir, ancore-se em buscar alternativa e mudança de lugar social e subjetivo, as dificuldades do processo, acrescidas pelos impasses e desamparos social e discursivo, produzem efeitos que geram culpabilizações, idealizações e desesperos frente à realidade encontrada. É nesse cenário que a oferta de um laço que valorize a palavra e a escuta, de espaços que possibilitem algum modo de coletivização – que promova intervalo no isolamento e segregação vividos ou revividos –, faz parte da direção das ações e intervenções do Grupo Veredas.

Assim, são ações que recortam o que se apresenta de forma totalizante e procura encontrar e produzir brechas. Com essa dimensão, é possível citar ações que promovam intervalos e lugar de descanso, como nos diz o poeta[5], lugar de um laço amistoso. Nessa direção, temos realizado

4 Ver M.D. Rosa, Imigração Forçada: Do Imaginário Traumático às Intervenções Clínico Políticas, *Grupo Veredas: Psicanálise e Imigração e a Clínica Psicanalítica*.

5 "Todos estão loucos, neste mundo? Porque a cabeça da gente é uma só, e as coisas que há e que estão para haver são demais de muitas, muito maiores diferentes, e a gente tem de necessitar de aumentar a cabeça, para o total. Todos os sucedidos acontecendo, o sentir forte da gente – o que produz os ventos. Só se pode viver perto de outro, e conhecer outra pessoa, sem perigo de ódio, se a gente tem amor. ▶

uma atividade com imigrantes que estão albergados na Casa do Migrante. Iniciamos essa ação coletiva que é um passeio pela cidade. A equipe que semanalmente está presente na Casa, nas conversas com os imigrantes e por meio de cartazes, levanta interesses e propostas de lugares a circular ou conhecer. Assim, em um dos passeios fomos ao parque Augusta. Cerca de 25 imigrantes participaram dessa atividade. Marcamos um horário, em um domingo, para o encontro na Casa, para de lá sairmos juntos.

O deslocamento é feito por meio de transporte público. Essa atividade nos pareceu proporcionar aos moradores espaço para estar com o outro para além do institucional, possibilitando um outro laço que não o marcado pelas tensões das diferenças de língua, condições sociais, escolares e culturais, fatores que permeiam a intensa luta para encontrar um lugar de dignidade no novo país. Uma situação ocorrida no primeiro passeio parece ilustrativa. Em um grupo grande de pessoas, ao tomarmos o metrô, uma pessoa se perdeu do grupo. O que poderia ter sido apenas causador de transtorno e de tensão pôde ser vivido em outra chave, pois imediatamente a reação foi a de mobilização do grupo, a fim de se organizar e dar todo o suporte na busca a essa pessoa. Essa situação parecia apontar para um momento em que havia uma sensação de "estar no mesmo barco", para a existência de um enlace pelo cuidado e que dialetiza a relação de quem cuida e de quem é cuidado. Ademais, o conhecimento sobre os trajetos, no transporte público, não estava determinado por posições hierárquicas entre técnicos/brasileiros e imigrantes; em alguns momentos, havia imigrantes que conheciam melhor os percursos. Dialetizar lugares e posições que podem se mostrar fixas possibilita resgatar experiências com o outro e operar separações ali onde podem se produzir alienações que fixam o sujeito numa posição objetificada, despotencializada e gozada pelo outro.

▷ Qualquer amor já é um pouquinho de saúde, um descanso na loucura." J.G. Rosa, *Grande Sertão*, p. 272.

*Tecer a Rede*

Falamos que o particular recorta o coletivo e constitui o singular do caso. O singular do caso é uma marca, um traço, e não o individual. Assim, é a partir do caso que as ações vão se tecendo. Nessa direção, podemos citar o caso de uma imigrante angolana que estava hospedada com seu filho de oito meses na Casa do Migrante. Esse caso foi o disparador para a construção de uma rede de cuidado ao imigrante. Foi a partir dos impasses para o cuidado que a equipe do Veredas e da Missão Paz iniciaram ações que resultaram na construção da rede. Nomeamos esse caso como Saúde[6], pela proximidade do nome da pessoa e por sua trajetória na rede de saúde. Com situações de tensões na relação entre Saúde e as demais moradoras da Casa, cujo eixo do conflito era a crítica ao que viam como descuidado de Saúde com o filho, a equipe que realizava idas semanais à Casa aproximou-se de Saúde, a fim de procurar ofertar um espaço que possibilitasse algum apoio e abrisse espaço para a palavra e para a escuta.

Saúde já havia sido atendida por profissionais da rede de saúde, mas que viam em sua atitude *resistência* e falta de adesão ao tratamento. Aqui, a noção de construção do caso ganha relevo, pois é à medida que as equipes se veem implicadas e buscam reconhecer os aspectos e elementos que criaram e criam impasses para acolher casos como o de Saúde que avançamos para indagar qual era a marca do caso. Onde se dão os impasses? A posição é, como diz Rosa, diagnosticar não o indivíduo, mas o laço social:

A prática clínico-política nesse âmbito relança as demandas institucionais, em geral focadas naqueles indivíduos que desorganizam ou atacam as normas institucionais. Essas são relançadas para diagnosticar, não o indivíduo, mas os laços sociais que atualizam os processos de exclusão em curso, e buscar reverter e inverter a

---

6 Esse caso foi descrito e trabalhado por P.M. Seincman em *Rede Transferencial e a Clínica Migrante.*

direção das práticas de modo que permita a todos a elaboração e seu lugar na cena social. Desse modo, permite detectar, sinalizar e intervir nas formas sutis de preconceitos – de classe, de raça ou de gênero – presentes nos mecanismos institucionais que se efetivam pelas práticas ditas científicas que fazem recair sobre indivíduos os acontecimentos, desvinculados da sua história pessoal, familiar, institucional, social e política.[7]

O que era possível observar, a partir do caso, era a desarticulação da rede e seu funcionamento em torno de um modelo político de atenção que se dá entre demandas e encaminhamentos, por vezes apressados, que não respondem às múltiplas realidades. Saúde não se enquadrava no modelo idealizado e, assim, não era tomada como um caso, mas sim escutada com (des)caso. Os impasses inerentes ao caso não se constituíam em enigmas; partiam de uma apreensão de certeza que tinha efeito de patologização, hábil em desqualificar as manifestações do sujeito.

A qualidade de certeza que se associa a posições enrijecidas e burocratizadas dá sinais da angústia dos profissionais frente a quadros complexos. Esses profissionais, muitas vezes pressionados pelo tempo, pela demanda e pela política de saúde, buscam refúgio na técnica e, assim, a certeza pode ser uma tentativa de controle da situação. Em nossa experiência, em outra direção, o trabalho em rede pode ser um tratamento possível e uma saída para o que, isolada e solitariamente, produz sofrimento e adoecimentos nos profissionais de saúde.

A rede é uma construção que se tece em transferência e que, na qualidade de rede, pode se movimentar, mudar de lugar, ganhar forma e contorno e, conforme o caso, fazer *balancê*, mais uma vez inspirados pelas palavras do ilustre poeta[8]. Assim, a rede pode se constituir em suporte para o trabalho que envolve profissionais e

---

7 M.D. Rosa, *A Clínica Psicanalítica...*, p. 196.

8 Contar é muito dificultoso. Não pelos anos que já se passaram. Mas pela astúcia que têm certas coisas passadas – de fazer balancê, de se remexerem dos lugares. J.G. Rosa, op. cit., p. 159.

imigrantes, mediado pelas políticas de saúde e pela conjuntura da saúde em geral.

A prática clínico-política coloca desafios e possibilita potencialidades. Essas duas dimensões se relacionam com o que se distingue da prática clínica *stricto sensu* e privada. Entre os desafios, está o trabalho de articulação e tessitura para a ação coletiva. No âmbito das potencialidades está a dimensão coletiva, constituída e constituinte da singularidade. Prática que se dá na contramão da ideologia neoliberal.

Em uma conjuntura marcadamente neoliberal, em suas vertentes econômica, política e subjetiva, tem ocorrido o esvaziamento dos espaços coletivos, com mercantilização das diversas esferas da vida, que passa a ser regida pela mesma lógica do mercado: competitividade, empreendedorismo, concorrência, metas a serem cumpridas, o que produz efeitos no laço social, que se fundamenta ainda mais no individualismo e na visão deste como saída para os graves problemas sociais. Como diz Miriam Rosa,

o modelo econômico neoliberal gera uma sensação de desproteção aliada a um crescente desamparo discursivo, caracterizado pela fragilização das estruturas discursivas que suportam o vínculo social, no que rege a circulação dos valores, ideais, tradições de uma cultura e resguardam o sujeito do real. Dizendo de outro modo, atualmente o ideário iluminista igualitário e libertário mascara as regras e valores do modelo neoliberal, pautado pela lógica do mercado e pelo privilégio do capital[9].

As políticas neoliberais impactam no modo de organização da vida, com crescente desmobilização e esgarçamentos de laços que se pautem em solidariedade e em relação de confiança com o outro, que possibilitem fazeres compartilhados e coletivizações; leva ao máximo a ideia de liberdade individual à imagem e semelhança do mercado e, com essa ideologia, produz também o máximo de exploração e desregulamentação das relações capital-trabalho.

9 M.D. Rosa, Uma Escuta Psicanalítica das Vidas Secas, *Textura*, v. 2, n. 2.

No cenário em que vige a lógica dominante de mercantilização da vida, a noção liberal de ser humano como indivíduo se fortalece ao mesmo tempo que a noção de coletivo, de transformação social e de direitos sociais perde o seu vigor.

Ao mesmo tempo que se fortalece o repertório do indivíduo como empreendedor, patrão de si mesmo, o trabalhador passa a ser dito e se dizer colaborador e, assim, também não compõe uma categoria profissional e uma classe. A organização em associações ou sindicatos também se enfraquece à medida que cresce a informalidade, expressa por "uberização" e outras formas de precarização do trabalho. Essa conjuntura, ao mesmo tempo que produz deslocamentos forçados, cria barreiras e impedimentos para a inserção profissional, lançando os migrantes à última escala do trabalho precarizado.

Esse é o solo em que cresce e ganha campo o discurso da medicalização, com diagnóstico e medicação do mal-estar e do sofrimento, sem que estes sejam correlacionados às condições do viver, do morar, do trabalhar.

Seincman, em seu trabalho de mestrado, tomou como objeto de suas interrogações e discussões a construção da rede, recortando sua dimensão transferencial[10]. Em sua prática, o autor encontra na rede e no trabalho de construção desta um dispositivo que possibilita o fazer coletivo e o reconhecimento da dimensão coletiva do sofrimento, em um outro tempo que o do atendimento no serviço de saúde ou no espaço da rua. É um tratamento possível para casos e situações em contextos de urgência social e subjetiva. As articulações de Seincman têm como ponto de partida os casos acompanhados na Casa do Migrante e na Clínica Escola do Instituto de Psicologia da USP – CEIP. Em um dos casos, as condições de trabalho da família de uma criança é ponto-chave para revelar as dimensões sociopolíticas do sofrimento da criança.

10 Ver P.M. Seincman, op. cit.

## Um Exemplo de Construção do Caso Clínico-Político: Uma Rede Transferencial

Ao longo de sete anos, acompanhamos uma família de pais migrantes bolivianos e seu filho. O menino nasceu em São Paulo, em um contexto em que seus pais trabalhavam em condições análogas à escravidão, em uma oficina de costura. A princípio, o caso chegou como um pedido de ajuda para esse menino, que, à época com quatro ou cinco anos, "não falava e não entendia". O encaminhamento foi realizado por uma psicóloga do CAPSi da Lapa, preocupada com um possível diagnóstico precoce de autismo que ameaçava estigmatizar a criança sem dar a devida consideração ao contexto sociopolítico de opressão pelo qual aquela família havia passado.

À medida que os atendimentos se desenvolviam, fomos ampliando nossa escuta para outros fenômenos que se manifestavam como dignos de atenção no campo de trabalho que se consolidava junto a essa família.

Em um primeiro momento, nos demos conta de que o menino era capaz de entender muito mais do que se podia pensar. Isso aparecia nas brincadeiras que fazíamos na sala de atendimento do CEIP (depois expandimos essas brincadeiras para os espaços da recepção e, posteriormente, para os espaços abertos da USP). O que passou a ficar em primeiro plano era o fato de que a mãe do garoto tinha muita dificuldade em perceber a comunicação que ocorria naquelas atividades. Ela trazia do lúdico ao concreto, por exemplo, repetindo diversas proibições para as atitudes do garoto ou ficando alheia quando era convocada por ele ou por mim para entrar no jogo.

Aos poucos, sentindo confiança na relação que tínhamos com a família, fomos ampliando os dispositivos de escuta. Em um primeiro momento, atendemos semanalmente filho e mãe em conjunto. Depois de alguns anos, passamos a atender o filho individualmente, e articulamos um encaminhamento para que a mãe fosse atendida simultaneamente ao horário da criança. Por conta de uma ameaça de desapropriação no local onde eles moravam, o seguimento dos atendimentos ficou ameaçado, e a mãe extremamente desesperada.

Diante dessa situação nós construímos, em conjunto com ela e com o CAPSi da Lapa, um trabalho de contato com todos os serviços de saúde e de assistência com os quais essa família tinha vínculo. Além disso, incluímos nessa rede responsáveis da habitação. A partir desses contatos, fizemos quatro reuniões em rede, com o objetivo de trocar as experiências que cada profissional tinha com relação a essa família e também de encontrar os meios para que eles não perdessem sua moradia.

A partir desses encontros, a questão da moradia pôde ser resolvida e os atendimentos com essa família tomaram um novo rumo. Pudemos perceber, nessa troca de experiências, que havia algo comum na leitura de todos os profissionais. O menino, apesar de ter dificuldades graves com a fala, vinha desenvolvendo relações comunicativas e afetivas nos serviços que frequentava, tanto com os profissionais quanto com outras crianças usuárias dos serviços. A mãe da criança era acolhida, nos diversos serviços, apenas na condição de mãe e não tinha nenhuma outra atividade a não ser cuidar de seu filho e levá-lo durante a semana à escola, CAPSi, AMA, USP etc. Essa percepção compartilhada pelos profissionais marcou um ponto de virada no caso, que culminou em uma melhora importante no sofrimento da mãe, bem como no início do estabelecimento de vínculos significativos desta com pessoas da comunidade onde morava.

Assim, o termo "rede transferencial" foi adotado para expressar esse processo de ampliação do escopo de escuta do caso, e mesmo da própria definição daquilo que vai se construindo como caso clínico. Começamos escutando essa família com a atenção muito voltada às dificuldades da criança. Ao longo do trabalho, fomos ampliando para a possibilidade de se escutar a mãe junto com a criança e a mãe e a criança individualmente. Posteriormente, incluímos na escuta todos os profissionais dos diversos serviços, com os quais a família estava ligada e aqueles que poderiam colaborar na situação de urgência social, consubstanciada na ameaça à moradia.

Nas diversas etapas da construção desse caso clínico-político, deixamo-nos guiar por aquilo que aparecia no campo da clínica, no campo das diversas transferências, como possibilidades para que os encontros pudessem continuar ocorrendo. Isto é, a principal direção clínica[11] era no sentido de buscar, em um esforço compartilhado, as condições para que esses encontros entre os diversos profissionais e essa família pudessem continuar ocorrendo.

A concepção de que, em cada encontro, há uma dimensão que pode ser lida a partir da transferência possibilita, ao mesmo tempo, um fenômeno que revela algo de singular e único do próprio encontro e de seu presente absoluto; há sempre algo de outras relações, de um passado que se atualiza, de dinâmicas instituídas e de discursos constituidores e também, possivelmente, destituidores de subjetividade. Se a transferência tomada como campo entre analista e analisando, em suas diversas esferas (resistência, repetição, sugestão), nos dá elementos para construir uma direção em determinado caso, a rede transferencial possibilita que o caso e suas direções sejam discutidos na complexidade de um campo que engloba diversas áreas de conhecimento e a complexidade das situações de urgência social.

Os espaços de rede são aqueles em que se faz possível produzir um caso ou discutir novas direções para um caso. Coloca-se em jogo, no campo transferencial da rede, os diversos discursos institucionais, sociais, familiares, naquilo que possibilita ou impossibilita a circulação das posições subjetivas em determinado contexto ou instituição. Acreditamos que praticar e pensar sobre esses espaços de rede também faz parte das tarefas dos encontros de supervisão. A maleabilidade do enquadre (pensando que

---

11 Também foi a direção tomada na pesquisa de mestrado de P.M. Seincman, op. cit.

isso influencia diretamente na maleabilidade de investigação) esteve sempre pautada nessa aposta de ordem epistemológica. Tal aposta tem origem na percepção de que, nos campos em que buscamos escutar aqueles que estão expostos às diversas faces do sofrimento sociopolítico, as determinações de enquadre clínico-metodológico ficam em segundo plano frente à necessidade de que o psicanalista se adapte às formas apresentadas pelos sujeitos ao falar.

Essa é uma posição epistemológica, ética e política, na medida em que preconiza que o enquadre das intervenções deve advir da própria experiência no campo de escuta, privilegiando a escuta daqueles que estão enlaçados em posições de opressão. Por fim, entendemos a rede transferencial como a análise da dimensão inconsciente presente nas relações entre os diversos serviços, profissionais e familiares envolvidos em cada caso.

## Áreas de Atuação

As ações em cada frente de atuação têm como ponto de partida o reconhecimento da particularidade institucional, composta de regras, modo de funcionamento e objetivos próprios. Nessa compreensão, um de nossos objetivos é o de contribuir para contornar impasses e possibilitar o fazer coletivo, que tem como direcionador o escopo da tarefa de cada uma dessas frentes.

As ações são múltiplas e se entretecem: 1. oferecemos atendimentos clínicos individuais, familiares e grupais; 2. fomentamos e participamos das redes de profissionais, instituições e coletivos que prestam atenção, assistência ou suportes variados às populações imigrantes; 3. promovemos encontros e debates públicos com coletivos de imigrantes, redes de assistência, atores sociais e outras pessoas físicas ou jurídicas que possam integrar e desenvolver esforços de ampliar a cobertura de acesso de populações imigrantes a direitos, inclusive o direito de assistência à saúde mental, e necessidades; 4. procuramos favorecer espaços em que imigrantes possam liderar grupos e coletivos que atuem e promovam ações coletivas junto à população de imigrantes; 5. desenvolvemos atividades de formação para imigrantes e filhos de imigrantes; 6. procuramos sustentar grupos de formação continuada que reflitam sobre as práticas e atuação, assim como promover eventos científicos e culturais relevantes para o desenvolvimento de saberes e práticas em torno das necessidades e do apoio às populações imigrantes.

O projeto tem repercussões políticas, tanto no incremento das políticas públicas na atenção à saúde mental dessa população como no sentido de dar visibilidade às questões de saúde, educação e condições sociais desse grupo. Além do mais, é importante ressaltar o caráter formativo das práticas, encontros e supervisões, tanto no sentido do escopo dado ao projeto como modalidade de estágio e formação como também pelas transformações que esse tipo de experiência clínico-política pode oferecer, notadamente a jovens em formação em psicologia clínica e psicanálise. Isso é o que contaremos adiante.

*Desterritorializar a Psicanálise, Reterritorializar a Universidade, Experimentar as Valências Transculturais do Encontro Com o Estrangeiro*

O Projeto Veredas foi se transformando ao longo dos anos com base numa constância da renovação de seus participantes, no enfrentamento de diferentes ondas e cenários da política municipal, estadual, nacional e internacional, e no crescimento da importância de experiências psicanalíticas que se mobilizam pela emancipação social e da própria psicanálise.

São muitas dezenas de participantes que puderam se juntar a nós pelo interesse em atuar junto às populações imigrantes e suas instituições de referência, com o desejo de enriquecerem sua formação também a partir do contato clínico com a diferença de língua, cultura, religião e, muito propriamente, com o próprio exílio, que é uma inscrição fundante da cultura, da política e da vida psíquica. É marcante perceber que fomos acompanhando, ao longo do tempo, mutações importantes nas ondas migratórias e no próprio lugar que o Brasil vinha ocupando por essas sendas e disputas geopolíticas. A propósito disso, se outrora acompanhamos imigrantes e seus familiares que viam no Brasil um possível porto de chegada e um lugar que os acolheria e daria oportunidade como terra de prosperidade, nos últimos anos, notadamente ao longo da pandemia, o Brasil se tornou um destino de refugo, e não necessariamente de refúgio, lugar de passagem ou uma terra de exílio não privilegiada. As posturas políticas xenófobas, os discursos de ódio e a clareza da presença estrutural das violências racial, de gênero e de classe tornaram ainda mais difíceis as ações de integração das diferenças em nosso país e cultura.

No entanto, devido ao seu tamanho e influência econômica na região, o Brasil ainda é tido como uma terra de migrações e de acolhimento, malgrado a quase inexistência de políticas públicas e a rudeza de nossa jurisprudência. O pensamento clínico-político nessas situações supõe tratar que o encontro com imigrantes passa por reconhecer, com absoluta centralidade, os efeitos das tramas políticas sobre a subjetividade e sobre a experiência de deslocamento e reconstituição especular (imaginária) e narrativa (simbólica) que opera sobre o sujeito. Durante nossos encontros de supervisão, reuniões e seminários teóricos, fica evidente a aflição que isso produz em muitos de nossos clínicos e colaboradores, particularmente quanto a certas ideias preconcebidas que carregam sobre psicanálise, *setting*, psicopatologia e formação. Diante disso, precisamos sempre desterritorializar ética e tecnicamente o que se entende por psicanálise e suas possibilidades interventivas.

Em seguida, também é necessário dar testemunho da riqueza clínica dos encontros. Seguidamente temos experiências envolvendo seres humanos vindos de culturas muito diferentes, algumas das quais noções como intimidade e interioridade psicológica não fazem sentido. Isso se acrescenta às inúmeras situações em que os sujeitos vivem experiências que são da ordem do traumático e da recusa de serem vistos como humanos – o que ocorre durante certas travessias migratórias, quando são tidos, na melhor das hipóteses, como número e ameaça e, por consequência, são frequentemente deixados à mercê da sorte e do acaso, quando não diretamente perseguidos, aprisionados e torturados.

Recebemos, frequentemente, encaminhamentos para lidar com pessoas vítimas de tráfico de pessoas, de trabalho análogo à escravidão, sobreviventes de conflitos – como as guerras da Síria e da Ucrânia –, grandes desastres ecopolíticos, abalos sísmicos e crise humanitária no Haiti, impasses pós-coloniais – como a infindável guerra civil da República Democrática do Congo –, êxodo populacional da Venezuela, dentre outros. Com isso, o acolhimento dessas subjetividades costuma ter a marca da impotência diante das grandes disputas políticas, seus impasses econômicos e existenciais, e impressiona sempre o quanto esses sujeitos carregam de coragem e de um desejo de viver que dificilmente testemunha-se alhures.

Nos anos mais recentes, quando passamos a atuar ainda mais a partir da própria universidade e menos em dependência de articulações institucionais – muito em razão da pandemia de Covid-19 e do desmantelamento dos serviços públicos de assistência e saúde –, começamos a perceber que a própria universidade, no caso, a USP, é um enorme território de imigrações, com muitos estrangeiros que, em muitos casos, vivem lá dentro, sofrem, são segregados, mas que, acima de tudo, seguem insistindo com esperança e determinação. Isso posto, ressaltamos que acolhemos cada vez mais a própria comunidade USP e que, com esse entendimento, torna-se possível pensar que parcela considerável da comunidade universitária é composta de pessoas que enfrentam diferentes formas de exílio. Aqui nos referimos a estudantes vindos de outros estados da federação, jovens que pertencem às classes econômicas com mais dificuldades, que vivem e se deslocam desde regiões muito excêntricas até o território da universidade. Que fique posto que, ao escolhermos o termo "excêntrico", falamos geopoliticamente, ou seja, tanto no sentido geográfico como no existencial, social e simbólico. De tal feita, temos pensado que o escopo do próprio Veredas pode nos dar pistas e inscrições para entender muito das dificuldades da própria universidade nesses tempos de transformação e de tensões.

Para nos encaminharmos a uma conclusão, sempre provisória, defendemos uma concepção de psicanálise que se utilize das possibilidades do encontro com a diferença, que essa seja relevada e que pensemos nossas práticas e nossa ética como da ordem do transcultural. Ganhamos todos ao transitar e nos transformar com as diferenças e, assim, justificar o quão benéfico para qualquer sociedade é a presença do estrangeiro, seja enquanto humano, seja enquanto dimensão que dá ensejo a transitar entre as diferenças.

*Projeto Territórios Clínicos:*
*Fomento da Fundação Tide Setubal*

A participação do Grupo Veredas: Psicanálise e Imigração no projeto Territórios Clínicos, com o fomento da Fundação Tide Setubal, mobilizou e ampliou nossa relação com a cidade, as instituições e outros atores.

A nossa equipe esteve formada pelos seguintes psicanalistas: Coordenadores – Miriam Debieux Rosa; Gabriel Binkowski e Sandra Alencar. Supervisores – Andressa Castelli; Emília Estivalet Broide; Joana Primo; Julia Barsch;

Maria Antonieta Pezzo; Nádia Berriel; Pedro Seincman e Priscilla Santos de Souza. Contamos ainda com muitos estagiários e colaboradores que atuaram nas diversas instituições onde o Veredas marca presença, nesse período acompanhado do apoio e do incentivo do projeto Territórios Clínicos, da equipe de apoio do projeto e dos interlocutores de outros coletivos participantes. A participação possibilitou a convivência mais próxima com coletivos e projetos, proximidade que, como nos diz Freud sobre a parábola de Schopenhauer sobre os porcos-espinhos, exigia movimentos e deslocamentos para encontrar pontos de escuta e de diálogo[12]. Os encontros semestrais propiciaram reflexões e também desafios do fazer coletivo.

### REFERÊNCIAS

FREUD, Sigmund. *Psicologia de Grupo e Análise do Ego. Além do Princípio do Prazer, Psicologia de Grupo e Outros Trabalhos (1920-1922).* ESB, 1923, v. 18. Rio de Janeiro: Imago, 1976.

ROSA, João Guimarães. *Grande Sertão: Veredas.* Rio de Janeiro: Nova Fronteira, 1986.

ROSA, Miriam Debieux. Imigração Forçada: Do Imaginário Traumático às Intervenções Clínico Políticas, *Grupo Veredas: Psicanálise e Imigração.* 2018. Disponível em: <https://www.veredaspsi.com.br/wp-content/uploads/2018/04/artigo-miriam-imigracao-forcada.pdf>. Acesso em: abr. 2024.

_____. *A Clínica Psicanalítica em Face da Dimensão Sociopolítica do Sofrimento.* São Paulo: Escuta/Fapesp, 2016.

_____. Uma Escuta Psicanalítica das Vidas Secas. *Textura: Revista de Psicanálise.* São Paulo, v. 2, n. 2, 2002.

ROSA, Miriam Debieux; DOMINGUES, Eliane. O Método na Pesquisa Psicanalítica de Fenômenos Sociais e Políticos: A Utilização da Entrevista e da Observação. *Psicologia & Sociedade,* v. 22, n. 1. Disponível em: <https://dx.doi.org/10.1590/S0102-71822010000100021>. Acesso em: dez. 2022.

SEINCMAN, Pedro Magalhães. *Rede Transferencial e a Clínica Migrante: Psicanálise em Urgência Social.* São Paulo: Escuta, 2019.

---

12 Ver *Psicologia de Grupo e Análise do Ego, Além do Princípio do Prazer, Psicologia de Grupo e Outros Trabalhos (1920-1922),* ESB, v. 18.

**PARTE 2**
**DEBATES**

**POLÍTICAS DE ESTADO E CLÍNICAS PÚBLICAS:**
LIMITES E ARTICULAÇÕES

## ABERTURA:
## O QUE PODE A CLÍNICA PÚBLICA DIANTE DA BARBÁRIE COLONIAL?

*Kwame Yonatan Poli dos Santos*
[Margens Clínicas]

*Cada geração deve numa relativa opacidade descobrir sua missão, executá-la ou traí-la.*

FRANTZ FANON

Parafraseando Walter Benjamin, a tradição brasileira da população negra e indígena nos ensina que a barbárie em que vivemos é a regra, não a exceção[1]; nossa tarefa na história é a construção de um Estado de Emergência, ou como diria o cantor Chico César, um Estado de Poesia.

1 Ver *Sobre o Conceito de História*.

É comum remetermos a barbárie ao nazismo e ao fascismo, porém, o poeta e intelectual Aimé Césaire é categórico ao afirmar que tanto o nazismo quanto o fascismo são subprodutos do colonialismo:

E as pessoas dizem: "Que estranho! Mas, ah! É o nazismo, vai passar! E esperam e esperam; e se mantêm caladas diante da verdade: que é uma barbárie, mas a barbárie suprema, aquilo que coroa, aquilo que resume o caráter cotidiano das barbáries; que é nazismo, sim, mas que antes de serem suas vítimas, foram cúmplices; que esse nazismo, toleraram antes de sofrê-lo; absolveram-no, fecharam seus olhos e o legitimaram, porque, até então, havia sido aplicado apenas a povos não europeus; cultivaram esse nazismo, ele é sua responsabilidade; e ele gotejava, escorria, penetrava antes de engolir em suas águas avermelhadas, por todas as fendas, a ocidental e cristã.[2]

A barbárie suprema é o que nomeio como o Modo de Produção Colonial – MPC, que se refere tanto aos efeitos da colonização no presente quanto àquilo que sustenta a colonialidade no presente.

Tomamos o conceito de Modo de Produção – MP como o modo do conjunto das formas de produzir bens materiais diversos, como modo de ser de um processo produtivo, mas também como conceito teórico que abrange a totalidade social, ou seja, tanto a estrutura econômica quanto todos os outros níveis da formação social: o jurídico-político, o ideológico, o cultural[3] e o subjetivo[4].

Nesse sentido, a barbárie do MPC a que me remeterei é a do racismo estrutural e do estruturante no âmbito daquilo que é transversal à paisagem social. Tomarei o racismo como uma ferramenta colonial de exploração material, expropriação vital, gestão necropolítica e, principalmente, produção de subjetividades subalternizadas.

---

2 *Discurso Sobre o Colonialismo*, p. 18.

3 Ver E. Fioravante, Modo de Produção, Formação Social e Processo de Trabalho, em E. Fioravante et al. (orgs.), *Conceito de Modo de Produção*.

4 Ver A. da Costa-Rosa, *Atenção Psicossocial Além da Reforma Psiquiátrica*, p. 24.

Há o racismo estrutural fruto de séculos de violência colonial[5] e de iniquidades que agora compõem as estruturas brasileiras nas suas entranhas. Por exemplo, em 2021 tivemos a CPI da Covid para investigar os diversos crimes federais na gestão da pandemia. Segundo dados da Rede de Pesquisas Solidárias, no município de São Paulo (cidade que muitas vezes foi o epicentro nacional da Covid-19) a maior parte das pessoas que morreram da doença foram homens negros[6].

No relatório da CPI, apesar da constatação das mais diversas irregularidades na gestão da pandemia, que fizeram com que o Brasil fosse o segundo país do mundo em número de mortes pela Covid-19, a palavra "genocídio" foi vetada; ou seja, uma CPI que constatou um genocídio da população negra e indígena não pôde nomeá-lo como tal.

Considero esse veto bastante representativo do que é o racismo estrutural no Brasil, pois, além de ilustrar a desigualdade racial presente nas relações de poder no plano político, possibilita vislumbrar a dimensão simbólica da nossa problemática racial.

A não nomeação do genocídio na CPI da Covid não é um detalhe qualquer, ela é fruto de um cálculo, porque, uma vez que se nomeia o genocídio em um documento oficial, torna-se possível que outros genocídios (negro e indígena) em curso sejam legitimados também, e tal reconhecimento exigiria, necessariamente, medidas que os interrompessem. O racismo estrutura de tal maneira a nossa sociedade que não só não o reconhecemos como naturalizamos os genocídios, como o acima citado, da Covid-19.

A sustentação dessa estrutura racial se dá por atuar na dimensão de processos de colonização subjetivos, isto é, pela constituição de subjetividades colonizadas e colonizadoras: o racismo estruturante.

5 Ver F. Fanon. *Os Condenados Da Terra.*
6 Ver No Brasil, Mulheres Negras Têm Maior Mortalidade por Covid Que Qualquer Grupo na Base do Mercado de Trabalho, *Jornal USP.*

A dimensão do racismo estruturante interessa (ou pelo menos deveria interessar) particularmente a nós que trabalhamos na clínica, pois se refere aos efeitos do racismo no plano dos processos de subjetivação onde atuamos. Nos termos de Fanon[7], é possível compreender tais efeitos a partir da chamada zona do não ser. "Há uma zona de não ser, uma região extraordinariamente estéril e árida, uma rampa essencialmente despojada, onde um autêntico ressurgimento pode acontecer. A maioria dos negros não desfruta do benefício de realizar essa descida aos verdadeiros Infernos."[8]

Colonialismo, para Fanon[9], é uma forma de exploração objetiva, mas tal materialidade concreta não seria possível sem a atuação no processo de subjetivação que ocorre pela interdição do acesso à zona do não ser, uma zona de conflito e indefinição.

O racismo nos impossibilita adentrar à zona do não ser, pois cria uma interdição da humanidade[10], que impede as pessoas negras e indígenas de viverem suas contradições por conta de contínuos processos de desumanização.

O negro não é humano[11], é um ser específico[12], uma invenção colonial, assim como o branco. Nessa perspectiva, a descolonização se torna um processo de encruzilhada, de desalienação da dimensão subjetiva, de existência na zona do não ser e da necessária superação da desigualdade material. Assim, "a clínica, para Fanon, é apenas um dos momentos da práxis desalienadora. Ele aposta em uma desalienação, mas ela não se esgota na clínica. A clínica é fundamental, mas ela é só um momento"[13].

---

7 Ver *Peles Negras, Máscaras Brancas*.
8 Ibidem, p. 25.
9 Ibidem.
10 Ver D.M. Faustino, *Frantz Fanon e as Encruzilhadas*.
11 Ver F. Fanon, *Peles Negras, Máscaras Brancas*.
12 Ver D.M. Faustino, op. cit.
13 D.M. Faustino; M. Debieux Rosa, O Mal-Estar Colonial..., *Psicologia & Sociedade*, n. 35.

A zona do não ser é onde reside a nossa força vital[14]. É o lugar de produção de sentido, em que a produção da diferença pode ter passagem. Em suma, é o local de encruzilhada e de enfrentamento das contradições que nos compõem[15].

A maioria dos negros e indígenas não desfruta dessa descida aos infernos, visto que há uma interdição do reconhecimento de sua humanidade[16]. Dessa forma, o solo onde se poderia "plantar" novos modos de existir é infertilizado com o agrotóxico da desumanização do racismo.

Há uma constante amputação subjetiva promovida pelo racismo, onde as pessoas negras são continuamente desviadas de suas questões e forçadas a se defender dos processos de desumanização.

Apesar de tudo, recuso com todas as minhas forças essa amputação. Sinto-me uma alma tão vasta quanto o mundo, verdadeiramente uma alma profunda como o mais profundo dos rios, meu peito tendo uma potência de expansão infinita. Eu sou dádiva, mas me recomendam a humildade dos enfermos... Ontem, abrindo os olhos ao mundo, vi o céu se contorcer de lado a lado. Quis me levantar, mas um silêncio sem vísceras atirou sobre mim suas asas paralisadas. Irresponsável, a cavalo entre o Nada e o Infinito, comecei a chorar.[17]

A amputação a que se refere Fanon deixa as pessoas negras em carne viva, devido a sucessivas vivências de racismo que se passam desde a tenra infância.

Nada é mais traumático do que o encontro repetitivo com a violência do racismo. É o que faz com que "uma criança negra normal, tendo crescido no seio de uma família normal, ficará anormal ao menor contato com o mundo branco"[18].

---

14 Ver N. Lopes; L.A. Simas, *Filosofias Africanas*.

15 Ver D.M. Faustino, "Frantz Fanon: Capitalismo, Racismo e a Sociogênese do Colonialismo", SER *Social*, v. 20, n. 42, jan.-jun. 2018, p. 148-163.

16 D.M. Faustino, A "Interdição do Reconhecimento" em Frantz Fanon, *Revista de Filosofia Aurora*, v. 33, n. 59, p. 455-481.

17 F. Fanon, F. Fanon, *Peles Negras, Máscaras Brancas*, p. 126.

18 Ibidem, p. 129.

## O Racismo Como Dado Estruturante das Relações Raciais e a Importância das Clínicas

Defendo a tese de que o racismo é um dado estruturante das relações raciais, afirmação que tem, pelo menos, quatro desdobramentos importantes.

O primeiro é uma constatação até certo ponto óbvia que, após mais de quatro séculos do processo de escravização no Brasil, dos povos africanos sequestrados e dos povos originários que aqui residiam, as relações escravocratas permeiam nossa cultura, o que pode ser observado desde termos coloniais que estão incrustados na linguagem a que somos subjetivados. Isso naturaliza lugares de subalternidade dos povos colonizados e uma suposta superioridade moral dos brancos.

Estigmas ligados à raça, criados pelos colonizadores e continuamente repetidos, acabam por se diluir na cultura, ao mesmo tempo que esvaziam a humanidade de corpos negros e indígenas, chegando a torná-los matáveis.

Diante disso, é tarefa da clínica pública não só desmantelar uma suposta neutralidade na luta de classes, mas também essas narrativas que nos constituem e produzem sofrimento psíquico para negros e indígenas. Para tal desmantelamento é preciso analisar a fantasia colonial que nos é estruturante e que nos faz crer em uma universalidade abstrata que não se calca em nenhum lugar da realidade.

A mistificação da democracia racial é uma decorrência dessa fantasia. Esse mito organiza a fantasia colonial brasileira em torno da ideia de uma universalidade abstrata que preconiza uma igualdade que não possui materialidade alguma.

O mito da democracia racial é fundante e postula a mistificação de que a nação brasileira nasceu da mistura pacífica e harmônica entre as populações indígenas, africanas e europeias. Sustenta, ainda, que seríamos todos iguais em direitos e oportunidades.

A historiografia oficial narra nossa história a partir da invasão de 1500 e a chama de "descobrimento". Com isso, tenta-se embranquecer, ou melhor, anular séculos de histórias africanas, indígenas, afro-brasileiras e afro-indígenas de resistência, tal como o apagamento da história dos quilombos, relatados apenas como episódios isolados e não como um contínuo afrontamento libertário e pulsante que sempre se fez presente.

A segunda decorrência importante da afirmação é, como já foi dito, o racismo estrutural: a formação do Estado brasileiro a partir do genocídio das populações negra e indígena estrutura a sociedade. O racismo é uma moenda de humanidades não brancas, visto que não só produz sofrimento psíquico na população negra e indígena como também torna essas vidas descartáveis. Nessa perspectiva, a clínica pública, em articulação com as políticas públicas, pode funcionar como um dispositivo de intensificação da existência, de modo que vidas negras e indígenas importem de fato, e não só de direito.

A terceira decorrência da afirmativa é que a violência do racismo é bilateral, uma vez que ocorre através de uma relação dialética, não sendo uma questão só do negro ou do indígena, mas do branco, pois produz nele algo monstruoso, ou que tipo de humanidade haveria em alguém que humilha, agride, guetifica, invisibiliza e silencia diante da barbárie? Como diz Fanon[19], quem inventou o negro foi o branco, contudo, ao racializar o negro, o branco também se racializa[20] e, nesse movimento dialético, é urgente que xs psicólogxs e psicanalistas brancxs escutem sobre sua própria racialidade e se desloquem da fantasia colonial.

Dessa forma, a violência fundante da nossa tradição colonial é estruturante das relações raciais, e os efeitos dessa tradição em nossa realidade tornam-se insuperáveis sem um trabalho voltado para a subjetividade, pois

19 Ibidem.
20 Ver D.M. Faustino, *Frantz Fanon e as Encruzilhadas*.

é preciso romper o pacto narcísico da branquitude[21] que sustenta o racismo.

O pacto narcísico da branquitude é um dos sintomas do racismo estrutural, em que se oblitera o conjunto de relações de poder na sociedade brasileira, mantém as pessoas brancas em uma posição de privilégio já estabelecida e reconhecida e, concomitantemente, relega a população negra e indígena a lugares de subalternidade. Assim, de acordo com Bento, "o que parece interferir nesse processo é uma espécie de pacto, um acordo tácito entre os brancos de não se reconhecerem como parte absolutamente essencial na permanência das desigualdades raciais no Brasil"[22].

Tal pacto perpassa, inclusive, o campo das clínicas públicas brasileiras, podendo ser evidenciado nas poucas iniciativas dentro desse campo que se propõem a colocar o debate racial nas discussões clínicas. Tal silêncio dá manutenção à barbárie do racismo e me faz questionar: "Como aqueles que se propõem a escutar o 'público' escutam o racismo? A qual público se referem?"

Por fim, acredito que o ponto principal, para nós, é a dimensão estruturante do racismo, sobre o qual, nas palavras de Neusa, podemos dizer:

Nesse sentido, o estudo sobre as vicissitudes do negro brasileiro em ascensão social levou-nos, incoercivelmente, a refletir sobre a violência. A violência parece-nos a pedra de toque, o núcleo central do problema abordado. Ser negro é ser violentado de forma constante, contínua e cruel, sem pausa ou repouso, por uma dupla injunção: a de encarnar o corpo e os ideais do ego do sujeito branco e a de recusar, negar e anular a presença do corpo negro.[23]

Ser negro e indígena é ter que, constantemente, se posicionar frente ao racismo que nos empurra na direção da brancura e, ao mesmo tempo, na desvalorização das características negras e indígenas.

21 Ver C. Bento, Branqueamento e Branquitude no Brasil, em C. Bento; I. Carone (orgs.), *Psicologia Social do Racismo*.

22 Ibidem, p. 26.

23 N.S. Souza, *Tornar-se Negro*, p. 2.

A conflitualidade presente no trecho acima só poderá ser superada com uma dupla desalienação: por um lado, passa pela "reestruturação do mundo", isto é, "sacudir as raízes contaminadas do edifício"[24]; por outro âmbito, a tarefa é eminentemente clínica de mergulho no "entre sentido"[25], hiato na experiência da subjetividade na dimensão transpessoal[26] e possibilidade de transformação do modo de produção de sentido.

## Conclusão

Diante da barbárie do MPC, que atua nos processos de subjetivação, a clínica pública possui um papel importante diante do racismo estruturante. Além do compromisso de não reproduzir o racismo estrutural, há uma tarefa ética de descolonização, isto é, analisar o quanto o discurso clínico não está calcado no imaginário europeu[27], para que, assim, tal discurso não perca sua potência vital de escuta da sintaxe diaspórica do inconsciente em relação a todas as colonizações.

Dessa forma, é preciso analisar os efeitos do racismo estrutural na clínica pública brasileira. Se entendemos a clínica pública como uma práxis que objetiva a produção de uma teoria e de uma prática que, por sua vez, visam a emancipação humana, ela deve se ocupar de escutar os impedimentos que interrompem acesso a essa emancipação.

Nesse sentido, a formulação de Fanon sobre como o racismo inviabiliza o acesso à zona do não ser, "onde um autêntico ressurgimento pode acontecer"[28], ajuda a vislumbrar por onde deve se dar nossa atuação.

24 F. Fanon, *Peles Negras...*, p. 28.

25 Ver A. Costa-Rosa, Ética e Clínica na Atenção Psicossocial, *Saúde e Sociedade*, v. 20, n. 3.

26 Ver S. Rolnik, *Esferas da Insurreição*.

27 Ver T. Ayouch, *Psicanálise e Hibridez*.

28 F. Fanon, *Peles Negras...*, p. 25.

Por fim, é preciso (re)escrever a história das clínicas públicas brasileiras, a partir de gramáticas diaspóricas, na tentativa de deslocá-la da fantasia colonial na qual frequentemente ela recai, o que ocorre quando a dimensão racial é desconsiderada na organização social ou, ainda, quando não se observa racismo estruturante como produtor de sofrimento psíquico.

## REFERÊNCIAS

AYOUCH, Thamy. *Psicanálise e Hibridez: Gênero, Colonialidade e Subjetivações*. Curitiba: Calligraphie, 2019.

BENJAMIN, Walter. *Sobre o Conceito de História: Edição Crítica*. São Paulo: Alameda, 2020.

BENTO, Cida. Branqueamento e Branquitude no Brasil. In: BENTO, Cida; CARONE, Iray (orgs.). *Psicologia Social do Racismo: Estudos Sobre Branquitude e Branqueamento no Brasil*. Petrópolis: Vozes, 2002.

CÉSAIRE, Aimé [1950]. *Discurso Sobre o Colonialismo*. São Paulo: Veneta, 2020.

COSTA-ROSA, Abílio da. *Atenção Psicossocial Além da Reforma Psiquiátrica: Contribuições a uma Clínica Crítica dos Processos de Subjetivação na Saúde Coletiva*. São Paulo: Editora Unesp, 2013.

_____. Ética e Clínica na Atenção Psicossocial: Contribuições da Psicanálise de Freud e Lacan. *Saúde e Sociedade*. São Paulo, v. 20, n. 3, set. 2011.

FANON, Frantz. *Pele Negra, Máscaras Brancas*. Trad. Renato da Silveira. Salvador: Edufba, 2008.

_____. *Os Condenados Da Terra*. Trad. José Laurênio de Melo. Rio de Janeiro: Civilização Brasileira, 1979.

FAUSTINO, Deivison Mendes. *Frantz Fanon e as Encruzilhadas: Teoria, Política e Subjetividade*. São Paulo: Ubu, 2022a.

_____. A "Interdição do Reconhecimento" em Frantz Fanon: A Negação Colonial, a Dialética Hegeliana e a Apropriação Calibanizada dos Cânones Ocidentais. *Revista de Filosofia Aurora*, Curitiba, v. 33, n. 59, maio-ago. 2021. Disponível em: <https://periodicos.pucpr.br>. Acesso em: maio 2022.

_____. Frantz Fanon: Capitalismo, Racismo e a Sociogênese do Colonialismo. *SER Social*, Brasília, v. 20, n. 42, jan.-jun. 2018. Disponível em: <https://periodicos.unb.br>. Acesso em: maio 2022.

FAUSTINO, Deivison Mendes; DEBIEUX ROSA, Miriam. O Mal-Estar Colonial: Racismo, Indivíduo e Subjetivação na Sociabilidade Contemporânea. *Psicologia & Sociedade*, n. 35, 2023. Disponível em: <https://doi.org/10.1590/1807-0310/2023v35e27>. Acesso em: set. 2024.

FIORAVANTE, Eduardo. Modo de Produção, Formação Social e Processo de Trabalho. In: FIORAVANTE, Eduardo et al. (orgs.), *Conceito de Modo de Produção*. Rio de Janeiro: Paz e Terra, 1978.

JORNAL USP. No Brasil, Mulheres Negras Têm Maior Mortalidade Por Covid Que Qualquer Grupo na Base do Mercado de Trabalho, São Paulo, 29 set. 2021. Disponível em: <https://jornal.usp.br>. Acesso em: maio 2022.

LOPES, Nei; SIMAS, Luiz Antonio. *Filosofias Africanas: Uma Introdução*. Rio de Janeiro: Civilização Brasileira, 2020.

ROLNIK, Suely. *Esferas da Insurreição: Notas Para uma Vida Não Cafetinada*. São Paulo: n-1, 2018.

SOUZA, Neusa Santos. *Tornar-se Negro: Ou, As Vicissitudes da Identidade do Negro Brasileiro em Ascensão Social*. 2. ed. Rio de Janeiro: Graal, 1983.

# PSICANÁLISE E INTERVENÇÃO SOCIAL: POSSIBILIDADES DO LUGAR DE ESTRANGEIRO NA CLÍNICA PÚBLICA DE PSICANÁLISE

*Bianca Spinola Lapa*
[SUR]

REDE SUR. *Integrantes: Emília Estivalet Broide (2020-), Jorge Broide (2019-), Alexandra Bastos (2021-2023), Alexandra Nigri (2019-2021) Bianca Spinola Lapa (2019-), Carolina Rode (2020-2023), Diego de Castro (2022-), Fabiana Campos (2021-2022), Fernanda Kunioshi (2021), Gabriela Piccinin (2019-2021) Giulia Aguiar (2022-2023), Helena B. Guilhon (2019-2023), Henrique Ueda (2022-2023), Isabella Castello (2021-2023), Julia de Bona (2021-2022), Julia Goldberg (2022-2023), Julia Rombaldi (2022-), Magali Sternschein (2021-2023), Maria Fernanda Villares Fragoso (2022-), Marina Rogano (2020-), Patrícia Brandão (2020-), Thiago Braga (2019-), Ulisses Miranda (2020-2023)*

*Introdução:*
*Elucubrações Sobre Clínica Pública e o Lugar do Analista*

Gostaria de começar fazendo menção ao fato de que o conceito de clínica pública parece ainda estar em construção desde a época de Freud até os dias atuais. Coloco isso não exatamente para entrar no debate do que é um dispositivo estruturado com o horizonte de se tornar uma clínica pública, mas para tentar refletir *o que* talvez possibilite a atribuição de tal nome. O que é, portanto, que caracteriza uma clínica de psicanálise enquanto clínica pública? Sem abrir caminhos com esse questionamento parece muito difícil ou abstrata a discussão que se pretende seguir, do analista no lugar de estrangeiro, porque iremos pensar esse estrangeirismo também na relação com o território e a política pública.

Ao longo do livro sobre as clínicas públicas, Danto expõe como, desde o princípio, tanto Freud como sucessores importantes da prática psicanalítica estavam implicados em pensar como o sofrimento psíquico atingia a todas as camadas da população, tornando a escuta tão necessária quanto o atendimento das patologias físicas então reconhecidas pela comunidade médica. Por meio de um registro histórico, a pesquisa de Danto traz à tona a percepção também presente na obra *Psicologia das Massas e Análise do Eu*[1] de que "o inconsciente do indivíduo interage com as condições sociais ou ambientais reais"[2], ou seja: o inconsciente, quando podendo emergir, também revela marcas de processos históricos que extrapolam o individual. A clínica pública começa a estruturar-se, portanto, a partir do desejo de escutar o sofrimento psíquico e poder fazer emergir o sujeito em espaços que estejam além do limitante consultório tradicional[3], que, como se pode constatar, até hoje impõe uma série de barreiras, materiais ou simbólicas, para seu acesso.

1 *Obras Completas, v. 15.*
2 *As Clínicas Públicas de Freud*, p. 67.
3 Ibidem.

Parece, então, que começa a nascer junto com a história da psicanálise algo que atualmente importantes psicanalistas – como Maria Lúcia Silva e Jorge Broide, somente para citar dois dentre os diversos exemplos que temos – passam a chamar de clínica *pública*. Aqui cabe a nota de que o significante *pública* se enlaça com diversas instâncias da ética da psicanálise, mas pretende se referir ao caráter aberto de um dispositivo muitas vezes organizado a partir do desejo de vários psicanalistas. A ideia de "clínica pública" pode também ser entendida como o dispositivo que visa livre acesso à escuta, diferenciando-se, portanto, das *políticas públicas*, que, por sua vez, são promovidas pelo Estado. Uma clínica pública de psicanálise trabalha desde uma ética psicanalítica, procurando garantir o acesso de todos, mas, em especial, daqueles que têm sua entrada negada em outros espaços. Além disso, suas eventuais interseções com políticas públicas, em nosso entendimento, podem constituir-se um meio para o trabalho, mas não um fim[4]. Ousa-se afirmar, ainda, que o horizonte dessa clínica e o que a torna verdadeiramente pública só pode concretizar-se à medida que aquele que a acessa pode dar notícias de como é essa experiência, caso contrário, corre-se o risco de essa abertura só existir para o analista, que aguarda em sua posição, se interrogando por que as pessoas não chegam.

Nessa construção é a metodologia da Escuta Territorial[5], que insere o conceito de território, trazido de Milton Santos, como algo fundamental para pensar na criação de um dispositivo psicanalítico que possa tanto atender situações sociais críticas quanto possa, de fato, nomear-se público. O território é quem situa não só o dispositivo, mas o próprio analista em sua relação de escuta. No inconsciente aparecem também as marcas desse território, que se manifestam na transferência analista-dispositivo clínico, tensionando a relação de modo a fazer ouvir e pensar

4 Ver M. Fernandes; R.A. Lima, Posfácio: Psicanálise Para Quem?, em E.A. Danto, op. cit., p. 389.

5 Ver J. Broide; E.E. Broide, *A Psicanálise nas Situações Sociais Críticas*.

também sobre onde e como nos colocamos. Sem essa reflexão crítica, podemos incorrer no risco de sofrer em nossa prática a fragmentação do território – e dos laços –, para o qual M. Santos nos alerta[6], reproduzindo tais movimentos ou não sabendo como interpretá-los na relação transferencial. É aqui que entra a escuta territorial como metodologia que reconhece esses impasses e a necessidade de se escutar primeiro os significantes que permeiam os espaços nos quais queremos estar, de forma que os dispositivos sejam também possíveis dentro da cadeia significante ali presente.

Um exemplo disso é que, ao fazer uma escuta territorial em 2019, a equipe Rede SUR levantou como significantes importantes do território *estresse, depressão* e *ansiedade*. Foi a partir desses significantes que pensamos na construção de dispositivos, tentando garantir que pudesse haver um enlaçamento com o território, coisa que poderia ser muito dificultada se os significantes tivessem partido de analistas que ali pouco conheciam e não habitavam.

Coloca-se, portanto, na gênese de uma psicanálise pública, a necessidade de se pensar o sujeito em seu contexto que é o território, mas também em recortes de raça, classe e gênero. E tal tarefa não pode ser realizada sem se considerar a herança colonial que ainda circula em todos os espaços, inclusive nas instituições de psicanálise, e que atravessa, portanto, a formação dos psicanalistas[7]. Tal herança se interpõe ao fazer ético de uma psicanálise pública à medida que não interroga a posição institucional e do analista diante do sofrimento psíquico ocasionado pelo racismo e sexismos presentes na cultura, reproduzindo violências e saberes historicamente contextualizados e que se julgam universais, impedindo, assim, o livre acesso.

6 Ver *Pensando o Espaço do Homem.*

7 Ver E. de C. David; P. Villas-Bôas; L.S. Moreira. Por Uma Psicanálise Antirracista, em E. de C. David; G. Assuar (orgs.), *A Psicanálise na Encruzilhada*; C.R.D. Dias, Racismo e Psicanálise: Marcas Coloniais na Escuta Clínica, em E. de C. David; G. Assuar (orgs.). *A Psicanálise na Encruzilhada.*

Isso se mostra desde movimentos sutis, como, à título de exemplo, a despreocupação em tornar o vocabulário da psicanálise mais acessível (não mudando seus termos, mas revendo suas explicações), até movimentos escancarados, como a resistência ainda presente em diversas instituições psicanalíticas em estabelecer ações afirmativas[8].

A partir dessa reflexão, o que se quer marcar é que a concepção de clínica pública, embora tenha começado sua caminhada nos primórdios da psicanálise, precisou ser resgatada, conforme se tornaram mais amplos e urgentes os debates sobre a quais grupos a técnica psicanalítica vinha servindo até então[9]. Se o dispositivo se pretende público, é de considerável importância que ele caminhe tecendo críticas aos sufocantes discursos hegemônicos, acerca dos quais nos alertava Milton Santos[10], e isso não é possível sem a interseccionalidade de lugares e de saberes.

Propõe-se, então, pensar um trabalho pautado numa *ética de escuta* que se pretende crítica, e também estar em territórios onde, a partir de um convite para a escuta e para a fala, se identifica um *sentido* para essa atuação. Sem a visão crítica dos processos que estruturam tanto a nós, enquanto sujeitos e psicanalistas, quanto o território no qual, porventura, estejamos então inseridos, parece que se corre o risco de perder o verdadeiro sentido de público, numa ilusão de atendimento que pensa se fazer presente para uma população, mas que, na verdade, não se move de seus lugares de privilégios.

E é justamente para pensar esse movimento para fora do centro de privilégios que desejamos propor uma reflexão sobre o lugar de estrangeiro, como espaço necessário dentro do dispositivo para a circulação da palavra e elaboração de conteúdos.

8 Ibidem.

9 Ver M. Fernandes; R.A. Lima, op. cit.

10 Ver Objetos e Ações Hoje. As Normas e o Território, *A Natureza do Espaço.*

## Estrangeiro Quem?
## Analista e Sujeito no Território

> *De repente, Orunmilá se dirigiu a Exu:*
> *"E tu, Exu, dentro ou fora?" Exu levou*
> *um susto ao ser chamado repentinamente,*
> *ocupado que estava em pensar sobre como*
> *passar a perna em Orunmilá. E rápido*
> *respondeu "Ora, fora, é claro." Mas logo*
> *se corrigiu: "Não, pelo contrário, dentro."*
> *Orunmilá entendeu que Exu estava*
> *querendo causar confusão. Falou, pois, que*
> *agiria conforme a primeira resposta de Exu.*
>
> Exu Atrapalha-se Com as Palavras

Por onde caminha, Exu é sempre um símbolo da criação e do movimento humanos, da contradição, das encruzilhadas que se colocam como desafio à construção do pensamento e da ética. Se, por um lado, traz confusão, por outro é só mesmo essa confusão que nos permite inventar, mover-nos e, por isso, ela deve ser tomada a sério, como um indicador de trabalho. E a confusão que aqui se quer tratar é um afeto que inicia e logo se desvela em importante contradição no trabalho e interrogação ao fazer analítico: quem, de fato, é o estrangeiro?

Talvez essa não seja uma pergunta nova, mas Dias[11] traz, parafraseando Koltai, a perspectiva do sujeito não branco (e, em extensão, não cis, não sudestino, e daí por diante) como aquele que socialmente é percebido como estranho ou estrangeiro. Mas, retomando que partimos da noção de território para assentar o trabalho, somos nós que chegamos com a psicanálise em termos muitas vezes acadêmicos que se distanciam, portanto, da cadeia significante daquele espaço. A isso se somam diversos outros lugares de raça, classe, pertencimento social e cultural, que são rapidamente identificados e nomeados por

---

11 Ver C.R.D. Dias, op. cit.

aqueles que acessam os dispositivos. Somos defrontados na transferência com o nosso não pertencimento, literal ou simbólico, àquele território. E estrangeiros não são, por acaso, aqueles que deixam seu espaço conhecido em direção a um outro? Diante disso, o território nos interroga desde o inconsciente, tal qual Orunmilá a Exu: "Estão os analistas, a clínica pública, dentro ou fora? E de quais lugares? De onde chegam esses outros?"

Adiante podemos retomar essa pergunta também no sentido de indagar em que lugar se inserem as clínicas públicas. Mas, por ora, já é bastante complexa (e, portanto, movimenta) a pergunta de que lugar ocupamos enquanto psicanalistas dentro dos dispositivos clínicos. Tomando aqui o sentido etimológico de estrangeiro, antes do freudiano, parece absurdo supor que alguém de zonas centrais de grandes cidades como São Paulo não será percebido como estrangeiro quando se desloca para as periferias, assim como o contrário também acontece. Não reconhecer o lugar de alguns analistas junto a espaços de formação e de privilégios, sobre os quais há pouco se teceu uma breve crítica, parece servir mais a um mecanismo de negação do que a uma crítica implicada ao saber psicanalítico. Negação na medida em que, como nos diz Freud: "um conteúdo de representação ou pensamento recalcado pode abrir caminho até a consciência, sob a condição de que seja *negado*. A negação é uma maneira de tomar conhecimento do recalcado; na verdade, é já uma suspensão do recalcamento, mas evidentemente não é uma admissão do recalcado"[12].

Parece-nos, então, que dar pouca atenção ou negar a influência esmagadora dos discursos hegemônicos na formação de analistas, supondo uma neutralidade do lugar de saber[13], é revelar, como nos aponta Freud, uma resistência em reconhecer um conteúdo que tão urgentemente pede passagem.

12 A Negação (1925), *Neurose, Psicose, Perversão*, p. 307.
13 Ver C.R.D. Dias, op. cit.

E se temos diante de nós não só tal consideração, mas também a perspectiva de Lélia Gonzalez, do racismo e do sexismo como neuroses brasileiras por excelência[14], precisamos nos perguntar que conteúdos estamos de fato negando quando não nos colocamos a pensar sobre o lugar que ocupa o analista. Isso porque, se dentro do quadro neurótico a negação até traz a consciência, mas ainda não admite o conteúdo com o qual se vê confrontado, o que negamos quando pensamos somente no outro como estrangeiro? Ao menos nos dispositivos em que trabalhamos, o território a todo momento nos confronta com o nosso não pertencimento, ou meio pertencimento, àquele espaço. Se dizemos que não é bem assim como o território nos fala, o que de fato estamos querendo negar?

É essencial retomar, então, Lélia para pensar o racismo e o sexismo como neuroses das quais nem analistas em seus dispositivos, nem sujeitos no território estão salvaguardados[15]. Não só isso, como diversos outros tipos de violência – aporofobia, lgbtfobia, transfobia, e assim por diante – atravessam dispositivos, escutas e corpos na construção da clínica pública.

Se pensamos a partir do trabalho já realizado no analista que, de fato, se encontra bastante distante do território, parece mais óbvio como essas violências aparecem em significantes e em atos na relação transferencial. Nesse sentido, pode até parecer que o analista que é estrangeiro é o analista que, em seus outros espaços de circulação, também é estrangeiro àquele território. Ademais, em alguns anos de trabalho nesses dispositivos, o que se percebe é que o sujeito que *retorna* ao seu território para atuar a partir da psicanálise também não está presente simplesmente como alguém que habita aquele espaço. Em outras palavras, nos parece que o sujeito, mesmo tendo outros lugares de pertencimento e de circulação naquele território, quando dele

14 Ver Racismo e Sexismo na Cultura Brasileira. *Por um Feminismo Afro-Latino-Americano*.
15 Ibidem.

126

se aproxima enquanto analista, pode também ser tomado como estrangeiro. O que há em comum aqui na estrangeiridade do analista que habita o território e do que não habita parece ser justamente a linguagem da psicanálise. Aqui parecem caber alguns recortes clínicos para ilustrar melhor o que se pretende dizer.

Encontramo-nos num dispositivo de atendimento construído pela Equipe Rede SUR, a fila do pão. Nesse dispositivo, escutamos ao longo de uma fila diversos sujeitos que aguardam para receber pães distribuídos gratuitamente pela instituição, em cujo espaço atuamos marginalmente. No trabalho de escuta, duas analistas – eu, moradora do território no qual o dispositivo se insere, e a colega não moradora – são defrontadas com a seguinte afirmação de alguém que escutamos: "Você (se referindo a mim) votou no Lula. Você tem cara de quem votou no Lula. Ela não." Dado que se tratava de um sujeito que, nesse dispositivo, já havíamos escutado diversas vezes, inclusive sobre as marcas de raça e de classe que carregavam tanto as analistas quanto ele próprio, ficamos com a tarefa de elaborar a hipótese de quais significantes se encadeavam ali, levando-o a formular tal assertiva. Ademais, nota-se que, em conjunto com essa afirmação fica também a confusão, que reaparece nos encontros seguintes, conforme o mesmo sujeito vai marcando as diferenças – mas também a igualdade – de lugares em que ele percebe os membros da equipe. Disse-nos outro dia: "Vocês todos estudaram juntos, né?" É verdade tal dedução, e mesmo que não fosse, caberia nos perguntarmos se, da maneira como nos apresentamos, poderíamos parecer vir de lugares diferentes.

Podemos, então, destacar duas coisas: que, embora possa haver, por parte dos sujeitos atendidos, uma identificação e reconhecimento da analista que tem seus enlaces com o território, não passam despercebidos também os pertencimentos outros que essa analista tem no que diz respeito a sua atuação e outras marcas sociais. No caso do outro analista, mais distante do território e que parece

ser mais rapidamente capturado nesse lugar do distanciamento, também pode se valer disso enquanto técnica à
medida que reconhece e admite (não nega) essa distância
e seus significantes. Aqui, outro exemplo: na mesma fila,
um outro analista pôde observar, por meio da escuta e
em semanas seguidas, como provoca um estranhamento
a equipe ser composta de pessoas tão jovens, formadas
por uma instituição tão distante daquele território, mas
que ao mesmo tempo puderam ouvir coisas às quais havia
faltado espaço de escuta em outros lugares: "É engraçado
conversar com vocês, porque são jovens assim, não parecem que vão entender a gente. Mas entendem."

Esse pequeno recorte do trabalho é um dos vários
que nos levam a questionar sobre as contradições que circundam a nossa posição e como podemos sustentá-las a
fim de fazer um trabalho ético. O que parece ser evidente
para nós é que, a partir do lugar da psicanálise, nos apresentamos como um estrangeiro: falamos, nos vestimos,
apostamos em coisas, lugares e sujeitos que são diversos
daqueles que, em geral, se encontram no território no
qual estamos. Se o analista é um homem branco, logo se
faz a pergunta sobre de que lugar ele veio, que nacional-
idades europeias se encontram em sua ascendência. Se
a analista é negra e carrega guias no pescoço, a pergunta
sobre o estrangeirismo pode até mudar, mas se presenti-
fica à medida que ali ela divide o espaço simbólico com
os outros analistas da equipe: "Olha, você também se for-
mou na PUC?!"

É na transferência com o analista que aparece, portanto,
o *estranho/infamiliar* freudiano[16], tanto do inconsciente dos
sujeitos implicados na relação analítica quanto dos que pro-
vêm das relações territoriais. O que procuramos afirmar
através dessas elaborações é a queda necessária do suposto
lugar de neutralidade do analista[17] para que possa aparecer

16 Ver J. Broide; E.E. Broide, op. cit.
17 Ver E. de C. David; P. Villas-Bôas; L.S. Moreira, op. cit.

justamente o estranhamento diante do dispositivo clínico e da própria psicanálise. O estranhamento que se mostra diante do corpo recheado de significantes sociais do analista é justamente o que captura a importância do lugar de confusão diante da tarefa do dispositivo: é nas encruzilhadas entre o território e seus saberes e a técnica da psicanálise que se dá o empuxo das contradições que pode criar algo de novo.

No entanto, não basta que a confusão e a contradição estejam postas: precisamos nos movimentar e criar a partir delas, como ensina Exu, e permitir a interpretação e a atribuição de lugares, mesmo que simbólicos, como mostra Orunmilá, mas sabendo sempre que esses são apenas recursos disponíveis a fim de elaborar os conteúdos inconscientes, já que se trata aqui de psicanalistas e, portanto, de meros mortais.

Resgatar esse pequeno trecho de um mito de Exu parece interessante nesse lugar em que também queremos pensar o analista na clínica pública, que é o da intersecção de saberes. Isso, claro, se quisermos pensar uma psicanálise implicada não só com o significante "pública", mas com tudo que o segue, como o pensamento decolonial, a luta contra a violência de Estado e tantas outras, para tornar possível "a construção de outros dispositivos clínicos à altura do que nos acontece"[18].

Começamos a pensar, então, o lugar do analista no dispositivo público, indissociado dos seus atravessamentos sociais e territoriais. Retoma-se a citação do mito de Exu para pensá-lo também no território em que atuamos, onde a cosmogonia iorubá também aparece como infamiliar: aquilo que foi um dia familiar ao psiquismo e já não o é, e é tomado como estranheza[19], assim como diversos outros elementos trazidos na diáspora africana. Retornando a Lélia Gonzalez[20], se não nos damos conta dos significantes

18 K.Y.P. dos Santos, Colonialidade e Processos de Subjetivação, em E. de C. David; G. Assuar (orgs.), op. cit., p. 131.

19 Ver S. Freud, *O Infamiliar* [*Das Unheimliche*].

20 Ver Racismo e Sexismo na Cultura Brasileira, op. cit.

que permeiam as diferentes falas, do *pretuguês* e de tantos outros elementos importantes aos quais os discursos hegemônicos buscam desmerecer e apagar, não parece possível construir uma clínica de acesso democrático. Resgatar e trazer sempre a consciência desses atravessamentos em nós enquanto sujeitos é também o que possibilita pensar a alternância no lugar de estrangeiro: ora são os analistas que demonstraram desconhecimento e inquietude diante desses conteúdos, ora serão os sujeitos que falam nos dispositivos.

Embora se reconheça que a sociedade colonial confere comumente às pessoas pobres, LGBTQIA+ e negras o lugar de estrangeiras[21], procuramos aqui colocar que existe um lugar de estrangeirismo também do analista no dispositivo em relação ao território, diferente no que diz respeito à exclusão e aos preconceitos vividos, mas que pode se reconhecer como estrangeiro em seu sentido primeiramente etimológico e, em seguida, infamiliar, quando consegue resgatar na narrativa aquilo que a lógica colonialista procurou silenciar. E que assim possamos pensar em maneiras de, juntos, estarmos dentro. Ou fora.

Mas, agora, dentro ou fora de que lugares?

### Políticas Públicas e Clínicas Públicas: É o Dispositivo Psicanalítico um Estrangeiro?

Nessa construção de um dispositivo que pensamos chamar de clínica pública, é necessário pensar "que território é esse em que a construímos" e para onde nos orienta a tarefa, ou seja, o que nós buscamos escutar. Se pensamos no sujeito em relação ao território, também pensamos no dispositivo em relação ao analista, ou seja, pensamos em como estruturar o dispositivo que possa vir da escuta daqueles espaços, mas cuja construção é, inevitavelmente, atrelada ao ferramental técnico e teórico de quem compõe

21 Ver C.R.D. Dias, op. cit.

a equipe. Retomando nosso lugar de estrangeiridade, e tendo em vista as múltiplas demandas que atravessam nosso trabalho, evocamos também saberes de outras áreas de pensamento, indispensáveis para dar contorno e bases sólidas ao trabalho que se planeja estruturar[22].

Especialmente se quisermos atuar naquilo que chamamos de *situações sociais críticas*, é preciso observar que, em vários momentos, adentrar o território parece muito difícil, seja para nós, seja para as políticas públicas do Estado. E é desse desafio que uma clínica orientada pela escuta territorial quer apropriar-se[23].

As porosidades de cada território de uma cidade gigante como São Paulo, quando não escutadas *cuidadosamente*, nos parecem capazes de expulsar qualquer um que seja ali considerado estrangeiro. Nesse desafio, é a técnica da escuta territorial, que se propõe a estar no território nomeando nossas estrangeiridades, que, no nosso entender, possibilita que trocas potentes possam acontecer. Queremos apostar nesse reconhecimento também como abertura de caminhos para elaborar posteriormente a noção de alteridade. E alteridade não se faz somente entre dispositivo-território, mas também pode aproximar-se das iniciativas de Estado que ali se encontram.

Escutando pela chave psicanalítica, que antecede e atravessa o dispositivo da nossa clínica, entendemos que ouvir o território é de extrema importância; escutar não só a população, mas a rede de saúde, de assistência social, de educação e outros serviços presentes no lugar. Assim, nesse trabalho de escuta territorial procuramos ouvir os profissionais desses equipamentos e aquecer a rede para que o trabalho possa acontecer. Costumamos pensar que, sem um conhecimento e um certo vínculo com os equipamentos do território onde nos inserimos, o trabalho corre o risco de não assentar. Também precisamos estar atentos

22 Ver J. Broide; E.E. Broide, op. cit.
23 Ibidem.

às limitações que nosso dispositivo pode apresentar diante de algumas demandas que vêm do território, as quais devem ser acolhidas por políticas públicas ou ter outros encaminhamentos. E aqui cabe observar que a supervisão dos coordenadores e a experiência de quem integra os coletivos é de extrema importância para despertar a sensibilidade e o manejo de quem atua diretamente no campo. Nessa tarefa, nossa elaboração não está dada, mas em construção. Como nos diz Jorge Broide e Emília Estivalet Broide: "Essas equipes, que enfrentam valorosamente seu cotidiano dirigido aos excluídos, encontram-se diante do desamparo e sua matriz identificatória com a população atendida. Nesse sentido, é necessário o desenvolvimento de ações consistentes que não sejam reprodutoras de exclusão, e que efetivam alternativas de saída da situação de sofrimento e vulnerabilidade."[24]

Essa citação nos situa novamente na tarefa, que é poder alternar o lugar de estrangeiro também como possibilidade de pensar a alteridade. Dentro das possibilidades de identificação e não identificação, de proximidade e de distância, de enunciar as contradições, é justamente de onde parece emergir a potência de cocriar algo diferente.

É importante pontuar que, infelizmente, nos territórios em que nos inserimos não é incomum ouvir que as políticas de saúde mental não são capazes de absorver e, por vezes, nem mesmo de acolher as demandas de sofrimento psíquico que chegam até elas. Isso se deve a vários fatores, mas cabe destacar que, em nossa escuta, aparecem muitos significantes que anunciam os equipamentos de saúde mental como lugares ainda da loucura ou de difícil acesso. Não que nosso trabalho não provoque estranheza e desconfiança, mas o fato de nos colocarmos reiteradamente ali com nosso corpo, apostando em sustentar as transferências, permite, em vários momentos, que dúvidas sejam sanadas e aproximações possam acontecer. Se

24 Ibidem, p. 28.

132

podemos sustentar o lugar de estrangeiros, é possível ouvir depois de certo tempo de trabalho algo que de diferentes formas se repete: "Eu não sabia que era assim... falar com um psicólogo. Mas é bom, alivia e ajuda muito a gente."

A escuta que procuramos sustentar pode ter uma marca muito diferente da escuta que pode ser oferecida, em muitos momentos, dentro das políticas públicas. Se em muitos lugares se escuta procurando dar resposta à demanda, na clínica procuramos ouvir desde o lugar de sujeito. E, se existem movimentos importantes dentro das políticas de saúde mental contra a lógica manicomial, também acompanhamos a enorme sobrecarga dos profissionais de saúde com as demandas das oss, depois com a pandemia e com as ainda crescentes comunidades terapêuticas. Vimos retrocessos em importantes políticas de redução de danos no campo da drogadição e um constante descaso com a atenção à saúde mental e geral da população de rua.

Acreditamos que essa é uma das possibilidades de escuta que se dá a partir da sustentação do lugar de estrangeiro: tanto os relatos de negligência e de violência de Estado quanto a importância de se ter acesso aos direitos que só se realizam em equipamentos da rede. Mesmo com o desmonte da saúde, é preciso reconhecer os momentos em que existem parcerias importantes e possíveis. Agora, dizendo dos territórios onde atuamos diretamente, o que fica nítido para nós ao longo do trabalho é que existe uma demanda muito maior de escuta do sofrimento psíquico do que os equipamentos conseguem acolher, e muitas vezes, infelizmente, um trabalho conjunto com a educação, a assistência social, por vezes não é possível com a saúde mental, o que nos leva a questionar sobre essa escassez de recursos oferecidos pelo Estado quando diz respeito à escuta do sofrimento psíquico, e também quais são as mitologias e as dificuldades de acesso aos serviços já existentes no meio.

Aprofundando ainda mais desse ângulo, acerca desses territórios nos colocamos a seguinte pergunta: quais significantes deveriam ser acolhidos para uma melhor estruturação de equipamentos que pudessem receber tais demandas? Trata-se, portanto, de uma costura delicada que está sempre sendo pensada e repensada, mas que para nós tem sentido, à medida que se conecta com a tarefa de como promover a escuta nas situações sociais críticas[25].

A clínica pública nos parece, então, também um estrangeiro no território, por sua proposta, linguagem e ética, que não estão no campo nem das instituições, nem das políticas públicas, nem dos movimentos comunitários ou das ONGs, e assim por diante. E essa qualidade de estrangeiro também pode convocar conteúdos inconscientes de todos os sujeitos ali presentes, e nós, enquanto profissionais, podemos tanto ser tomados no lugar de representantes dessas políticas, como podem nos perceber com a alteridade desse lugar. Em qualquer um dos lugares, a transferência lança sobre quem escuta na clínica pública todos os fantasmas dessas relações territoriais. Aqui é sempre importante retomarmos a tarefa da escuta orientada pela psicanálise: apostamos que o sujeito pode dizer de si e construir sua própria narrativa, que será o material para pensarmos quais e como fazer articulações com as políticas públicas. Outra observação importante é que a clínica, tal qual a própria psicanálise, pretende também reivindicar esse lugar de estrangeiro, como um lugar possível e importante nesse trabalho; não se pretende ser extensão e, menos ainda, substituta de alguma política de Estado. O que se pretende construir a partir dos dispositivos é bastante diferente.

Isso pode produzir um impasse nessas diferentes formas de trabalho à medida que se constroem caminhos que podem parecer radicalmente diferentes, ou ainda, à medida que se confunde a abrangência e mesmo a capacidade da clínica pública em acolher certas demandas. A nossa clínica pública não tem por escopo, por exemplo, o atendimento emergencial. É preciso que estejamos

25 Ibidem.

sempre retornando à tarefa e à ética que orienta nosso trabalho. Retornando, então, à pergunta tão importante: "Dentro de quais lugares pensamos – e desejamos – nos inserir?" Parece que o começo de uma boa resposta poderia ser que "almejamos estar nas encruzilhadas de possibilidades, de construção de novas narrativas, de caminhos que se põem sempre abertos para acolher a dádiva da transformação".

## Conclusão:
## Lugares Possíveis, Lugares Criados

Freud já anunciava, desde os primórdios da psicanálise, que sua teoria e técnica precisam sempre abrir caminho em meio à lógica tradicional e positivista, e Danto nos revela que isso não foi diferente com os espaços de clínicas públicas[26]. Milton Santos, Pichon-Riviére, Frantz Fanon, Lélia Gonzalez e tantos outros pensadores, de tantos campos distintos, também inauguraram entroncamentos na encruzilhada que hoje pretendemos caminhar. A partir dessas construções é que queremos deixar a singela oferenda, em forma de reflexão, que é pensar o estrangeiro na clínica pública: um lugar de circulação da alteridade e da palavra.

Nesse sentido, também apostamos numa formação em psicanálise que expande os modelos tradicionais, a fim de que outros profissionais – que podem vir a se tornar importantes aliados – possam escutar de modo a acolher, e redirecionar e pensar junto a escuta do sofrimento, que é gigantesca. É preciso relembrar que a desigualdade social produz um enorme sofrimento psíquico que também faz adoecer fisicamente. O tamanho dessa demanda também produz pavor, impotência e frustração em profissionais que, muitas vezes, estão desgastados, desamparados na busca de ferramentas para lidar com os limites do nosso

26 Ver *As Clínicas Públicas de Freud.*

trabalho. A clínica pública também tem o constante desafio de repensar esse ponto e as alternativas para construir algo na coletividade e na interdisciplinaridade. Em outras palavras, a demanda que muitas vezes chega (ou não chega) aos serviços se apresenta diante de nossa clínica, que também possui um limite para seu alcance – limite esse que sempre procuramos expandir, mas compreendendo sempre que a questão da desigualdade social, da ferida colonial e da estrutura capitalista precisam ser combatidas a partir de várias frentes, por meio de uma lógica interseccional e coletiva.

Com isso, acreditamos que as articulações, quando possíveis, trazem grandes contribuições e inovações ao pensar conjunto sobre o território, auxiliando na cocriação de saberes específicos, ali aplicáveis. No caminho de assumir nossas contradições e (de)negações, para então elaborá-las e transformá-las, pensamos em nossos estrangeirismos e estranhamentos para que eles possam também aparecer como significantes nessa cadeia. Que seja possível, então, que as narrativas surjam em todas as suas complexidades e profundidades.

A força que acreditamos surgir do lugar que vamos nomeando como o estrangeiro, na clínica pública, é também potencializada quando podemos ouvir das organizações coletivas que já existem – e que surgem até espontaneamente –, realizar escutas que testemunham importantes narrativas que produzem desdobramentos não só no sujeito que fala, mas também em outros, no território etc. Disso pretendemos trazer significantes e dispositivos inovadores que nos permitam pensar novas atuações, reinventar espaços. Apostando na interdisciplinaridade, buscamos combater a lógica manicomial e colonial, mas também, dentro do possível, conectar com o que há de potente dentro das políticas públicas, procurando desbravar os caminhos possíveis dentro das contradições do momento histórico--material que nos atravessa. Por um motivo muito pertinente é que pensamos que o conceito de clínica pública talvez não esteja, ainda, de todo alinhavado: para que possa produzir reticências das construções e reconstruções dos dispositivos, sempre que necessário.

Nas palavras de Milton Santos:

> Para apreender o presente, é imprescindível um esforço no sentido de voltar as costas, não ao passado, mas às categorias que ele nos legou. Conservar categorias envelhecidas equivale a erigir um dogma [...] Os fatos estão todos aí, objetivos e independentes de nós. Mas cabe a nós fazer com que se tornem fatos históricos [...] Sem relações não há "fatos". É por sua existência histórica, assim definida, no interior de uma estrutura social que se reconhecem as categorias da realidade e as categorias de análise. Já não estaremos, então, correndo o risco de confundir o presente com aquilo que não mais o é.[27]

Que possamos aprender com Milton Santos, assim como com o itan de Exu: a ouvir, no momento presente, tudo o que o compõe e circunda, dentro e fora. Para além deles, que possamos aprender com tantos que vieram antes e que ainda se fazem presentes na construção do que hoje vamos podendo nomear como clínicas públicas de psicanálise, sustentando as diferenças e apostando que a alteridade constrói coletividade. Sustentando nossos estrangeiros, garantindo que poder ser familiar e infamiliar seja parte da experiência humana e não lugar de estigma, procuramos seguir apostando também na potência de escutar e de falar. Apostamos então nessa força de criação porque sua existência nos parece óbvia quando temos o privilégio de ouvir alguém do território falar também no sentido de que se reconhece nessa encruzilhada, pois "a gente não precisa só de comida e de dinheiro, a gente também precisa de palavra".

---

27 *Pensando o Espaço do Homem*, p. 14-15.

REFERÊNCIAS

BARBOSA, Andrieli; GUEDES, Marina Fernandes; NÚÑES, Geni; OLIVEIRA, Mariza de. Partilhar Para Reparar: Tecendo Saberes Anticoloniais. In: FERNANDES, Rosa Maria Castilhos; KAINGANG, Angélica Domingos (orgs.). *Políticas Indigenistas: Contribuições Para Afirmação e Defesa dos Direitos Indígenas*. Porto Alegre: Editora UFRGS, 2020.

BENTO, Cida. *O Pacto da Branquitude*. São Paulo: Companhia das Letras, 2022.

BROIDE, Emília Estivalet; BROIDE, Jorge. *A Psicanálise em Situações Sociais Críticas: Metodologia e Intervenções*. 2. ed. São Paulo: Escuta, 2016.

BROIDE, Jorge (org.). *A Psicanálise na Cidade*. São Paulo: Escuta, 2022.

CAMPOS, Rui Ribeiro de. A Natureza do Espaço Para Milton Santos. *Geografares*, Vitória, n. 6, 2008. Disponível em: <http://www.periodicos.ufes.br>. Acesso em: dez. 2023.

DANTO, Elizabeth Ann. *As Clínicas Públicas de Freud: Psicanálise e Justiça Social, 1918-1938*. Trad. Margarida Goldsztajn. São Paulo: Perspectiva, 2019.

DAVID, Emiliano de Camargo; VILLAS-BÔAS, Patricia; MOREIRA, Lívia Santiago. Por Uma Psicanálise Antirracista: A Psicanálise na Encruzilhada. In: DAVID, Emiliano de Camargo; ASSUAR, Gisele (orgs.). *A Psicanálise na Encruzilhada: Desafios e Paradoxos Perante o Racismo no Brasil*. São Paulo/Porto Alegre: Hucitec/Projeto Canela Preta/Sedes Sapientiae, 2021.

DIAS, Cristina Rocha. Racismo e Psicanálise: Marcas Coloniais na Escuta Clínica. In: DAVID, Emiliano de Camargo; ASSUAR, Gisele (orgs.). *A Psicanálise na Encruzilhada: Desafios e Paradoxos Perante o Racismo no Brasil*. São Paulo/Porto Alegre: Hucitec/ Projeto Canela Preta/Sedes Sapientiae, 2021.

FANON, Frantz. *Pele Negra, Máscaras Brancas*. São Paulo: Ubu, 2020.

FREUD, Sigmund. A Negação (1925). *Neurose, Psicose, Perversão*. Trad. Maria Rita Salzano Moraes. São Paulo: Autêntica, 2019. (Col. Obras Incompletas de Sigmund Freud.)

_____ [1919]. *O Infamiliar [Das Unheimliche]*. Trad. Ernani Chaves; Pedro Heliodoro Tavares. Belo Horizonte: Autêntica, 2019. (Col. Obras Incompletas de Sigmund Freud.)

_____ [1920-1923]. *Introdução ao Narcisismo. Obras Completas: Introdução ao Narcisismo, Ensaios de Metapsicologia e Outros Textos*. São Paulo: Companhia das Letras, 2016.

_____. *Obras Completas, v. 15: Psicologia das Massas e Análise do Eu e Outros Textos [1920-1923]*. Trad. Paulo César de Souza. São Paulo: Companhia das Letras, 2011.

GONZALEZ, Lélia. A Categoria Político-Cultural da Amefricanidade. *Por um Feminismo Afro Latino-Americano: Ensaios, Intervenções e Diálogos*. Org. Flavia Rios; Márcia Lima. Rio de Janeiro: Zahar, 2020.

_____. Racismo e Sexismo na Cultura Brasileira. *Por um Feminismo Afro-Latino-Americano: Ensaios, Intervenções e Diálogos*. Org. Flavia Rios; Márcia Lima. Rio de Janeiro: Zahar, 2020.

KON, Noemi Moritz; SILVA, Maria Lúcia; ABUD, Cristiane Curi (orgs.). *O Racismo e o Negro no Brasil: Questões Para a Psicanálise*. São Paulo: Perspectiva, 2017.

LACAN, Jacques. *A Identificação: Seminário 1961-1962*. Recife: Centro de Estudos Freudianos, 2003.

LIMA, Elias Lopes de. O Lugar do Sujeito em "A Natureza do Espaço", de Milton Santos. *Revista de Geografia*, Juiz de Fora, v. 3, n. 2, 2013. Disponível em: <www.ufjf.br>. Acesso em: dez. 2023.

ROSA, Miriam Debieux. Sofrimento Sociopolítico, Silenciamento e a Clínica Psicanalítica. *Psicologia: Ciência e Profissão*, Brasília, v. 42, 2022. Disponível em: <https://doi.org/10.1590/1982-3703003242179>. Acesso em: dez. 2023.

SANTOS, Kwame Yonatan Poli dos. Colonialidade e processos de Subjetivação: Aquilombamento na Clínica. In: DAVID, Emiliano de Camargo; ASSUAR, Gisele (orgs.). *A Psicanálise na Encruzilhada: Desafios e Paradoxos Perante o Racismo no Brasil*. São Paulo/Porto Alegre: Hucitec/Projeto Canela Preta/Sedes Sapientiae, 2021.

SANTOS, Milton [1996]. Objetos e Ações Hoje. As Normas e o Território. *A Natureza do Espaço: Técnica e Tempo, Razão e Emoção*. São Paulo: Edusp, 2017.

_____ [1996]. Do Meio Natural ao Meio Técnico-Científico-Informacional. *A Natureza do Espaço: Técnica e Tempo, Razão e Emoção*. São Paulo: Edusp, 2017.

_____ [1996]. O Espaço Geográfico, um Híbrido. *A Natureza do Espaço: Técnica e Tempo, Razão e Emoção*. São Paulo: Edusp, 2017.

_____ [1982]. *Pensando o Espaço do Homem*. São Paulo: Edusp, 2012.

## DESLOCAMENTOS FÍSICOS, PSÍQUICOS E TERRITORIAIS: QUEM FAZ CLÍNICA NAS PERIFERIAS?

*Rosimeire Bussola*
[PerifAnálise]

Escrevo este capítulo algum tempo depois da participação na mesa "Entre as Políticas Públicas de Saúde Mental e as Clínicas Públicas", do Seminário Territórios Clínicos.

Escrevo de uma casa em São Mateus, na zona leste de São Paulo, escrevo do transporte público rumo a Itaquera, escrevo olhando as ruas do território e, quando adentro ao serviço público do SUS para mais um dia de trabalho, escrevo da PerifAnálise, sobretudo, escrevo de uma ocupação. De um lugar ocupado por mim enquanto Psicanalista Periférica, margeada por uma formação eurocentrada, mas escrevo também de uma ruptura, provocada pela terra que orienta as ações, a escuta e a clínica.

Em 15 de abril, respondendo ao convite para falar sobre referido tema no Seminário Territórios Clínicos, inicio convidando Franz Fanon e Lima Barreto a sentarem-se comigo naquela mesa. Trago em mãos os livros *Pele Negra, Máscaras Brancas*, de Fanon, e *Diário de um Hospício: O Cemitério dos Vivos*, de Lima Barreto, livros que passaram a compor minha formação recente como Perifanalista, trabalhadora do sus. Autores escolhidos por denunciar os processos colonizadores e eugenistas aos quais são submetidas pessoas negras quando o assunto é a saúde mental.

Inicio dizendo que falarei sobre a vivência em dois dispositivos de saúde mental periféricos, um dentro da política pública de Estado e outro dentro do movimento social. Em minha fala, que agora transcrevo, quis privilegiar alguns pontos que convergem entre essas clínicas. Começo apontando para a precarização do trabalho e da formação de trabalhadores da saúde mental, que nos leva a buscar por espaços formativos que sejam acessíveis em níveis econômicos, na carga horária, e que contenham um arcabouço teórico compatível com clínica e política.

Vemos acontecer na PerifAnálise a chegada de trabalhadores das políticas públicas em busca de grupos de estudo, supervisão e clínica. Essa procura ocorre tanto pela falta de investimento público nesse tripé quanto pela dificuldade no acesso a espaços formativos, especialmente os de orientação psicanalítica, que são tradicionalmente centralizados e em horários inacessíveis aos trabalhadores.

Com isso, percebemos que, atualmente, as clínicas públicas são buscadas para formação. Entretanto, uma formação que não seja de tradição europeia e que não compreenda o humano e suas relações a partir de um modelo racialmente branco, uma que reconheça, para além da psicanálise, autores com atenção à diversidade brasileira.

Leio para os presentes e reproduzo aqui as palavras de Fanon:

A arquitetura do presente trabalho se situa na temporalidade. Todo problema humano exige ser considerado a partir do tempo. O ideal seria que o presente sempre servisse para construir o futuro. E esse futuro não é o do cosmos, mas sim do meu século, do meu país, da minha existência. De modo algum devo me propor preparar o mundo que me sucederá, pertenço irredutivelmente à minha época.[1]

Articulo essa citação de Fanon com a necessidade de que psicanalistas tenham um compromisso ético-político de uma psicanálise implicada, envolvida e envolvente, em um convite de escuta das subjetividades periferizadas, não numa presença colonizadora, mas em seu oposto; uma psicanálise na qual haja psicanalistas vindos também das periferias.

Pensar Fanon, vivente na França, retornando ao seu país de origem, a Martinica, e fazendo dali liberdade; é disso que se trata a existência de uma clínica pública territorializada. É sobre voltar à origem e fazer dali liberdade, epistemológica, discursiva, de método, *setting* e transferência. É olhar com rigor e destreza para a teoria sem desconectar da realidade material que por vezes nas periferias são marcadas por sofrimentos sociopolíticos; é na radicalidade ouvir deslocar o sintoma, não na dimensão clínica de retificação subjetiva. Afinal, pagar ou não pela sessão nem sempre tem a ver com uma formação de compromisso entre recalque e desejo; às vezes é falta de *grana* mesmo.

Dito isso, acrescento que uma clínica pública de psicanálise na periferia se propõe a reler as teorias psicanalíticas interseccionadas; olhamos para as racialidades, na qual psicanalista e analisante têm cor, gênero e classe social. E observamos que essas dimensões se deslocam no transporte público, ao atravessar pontes e bairros, e ao adentrar institutos de formação, cujo território é privilegiado e tem um índice de desenvolvimento humano que supera em muito nas estatísticas quando comparado aos territórios periféricos. Perguntamos, "como é para os analistas

1 *Pele Negra, Máscaras Brancas*, p. 27.

e analisantes periféricos esse deslocamento? Como são escutadas essas palavras nos consultórios?"

Nas periferias, falar sobre saúde mental é quase atribuição única das políticas públicas. Essas conversas acontecem em diversos pontos da rede de atenção psicossocial[2], no território de São Mateus, zona leste de São Paulo, e a PerifAnálise é convocada a compor essa rede; é convocada pelos serviços nas construções de parcerias e também no pedido por atendimentos individualizados. Nossa aposta perifanalítica é a de recusa das demandas institucionais, pois entendemos que ocupar a falta do Estado é retrocesso no avanço das políticas públicas. Entretanto, o coletivo, como dispositivo clínico a serviço do território, é aberto para quem dele queira se servir, e hoje nossa clínica recebe trabalhadores e usuários desses serviços.

Grifo a importância das políticas públicas, em especial das agentes comunitárias de saúde[3], trabalhadoras que cotidianamente produzem saúde mental, mas enfrentam, no íntimo das equipes multiprofissionais, os efeitos da hierarquização, precarização e desvalorização do trabalho. A contradição existente nesses espaços sugere quem determina o saber, o especialista e, com isso, a proposição comunitária fica a serviço de quem tem o reconhecimento institucional, outorgado por um diploma universitário.

---

2 A Rede de Atenção Psicossocial – RAPS é um conjunto de diferentes serviços disponíveis nas cidades e comunidades que, articulados, formam uma rede, devendo ser capaz de cuidar de pessoas com transtornos mentais e com problemas em decorrência do uso de drogas, bem como de seus familiares, em suas diferentes necessidades. A esse respeito, ver o *site* do Ministério da Saúde.

3 O Agente Comunitário de Saúde – ACS é um dos profissionais que compõem a equipe multiprofissional nos serviços de atenção básica à saúde e desenvolve ações de promoção da saúde e prevenção de doenças, tendo como foco as atividades educativas em saúde, em domicílios e coletividades. O ACS é o profissional que realiza a integração dos serviços de saúde da atenção básica com a comunidade. A esse respeito, ver o artigo "04/10 – Dia Nacional do Agente Comunitário de Saúde e dos Agentes de Combate às Endemias", *Biblioteca Virtual em Saúde* – Ministério da Saúde.

Lima Barreto, de dentro do hospício, apontava para essas pretensões e escreveu:

Há pescadores em faina. Canoas ainda! Herança dos índios! O remo também vem deles! Quantas coisas, dos seus usos e costumes, eles nos legaram? Muitas! A farinha da mandioca, do milho, certas tuberosas, nomes de rios e lugares, muitos, adequados e expressivos. Hoje, a vaidade nacional batiza os lugares com os mais feios nomes que se podem esperar. Enseada Almirante Batista das Neves! Só falta um doutor, também. Esta nossa sociedade é absolutamente idiota. Nunca se viu tanta falta de gosto. Nunca se viu tanta atonia, tanta falta de iniciativa e autonomia intelectual! É um rebanho de Panúrgio, que só quer ver o doutor em tudo.[4]

Convido o leitor a refletir sobre os discursos que operam nas instituições e como superá-los. Por vezes, ocorre de o dispositivo clínico periférico ser questionado em sua dimensão clínica por fundar-se, estruturalmente, com recursos territoriais, desde seu espaço físico, mobiliário e estético; entende-se pouco sobre os efeitos de uma clínica psicanalítica existente em uma favela, numa Favela Galeria, construída por artistas do *hip hop* da Vila Flávia. Nesse sentido, retomo a importância do desencastelamento da psicanálise, mas, sobretudo, da descolonização do psicanalista, porque não basta sair do castelo e iniciar uma cruzada rumo às favelas; é preciso que haja agentes periféricos protagonistas e autônomos no uso dos saberes ancestrais para a promoção de seus cuidados físicos e psíquicos.

Nesse "entre as políticas públicas e as clínicas públicas", me lembro do berimbau, instrumento de corda única, que tem a cabaça que faz a ressonância do som e o chocalho que traz ainda mais movimento, que na mão de um tocador embalam um jogo ao som do instrumento. Tal qual nessa roda, são necessários recursos para que ambas

4 *Diário do Hospício & O Cemitério dos Vivos*, p. 77.

aconteçam, e nas periferias elas são a corda, o tocador e ainda jogam junto.

Nas periferias, a clínica acontece a partir do encontro dos dispositivos coletivos existentes no território. É necessário o conhecimento da terra para então semear, cuidar do plantio e colher; não se trata de trazer o tripé psicanalítico para as margens; ele por si não faz nascer uma clínica.

Trago comigo e aprendo com Conceição Evaristo o desejo da escrevivência e lembro-me de um grupo de horta comunitária, existente em um Centro de Atenção Psicossocial[5], na zona leste. Nele, nos reuníamos para plantar e, na época, muitos CAPS faziam o plantio de alface, e era quase regra haver grupo de horta; e nela tinha que ter a alface. O terreno desse CAPS era bastante amplo, com muita terra para o plantio, mas, por mais que tentássemos, a alface não vingava, até que uma pessoa atendida no serviço e conhecedora daquelas terras nos orientou, "em chão seco podemos plantar batata-doce"; e assim fizemos coletivamente e vimos surgir dali as ramas, a colheita e o cozimento, que começaram antes mesmo da escuta desse saber, porque o começo desse aprendizado não tem a ver com a escuta, mas com a oportunidade do plantio.

Como disse Grada Kilomba[6], teorizo e escrevo a partir da periferia e não do centro; sonho coletivamente com as pessoas da PerifAnálise, que possamos exercer um ofício clínico na, para e com a periferia e, para isso, são necessárias condições materiais; paga-se muito para tornar-se psicanalista, paga-se o dobro para ser perifanalista. "Hoje

5 São pontos de atenção estratégicos da Rede de Atenção Psicossocial – RAPS. Unidades que prestam serviços de saúde de caráter aberto e comunitário, constituídos por equipe multiprofissional que atua sobre a ótica interdisciplinar e realiza, prioritariamente, atendimento às pessoas com sofrimento ou transtorno mental, incluindo aquelas com necessidades decorrentes do uso de álcool e outras drogas, em sua área territorial, seja em situações de crise ou nos processos de reabilitação psicossocial.

6 Ver *Memórias da Plantação*.

descobri a verdade do dizer daquele ditado. Sonho só alimenta até a hora do almoço, na janta a gente precisa de ver o sonho acontecer."[7]

Se outrora as pessoas periféricas foram objetos de estudo, hoje nos autorizamos a falar; tomamos para nós nossa história, fazemos nossa associação livre pública, e escrevemos, ainda que nos falte palavras e que a ortografia nos provoque estranhamento e inquietação. Da clínica periférica à escrita produzida por pessoas periféricas, o que dizemos é vivo em nós, e das periferias nos lançamos ao mundo, e não há quem nos faça parar de sonhar.

## REFERÊNCIAS

BARRETO, Lima. *Diário do Hospício & O Cemitério dos Vivos*. São Paulo: Companhia das Letras, 2017.

EVARISTO, Conceição. *Becos da Memória*. 3. ed. Rio de Janeiro: Pallas, 2017.

FANON, Frantz. *Pele Negra, Máscaras Brancas*. São Paulo: Ubu, 2020.

FAVELA GALERIA. Galeria de Arte Urbana (@favelagaleria). Disponível em: <https://www.instagram.com/favelagaleria/>. Acesso em: ago. 2024.

KILOMBA, Grada. *Memórias da Plantação: Episódios de Racismo Cotidiano*. Rio de Janeiro: Cobogó, 2019.

MINISTÉRIO DA SAÚDE. Linhas de Cuidado. Disponível em: <https://www.gov.br/saude/pt-br/composicao/saps/ecv/linhas-de-cuidado>. Acesso em: ago. 2024.

_____. 04/10 – Dia Nacional do Agente Comunitário de Saúde e dos Agentes de Combate às Endemias. *Biblioteca Virtual em Saúde*. Disponível em: <https://bvsms.saude.gov.br>. Acesso em: ago. 2024.

---

7 C. Evaristo, *Becos da Memória*, p. 51.

# O ANTIMANICOLONIAL E SEU AGIR FRONTEIRIÇO: ARTICULAÇÕES ENTRE AS POLÍTICAS E CLÍNICAS PÚBLICAS[1]

*Emiliano de Camargo David*
[Amma]

> *Há casos em que nós, os psicólogos, somos como cavalos, e ficamos inquietos: vemos nossa própria sombra oscilar para cima e para baixo à nossa frente. O psicólogo tem de afastar a vista de si para enxergar.*
>
> FRIEDRICH NIETZSCHE

Num domingo, dia 9 de abril de 2023, Sandra Mathias Correia de Sá, moradora do bairro de São Conrado (Zona Sul do município do Rio de Janeiro – região considerada

---

1 Texto revisado, com ampliação teórico-conceitual, em 6 de janeiro de 2024.

nobre na cidade), foi flagrada agredindo dois entregadores de comida[2]. Estes, trabalhador e trabalhadora, paradoxalmente distintos, porém iguais: pobres; uma mulher, o outro homem; um negro retinto, outra negra de pele clara; ambos uberizados[3]/plataformizados.

A moradora do bairro considerado "chique" justificava suas agressões dizendo que eles estavam andando de moto e de bicicleta em cima da calçada e que ali não era uma favela. Dizia também, em suas supostas justificativas, que ela pagava o IPTU – Imposto Predial e Territorial Urbano – naquele bairro.

Observamos que na capital fluminense a espacialidade urbana, muitas das vezes, aproxima (habitacionalmente) distintas classes sociais. Algumas favelas estão em morros e ocupações; os bairros nobres, por sua vez, estão no dito "asfalto". É o caso da favela da Rocinha e do bairro de São Conrado, onde ocorreu o episódio. A proximidade espacial exigiria recursos simbólicos diversos para demarcar/separar os distintos territórios, dentre os quais podemos citar o IPTU, que faria uma diferenciação entre aqueles que

2 Ver Marcio Dolzan, Ex-Jogadora de Vôlei É Acusada de Agredir Entregador Com Guia de Coleira de Cachorro no Rio, *O Estado de S. Paulo*, 11 abr. 2023.

3 Segundo R. Gomes-Souza; M.C. Tramontano, Subjetivação e Riscos Psicossociais da Uberização do Trabalho nas Dinâmicas Territoriais, *Cadernos Metrópole*, v. 26, n. 59, p. 148-149: "Nas dinâmicas de reprodução espacial do sistema político-econômico neoliberal globalizante, que evidencia as desigualdades e exclusões sociais, os trabalhadores buscam oportunidades de sobrevivência em áreas urbanas, especialmente em regiões metropolitanas, metrópoles e cidades médias. Assim, a relação entre capital e trabalho atinge dimensões territoriais, acentuando a manifestação, no espaço, dos processos de superexploração. Com a submissão dos avanços científicos e tecnológicos dos últimos anos aos interesses do mercado financeiro, as regras neoliberais fortalecem-se, gerando novos modelos produtivos e de gestão e um consequente cenário de precarização do trabalho, em escala global. Assim, a fórmula da uberização consolida-se em um mundo do trabalho que vive uma fragilização histórica, marcada pela desregulamentação que favorece o surgimento de novas informalidades e a desagregação da classe trabalhadora pelo enfraquecimento dos movimentos sindicais. Uberização e precarização passam, assim, a compor um par conceitual em relação de íntima interdependência.

pagam o imposto e aqueles que não são taxados, conferindo uma suposta legitimidade e hierarquia domiciliar.

Retorno à cena…

Após xingamentos e pontapés, Sandra pega a coleira do seu cachorro e começa a bater em Max (o entregador/trabalhador). Max, após ser agredido, declarou: "Ela me tratou como se eu fosse escravo. Só que ela está esquecendo que o tempo da escravidão já acabou há muitos anos, e isso não pode acontecer. É inadmissível. Não tem como aceitar uma situação como essa."

No Seminário Territórios Clínicos, no qual tive a oportunidade de abordar tal tema, não me ative, precisamente, à declaração de Max (homem negro retinto, morador de favela, trabalhador "uberizado" por empresas de *fast food* e restaurantes/lanchonetes). Penso que o que mais nos interessa é a frase de Sandra (mulher branca, moradora de um bairro nobre, ex-atleta, professora e dona de um ponto/escola de vôlei em outra praia da Zonal Sul carioca – o Leblon, bairro vizinho, onde, aliás, um jovem negro foi acusado de receptar/roubar a própria bicicleta elétrica[4]).

Voltemos à frase de Sandra Mathias: "Você não está na favela, você está aqui. Quem paga o IPTU aqui sou eu, rapaz."

Sobre a frase supracitada, creio que posso afirmar: *As clínicas públicas estão demandadas a compreender a ética das políticas públicas de saúde mental antimanicomiais*. Ou seja, a clínica se faz nos espaços públicos, para que esses territórios possam se transformar, visando relações e lógicas territoriais que fomentem e promovam a liberdade cidadã.

Nessa direção, Luís Eduardo Batista e colegas, coautores, apontam:

O CAPS [Centro de Atenção Psicossocial] tem também como ação estratégica entender a complexidade do território para garantir o direito à saúde das populações, principalmente aquelas em

4 Ver P. Madeira; R. Castro, "Já Me Consideravam Culpado Por Ser Negro", Diz Jovem Sobre Acusação de Roubar a Própria Bicicleta no Leblon, *O Globo*, 16 jun. 2021.

situações de maior vulnerabilidade. As ações e intervenções dos serviços comunitários da Rede de Atenção Psicossocial (RAPS) devem ser pautadas na busca, defesa e promoção da cidadania de direitos, com implicações sobre os microdeterminantes descritos por Saraceno (2020) como as condições de vidas das pessoas com problemas de saúde mental, a partir dos territórios onde habitam e vivem, do acesso à saúde, trabalho, alimentação, cultura, educação, saneamento, mobilidade; ter poder contratual, voz e voto, participação e controle social das políticas e práticas de saúde.[5]

Nessa esteira, como lembrou Lancetti, resgatando o diálogo entre Gilles Deleuze e Toni Negri[6], quando o manicômio se estabelece para fora do sistema asilar, enquanto lógica subjetiva "o manicômio em nós"[7], "a sociedade de controle opera ao ar livre, não mais no hospício, mas em todo lugar[8]". Ainda nessa modalidade pulverizada, a manicomialização mantém como principais alvos os mesmos corpos e modos de existência, aqueles que foram/são rotulados como anormais e perigosos[9] – pretos, pobres deficientes físicos e mentais, usuários de drogas, gays/lésbicas/bissexuais/transexuais/*queers*, revoltos, feiticeiras, prostitutas, dentre outros –, com a intencionalidade da instalação de territórios brancos, limpos/assépticos, "normais", tecidos em norma culta, silenciosos, de "família estruturada" e de "gente do bem".

Produz-se o que o psicólogo e psicanalista Christian Dunker tem chamado de *lógica do condomínio*, uma noção que visa discutir o mal-estar e o sofrimento produzido dentro (e fora) desses muros. Paredes erguidas em nome de uma suposta proteção, a qual esses muros mentais e espaciais, falsamente, prometem estabelecer e garantir:

Os muros para não sair transformam-se nos muros para não entrar. O estado de exceção torna-se a regra. O cerco, não a trincheira ou

5 Aspectos da Territorialização do Cuidado em um CAPSij, *Research, Society and Development*, v. 10, n. 10, p. 2.

6 Ver G. Deleuze, Controle e Devir, *Conversações*.

7 Ver A. Nader, *O Não ao Manicômio*.

8 A. Lancetti, *Clínica Peripatética*, p. 94.

9 Ver M. Foucault, *História da Loucura*; idem, *Em Defesa da Sociedade*.

a batalha, se torna a tática predominante. A psicanálise nos ensina a reconhecer com suspeita tais produções da cultura, que acenam com uma região de extraterritorialidade protegida, um espaço abrigado onde se concentraria a realização do prazer retinto de liberdade hedonista.[10]

Por se tratar de uma lógica de segregação, ela também visa fazer *condomínio* nas espacialidades que estão em outros formatos/cercas, como a própria favela, prisões e comunidades terapêuticas. É evidente que nessas, onde estariam os considerados indesejáveis, a não circulação é conferida através de outras regras/tratos do Estado (ou mesmo de um Estado paralelo, como as organizações do tráfico de drogas e das milícias). Regras típicas das instituições totais coloniais que visam segregação, dominação, obediência e morte.

É claro que o condomínio fechado se toca rapidamente com o universo periférico das favelas, reverso da mesma lógica concentracionária e da reprodução de um mesmo estado de exceção. [...] o reconhecimento pela criação de "leis próprias" ao modo de códigos de honra e compromissos pessoais na favela, no condomínio e na prisão. O delírio normatizante e a atração exercida pela terra de ninguém permitem atualizar a cena primária de toda fantasia, qual seja, a observação e participação no momento originário de nascimento da lei.[11]

Retomemos à fala de Sandra: "Você não está na favela, você está aqui, quem paga o IPTU sou eu, rapaz."

Esse trecho nos permite compreender que a lógica do condomínio é transposta para além de seus muros e, quando seus condôminos se deparam com um daqueles que tal lógica prometeu distanciar/blindar, a reação violenta e colonial por vezes é manifestada, em especial, se aquele demonstrar alguma experiência/vivência de liberdade/prazer (mesmo que suposta): "eles estavam andando de moto e bicicleta em cima da calçada".

10 A Lógica do Condomínio, *Leitura Flutuante*, v. 1, n. 1, p. 2.
11 Ibidem, p. 4-5.

Lacan postulava, em 1967, que a expansão dos mercados comuns nos levaria à acentuação da segregação como princípio social. Resta explicar como o antagonismo social, que se elide com as cercas, retorna sob forma de compulsão legislativa. Ou seja, se a felicidade prometida pela ilusão de universalização do capital não se realiza é porque há "alguém furtando nosso gozo", segundo a expressão de Zizek. "Alguém" que precisa ser controlado, segregado, denunciado. "Alguém" que funciona como prova histórica e material de como o objeto da fantasia ideológica produz o desajuste entre a ilusão e seu rendimento de felicidade.[12]

Quando a quirela de felicidade/liberdade é manifestada num corpo negro, pobre, da classe trabalhadora, produz-se na branquitude condômina da colonialidade afetos insuportáveis e, consequentemente, possíveis reações psíquicas de indignação. Então, a demanda à clínica pública se revela com ampla força; são urgentes as leituras, compreensões e intervenções nos territórios manicoloniais[13].

Manicolonialidade é o conceito que demonstra a intrínseca associação entre manicomialização e colonialidade. Daquilo que Max foi vítima e rapidamente localizou, exigindo seu fim: "Ela me tratou como se eu fosse escravo. Só que ela está esquecendo que o tempo da escravidão já acabou há muitos anos, e isso não pode acontecer. É inadmissível. Não tem como aceitar uma situação como essa."

Visando combater esse tipo de psicopatologia manicolonial, a Reforma Psiquiátrica brasileira propõe que o cuidado em saúde mental agencie uma clínica que seja pública e no público, fazendo intervenção no território e sendo afetada pelo território também. Contudo, a perspectiva ético-política dessa clínica é antimanicolonial[14], o que impõe um agir antirracista, sustentada em expressões

---

12 Ibidem, p. 5.

13 Ver B. dos S. Gomes, *Encontros Antimanicoloniais nas Trilhas Desformativas*; E. de C. David, *Saúde Mental e Relações Raciais*.

14 Ver B. dos S. Gomes op. cit.; E. de C. David, *Saúde Mental e Relações Raciais*.

teórico-políticas de combate, em busca de liberdade e equidade de raça, classe e gênero[15].

Para tanto, faz-se necessário compreender o território à luz da concepção de Milton Santos:

O território não é apenas um conjunto de sistemas naturais e de sistema de coisas superpostas. O território tem que ser entendido como o território usado, não o território em si. O território usado é o chão mais a identidade. A identidade é o sentimento de pertencer àquilo que nos pertence. O território é o fundamento do trabalho, o lugar da residência, das trocas materiais e espirituais e do exercício da vida.[16]

Do contrário, seremos apenas analistas "desconstruidinhos"/"hipsters", que oferecem atendimentos fora do consultório, na rua, nas praças, esquinas... que saem dos considerados centros urbanos e colocam o divã na favela para os/as periferizados/as, sem necessariamente intervir na lógica da manicolonialização que condominializa e privatiza os pensamentos, as relações e determinadas espacialidades da cidade, visando a manutenção de lógicas territoriais que mantêm e nutrem as relações entre iguais e seus privilégios, conduta típica da branquitude[17].

Finalizei minha participação no Seminário Territórios Clínicos voltando ao então subtítulo da mesa: "Quais os limites e possibilidades de articulação?"

Tento responder...

A saúde pública de concepção coletiva dialogou com o campo da geografia para compreender as noções de território e territorialidade. Dentro dessa discussão, a diferença

15 Ver E. de C. David, *Saúde Mental e Relações Raciais*.
16 *Espaço do Cidadão*, p. 14.
17 Segundo Cida Bento (Branqueamento e Branquitude no Brasil, em C. Bento; I. Carone [orgs.], *Psicologia Social do Racismo*) e Lia Schucman (*Entre o Encardido, o Branco e o Branquíssimo*), branquitude – identidade racial branca – trata-se de um lugar (existencial e político) de privilégios materiais e simbólicos direcionados às pessoas brancas, ancorados em pseudociências que desde o século XIX afirmavam uma suposta superioridade racial branca perante os demais grupos racialmente construídos.

entre *limite* e *fronteira* ganha elevado grau de importância. Embora a geografia não seja minha área de formação e concentração, recorro a Milton Santos[18] e um dos seus principais comentadores, Antônio Carlos Malachias – o Billy[19], buscando uma breve explicação.

A demarcação de espaços geográficos realizada pelo *limite* tem dinâmicas de poder, controle e regulação. Sendo assim, as atividades e interações estão institucionalizadas e, por vezes, manicomializadas, pois *limite* visa a promoção de separações; já a *fronteira*, embora também demarque distintos espaços geográficos, visa promover a interação, por vezes integração. Para tanto, exige relação na diferença e na diplomacia.

As clínicas públicas estão convidadas a articulações com as políticas públicas, na perspectiva fronteiriça das relações nas diferenças. Antonio Lancetti, que tão bem praticou essas articulações entre políticas públicas e clínicas públicas, conceituou que tal relação se dá na "complexidade invertida"[20], nos alertando que o cuidado em saúde mental que ocorre *no* e *com* o território (geográfico e existencial) impõe continência em vez de contenção; que os/as integrantes da equipe devem praticar democracia psíquica para suportar as relações transferenciais; e, por fim, que em busca de um projeto terapêutico que seja ao mesmo tempo singular e coletivo se faz necessário conhecer as diferentes culturas, do contrário não conseguiremos flexibilizar e negociar nossos conceitos e tenderemos a cair no *limite*, em vez de promover *fronteiras*.

"[N]o atravessamento do território geográfico com o território existencial somos obrigados a fabricar mundos."[21] Essa fronteiriça posição política e subjetiva a que Antonio Lancetti nos convida remete a Exu, o orixá das aberturas de caminhos e atravessamentos dos territórios. Estamos

---

18 Ver *Por uma Outra Globalização.*
19 Ver *Geografia e Relações Raciais.*
20 Ver *Clínica Peripatética.*
21 Ibidem, p. 109.

no afã de uma encruzilhada de possibilidades[22] que impõe difícil, porém urgente posição/escolha ao nosso campo. Então perguntamos: nossas clínicas públicas topam se antimanicolonializar?

Se sim, conforme anteriormente apontado, teremos que, para além de ofertar atendimentos/cuidados em saúde mental na espacialidade pública, compor/fazer território/territorialidade nas diferenças, e isso exige lógica e ética libertária de aquilombamento[23] na saúde mental pública e nas clínicas públicas. Lembramos que *"aquilombar-se,* enquanto princípio, é resistir em busca libertária, abolicionista e antirracista, valorizando os aspectos territoriais e culturais da população que predominantemente tem sido vitimada à lógica manicomial: a população negra.[24]"

Assim, Max, não seremos mais tratados como escravos e a neoescravização manicolonial terá dificuldade de fazer das coleiras de seus investidos e humanizados *pets,* chicotes nos lombos de pretos/as desinvestidos e desumanizados pelo Estado capitalista manicolonial.

## REFERÊNCIAS

BATISTA, Luís Eduardo et al. Aspectos da Territorialização do Cuidado em um CAPSij: Estudo Seccional. *Research, Society and Development*, Vargem Grande Paulista, v. 10, n. 10, 2021. Disponível em: <https://doi.org/10.33448/rsd-v10i10.18848>. Acesso em: jan. 2024.

BENTO, Cida. Branqueamento e Branquitude no Brasil. In: BENTO, Cida; CARONE, Iray (orgs.). *Psicologia Social do Racismo: Estudos Sobre Branquitude e Branqueamento no Brasil.* Petrópolis: Vozes, 2002.

DAVID, Emiliano de Camargo. *Aquilombamento da Saúde Mental: Cuidado Antirracista na Atenção Psicossocial Infantojuvenil.* São Paulo: Hucitec, 2023.

_____. *Saúde Mental e Relações Raciais: Desnorteamento, Aquilombação e Antimanicolonialidade.* São Paulo: Perspectiva, 2024.

DAVID, Emiliano de Camargo; ASSUAR, Gisele (orgs.). *A Psicanálise na Encruzilhada: Desafios e Paradoxos Perante o Racismo no Brasil.* São Paulo/Porto Alegre: Hucitec/Projeto Canela Preta/Sedes Sapientiae, 2021.

22 Ver E. de C. David; G. Assuar (orgs.), *A Psicanálise na Encruzilhada.*
23 Ver E. de C. David, *Aquilombamento da Saúde Mental.*
24 Ibidem, p. 147.

DELEUZE, Gilles. Controle e Devir: Entrevista a Toni Negri. *Conversações*. Rio de Janeiro: Editora 34, 1992.

DOLZAN, Marcio. Ex-Jogadora de Vôlei É Acusada de Agredir Entregador Com Guia de Coleira de Cachorro no Rio. *O Estado de S. Paulo*, São Paulo, 11 abr. 2023. Disponível em: <https://www.estadao.com.br/>. Acesso em: jan. 2024.

DUNKER, Christian Ingo Lenz. A Lógica do Condomínio ou: O Síndico e Seus Descontentes. *Leitura Flutuante*, São Paulo, v. 1, n. 1, 2009. Disponível em: <https://revistas.pucsp.br>. Acesso em: jan. 2024.

FOUCAULT, Michel [1961]. *História da Loucura: Na Idade Clássica*. 2. ed. São Paulo: Perspectiva, 2019. (Col. Estudos.)

_____ [1975-1976]. *Em Defesa da Sociedade*. São Paulo: Martins Fontes, 1999.

GOMES, Bárbara dos Santos. *Encontros Antimanicoloniais nas Trilhas Desformativas*. TCC (Especialização em Saúde Mental Coletiva), UFRGS, Porto Alegre, 2019. Disponível em: <https://www.lume.ufrgs.br>. Acesso em: jan. 2024.

GOMES-SOUZA, Ronaldo; TRAMONTANO, Marcelo Cláudio. Subjetivação e Riscos Psicossociais da Uberização do Trabalho nas Dinâmicas Territoriais. *Cadernos Metrópole*, São Paulo, v. 26, n. 59, 2024. Disponível em: <https://revistas.pucsp.br>. Acesso em: jan. 2024.

LANCETTI, Antonio. *Clínica Peripatética*. São Paulo: Hucitec, 2016.

MADEIRA, Pedro; CASTRO, Rodrigo. "Já Me Consideravam Culpado Por Ser Negro", Diz Jovem Sobre Acusação de Roubar a Própria Bicicleta no Leblon. *O Globo*, Rio de Janeiro, 16 jun. 2021. Disponível: <https://oglobo.globo.com>. Acesso em: jan. 2024.

MALACHIAS, Antonio Carlos. *Geografia e Relações Raciais: Desigualdades Sócio-Espaciais em Preto e Branco*. Dissertação (Mestrado em Geografia Humana), USP, São Paulo, 2006. Disponível em: <https://teses.usp.br>. Acesso em: jan. 2024.

NADER, André. *O Não ao Manicômio: Fronteiras, Estratégias e Perigos*. São Paulo: Benjamin, 2019.

NIETZSCHE, Friedrich Wilhelm [1888]. *Crepúsculo dos Ídolos: Ou Como se Filosofa Com o Martelo*. Trad. Paulo César de Souza. São Paulo: Companhia de Bolso, 2017.

SANTOS, Milton. *Espaço do Cidadão*. 7. ed. São Paulo: Edusp, 2007.

_____. *Por uma Outra Globalização: Do Pensamento Único à Consciência Universal*. Rio de Janeiro: Record, 2000.

SCHUCMAN, Lia Vainer. *Entre o Encardido, o Branco e o Branquíssimo: Branquitude, Hierarquia e Poder na Cidade de São Paulo*. São Paulo: Veneta, 2020.

# CLÍNICA, MILITÂNCIA E FORMAÇÃO:
## QUESTÕES DE RAÇA, CLASSE E GÊNERO VISTOS PELAS LENTES DA METAPSICOLOGIA PSICANALÍTICA

## ABERTURA

*Deisy Pessoa*
[Casa de Marias]

Esse disruptivo evento foi uma celebração à psicanálise das margens, de onde temos nome e nomeamos nossos universos. Teve como tema-pergunta: Clínica, Militância, Formação – São Impossíveis da Psicanálise?

Maria Ribeiro abriu a mesa com um texto coletivamente pensado e escrito dentro de seus espaços de práxis como a Rede de Escutas Marginais – REM[1]. Poeticamente, no dia 15 de abril, que também foi dia do solo, debatemos território; no dia da arte, celebramos artesanias de sobrevivência e construção identitária de nosso povo. E por nosso povo nomeio aqueles, todas, todes e todos, que fogem à norma e são penalizados com

1 A autora escolheu não publicá-lo no presente livro. (N. da E.)

aprisionamentos nominais e interseccionais, esvaziando nossa pluriversalidade.

Nomeio quem está nas margens geográficas e sociais. Que resistem à pressão territorial criminal. Em nossa potência desejante, trazendo-nos do lugar de inexistência conveniente ao sistema no qual estamos estrategicamente na parte de fora, à beira. Mal sabem que na beira há água, limpeza, força e organização.

Seguindo a mesa, nos brindou com sua fala a professora Miriam Debieux, do Laboratório Psicanálise, Sociedade e Política e do Grupo Veredas.

Ela nos provoca desde a análise do caso, do que nos faz caso, sendo assim clínico por si só. Provoca-nos acerca da impossibilidade do fazer psicanalítico sem o estudo das Ciências Sociais, da Filosofia, da Antropologia, da Cultura e das Ciências Culturais.

A partir do corpo que sustenta o desejo, o real e o simbólico, e do Orí que contém as ciências aqui abordadas, que foram nomeados erroneamente como propriedade da branquitude, adiante discutirá Clélia Prestes sobre os nomes impossíveis, assim como sobre os mergulhos e resgates possíveis de nossa ancestralidade e corporeidades dicotomizadas e estratificadas, mas não vencidas. Dentro de uma psicanálise que vem sendo subvertidamente atualizada, anseia-se por uma psicologia e psicanálise que expandam suas perguntas, onde consigamos lidar com o passado, com a atualidade do território e com a atualidade das pessoas com suas pluriversalidades, multiancestralidades.

No lugar desse capitalismo, dessa intelectualidade, dessa psicanálise, incomodam novas perguntas, incomodam novos autores, incomoda apontar as rachaduras do sagrado pacto da branquitude. Incomoda quando a gente aparece, quando a gente nomeia e deixa de ser café com leite, que foi onde nos deixaram nesse jogo. Estamos na brincadeira, mas sem o controle plugado. Nesse encontro coletivo, socializamos nossa lida na clínica e na vida, provocamos e tensionamos juntos essas estruturas.

Demarcamos, também, o nosso lugar e as regras do nosso jogo, pois, como disse Maria Carolina de Jesus, ao ser questionada sobre ser uma preta escritora: escreve quem quer. Parafraseando-a: estuda, educa, analisa e é analisado quem quer.

Nosso desejo conquista territórios!

# (PRO)VOCAÇÕES
## DA MILITÂNCIA À PSICANÁLISE

*Clélia Prestes*
[Amma]

Este capítulo parte da pergunta/tema "Clínica, militância e formação são impossíveis da psicanálise?" Como responder a essa pergunta?

Talvez sim. Talvez esse seja um dos problemas. Porque se é impossível, a psicanálise precisa ser revista. A psicanálise não começa agora a discutir racismo. Não começa agora a ser política. A ser militante. Sempre foi politizada, localizada, sempre teve um discurso com posicionamento. Sigmund Freud, enquanto criava a psicanálise, foi perseguido e teve suas obras queimadas em praça pública, pelo motivo de seu idealizador ser judeu. A psicanálise nasce lidando com o racismo.

Depois disso, ele conhece outro grande nome da história da psicanálise: Carl Gustav Jung. No primeiro encontro, ficam treze horas conversando. E o primeiro presidente da Sociedade de Psicanálise não será seu criador, mas o jovem Jung, por sua genialidade, e também por ser de família protestante, o que seria interessante para diminuir as perseguições à nova teoria. A psicanálise tem início, portanto, de forma localizada e politizada.

A psicologia é predominantemente constituída por mulheres, mas não tem nenhuma corrente teórica que tenha sido idealizada por uma mulher. Existem teóricas mulheres importantes, mas todas as correntes teóricas têm mentores homens. É o homem quem diz o que é normal, estruturado, o que é família, o que é ser saudável. Homens heterossexuais de meia-idade, de classe socioeconômica média alta, do norte global, de identidade de gênero cis, entre outros aspectos específicos que vão se tornando hegemônicos. É esse espelho a referência para a definição de humanidade e de saúde.

O espelho não me mostra. Isso já é um posicionamento politizado. O universal, o neutro, esses são termos usados para encobrir o quanto é localizada essa ciência e sua prática. Com o movimento coletivo de defesa de pautas comuns, poderíamos também identificar certa militância na psicanálise e nas psicologias. Por isso, afirmo que, na psicanálise, como em todas as outras teorias e tecnologias de cuidado, é necessário reconhecer que há vínculo entre clínica e política.

Gosto de disseminar o nome de Juliano Moreira, cujo brilhantismo me deixa encantada. No final do século XIX, aos treze anos, ele perdeu a mãe e ingressou na faculdade de Medicina. No artigo "Não Sou Eu do Campo Psi? Vozes de Juliano Moreira e Outras Figuras Negras"[1], analiso esse campo que inclui a psicologia, a psiquiatria e a psicanálise.

Um campo pretensamente neutro, em verdade conivente com algumas violências, aliado a outras, e violentando inclusive quando não escuta outros referenciais e

1 Ver *Revista* ABPN, v. 12.

os patologiza. No texto, reconto histórias e faço eco para a voz de figuras negras brilhantes, invisibilizadas no campo que valoriza apenas sua imagem e semelhança. Em termos das relações raciais, o campo psi poderia ser como a composição da mesa que inspirou este texto, com duas mulheres negras e uma branca. Qualquer outra composição é já um posicionamento ou o resultado de alguns posicionamentos e, por que não, uma militância em favor de si mesmes.

Outras composições precisam ser compreendidas. A psicanálise nos ensinou a nomear, a trazer à luz. Sua função precisa ser a de escutar e de se comprometer com o que aqui está denunciado, em um movimento de ressignificação do não/mal dito para o bem dito.

Que futuro estamos construindo? Para poder falar acerca da construção de outro futuro, falemos de passado. Nessa via, Grada Quilomba traz contribuições psicanalíticas maravilhosas. Por exemplo, ao afirmar que "nossa história nos assombra porque foi enterrada indevidamente"[2].

Acompanhando o costume de teorizar psicanaliticamente a partir de casos, farei aqui um estudo de caso. É sobre a certidão de batismo do meu bisavô, documento no qual um representante oficial da Igreja Católica afirma que "aos 14 de fevereiro de 1896, batizei e pus os olhos a Josué, filho de Gabriela, escrava de dona de Gertrudes Prestes Gomes". A partir do caso, faço questões. Josué não é um nome africano… Seria esse mesmo o seu nome ou apenas um nome imposto pela Igreja? Josué não tem sobrenome… Como me chega esse sobrenome, com o qual me apresento e que passo para o meu filho? Por que o Prestes veio para a minha família e não o Gomes, que é o último? Quem tem sobrenome no Brasil? De onde vêm nossos sobrenomes? Como me chega o sobrenome com o qual assino este texto?

Em uma experiência clínica, quem são as pessoas que, usualmente, estão a ouvir? Seus antepassados estão em

2 *Memórias da Plantação*, p. 223.

que lugar na cena da certidão? Como é o encontro dessas duas pessoas hoje, na clínica ou na teoria? Qual é a possibilidade de termos encontros genuínos se não pudermos mirar os olhos e reconhecer que viemos dessa história?

A certidão de batismo do meu bisavô é um tesouro. Isso porque, dificilmente, pessoas negras têm documentos familiares ascendentes para além de pouquíssimas gerações. Rui Barbosa queimou os arquivos que poderiam embasar pedidos de indenização por parte de senhores de engenho que, usurpando por séculos o trabalho das pessoas africanas e indígenas escravizadas, ainda poderiam querer cobrar o governo, por meio de indenização, suposta perda por verem livres pessoas que foram compradas, mesmo que naquela época já fosse proibido esse comércio.

Qual é a condição de saúde psíquica de uma nação que queimou parte da sua história? Qual a possibilidade de nomear para uma nação que não tem como voltar mais do que duas ou três gerações? Em psicanálise, sabemos da importância de voltar, de recontar, de ressignificar, de renomear. Qual é o efeito psicológico de uma nação que insiste em impor religiosidades, corporeidades, teorizações próprias de uma minoria, enquanto patologiza aspectos raciais e étnicos da maioria ou mesmo dos povos originários?

Há um efeito quando as graduações em psicologia, em um país negro, que praticou a escravização por séculos, não tratam do fato de a maioria das pessoas ter um sobrenome que não é delas. Isso enquanto somos um campo que se dispõe a discutir história, sentido, narrativa, nomeações. Como pode isso não aparecer na nossa clínica? Se a gente fala de transferência e de contratransferência, como podem todas essas questões não aparecerem em nossa clínica?

Essas são questões e reflexões formuladas a partir do compartilhamento de uma cena pessoal. Para provocar estranhamentos necessários quando todos esses elementos ficam sem escuta. Quero também falar coletivamente, enquanto integrante de uma organização não governamental vinculada ao movimento negro e ao movimento de mulheres negras. Falo em nome do Amma Psique e Negritude. Falo ao lado da Casa de Marias, do Margens Clínicas, da Roda Terapêutica das Pretas, do PerifAnálise, dessas que são organizações ligadas ao cuidado em saúde mental com conhecimento da dinâmica das relações raciais.

Falo após outras falas, incluindo a da Lúcia (Maria Lúcia da Silva, cofundadora do Amma, em 1995). A partir dela, continuo(amos) tentando responder a essas perguntas e tentando fazer com que essas mesmas perguntas afetem outras pessoas para que também se envolvam, fazendo questão e atuando na busca por mais questões. Eu nem estou, neste momento, pedindo respostas, mas, pelo menos, mais perguntas.

Ao longo das quase três décadas de vida do Amma, a Lúcia trabalhou para ver nas pessoas, hoje, a mudança acontecendo. Isso se dá quando vemos, por exemplo, pessoas exaltando seus cabelos crespos. Eu também já vejo mudanças. Quando entrei no mestrado, na Universidade de São Paulo – USP, era possível ir reconhecendo cada pessoa negra que ali estudava. Na militância, o Amma era a única organização totalmente focada em psicologia e relações raciais. Ao longo do mestrado e do doutorado, pude ver mais espelhos, como também na plateia do evento que inspirou este texto. Esperanço que estejamos construindo um futuro em que, de verdade, eu não vou saber mais quem é que discute essa temática. Em que as pessoas negras vão poder discutir várias temáticas além da racial. A discussão racial estará presente na boca das pessoas das diversas cores. Serão tantos os compromissos, e coletivos, que a saúde estará a caminho, para todes.

O campo psi tratará a raça não como um assunto isolado, ou como um elemento de predisposição a psicodiagnósticos negativos, nem como pessoas outras às quais está reservado o lugar de objeto de estudo, mas como parte efetiva, parte transeunte, parte transversal de qualquer discussão. Assim como perguntamos a quem atendemos qual é a sua idade, em que lugar nasceu, podemos perguntar qual é a história da sua cor, da sua raça, da sua etnia, qual é a cor da sua família, qual é a sua cor, entre outras perguntas.

Enquanto organização do movimento negro, do movimento de mulheres negras, que participa também do campo psi, com a produção e a disseminação de conhecimento, o Amma é recorrentemente procurado para atendimento de pessoas negras frustradas com psis que não veem sua cor (nem a própria) e, consequentemente, não as ouvem. Por alguns anos, dedicamos esforços para cuidar clinicamente, enquanto pautávamos a discussão em diferentes meios. Pautando a saúde mental no movimento negro e no de mulheres negras, pautando gênero no movimento negro e no campo psi, pautando relações raciais e de gênero no meio psi.

É nítido para nós que não iremos (nem nos cabe) dar conta dos cuidados psicológicos do volume de pessoas negras na sociedade brasileira. Assim, nos últimos anos, temos investido em pesquisa e formação, porque precisamos trabalhar em lógica exponencial. Lembrando que, se em uma hora atenderíamos uma pessoa, é certo que nesse mesmo espaço de tempo podemos falar com duzentas – como foi o caso do evento que gerou este texto – e afetar, provocar afetos, provocar reflexões.

É urgente atingir mais pessoas, porque é imensa e urgente a necessidade de outra psicanálise, psicologia, campo psi. Esse caminho que está sendo construído para se atentar e abrir mão dos privilégios de não se localizar nas diferentes discussões; que começa a abrir espaço para outras formas de cuidar. Dentro desse campo, as organizações negras, indígenas, LGBTQIA+, de mulheres, de teorias periferizadas são as destoantes, as protagonistas dessa transformação. Nós abrimos e continuamos a abrir espaços. Às organizações e às pessoas que hoje tomam conta do campo cabem alianças e aprendizados mútuos.

Não há como promover avanços no campo psi no Brasil sem passar por essas questões. A não ser que se queira fazer uma psicanálise estéril. Agora que um conjunto grande de psicólogos e psicanalistas sabem, pelo menos, que assumimos que essa questão existe, não dará para não passar por ela, porque aquilo que era visto como neutro, na verdade, é e está sendo cada vez mais afirmado como hegemônico. A cada profissional que pretender afirmar-se neutro, convidamos a compreender que, em uma sociedade na qual as violências são estruturais, não fazer nada não é ser neutro, é ser conivente.

Ver essa discussão em todos os cursos de psicologia é um dos meus sonhos de futuro. Assim como ver presentes as teorias de Juliano Moreira, Guerreiro Ramos, Virgínia Bicudo, Neusa Santos Souza, Lélia Gonzalez, Maria Lúcia da Silva, Cida Bento, de tantas outras de nós, de toda a Améfrica Ladina, de todo o Sul, e todas essas tão conhecidas quanto todos os que hoje reinam únicos, destoando da diversidade de onde se encontram aplicados.

Outro tema encomendado para a fala do evento e para este texto é a metapsicologia. Definir o que é metapsicologia já demanda um esforço. O ponto que quero afirmar é que em todas essas teorias invisibilizadas há conteúdos que fertilizariam o campo psi. Por exemplo, quando Lélia Gonzalez, a partir da psicanálise, da sociologia e da história, diz que a denegação do racismo é a principal neurose coletiva brasileira[3], e teoriza como mulheres negras resistiram ao racismo e ao sexismo enquanto conformaram o psiquismo e a linguagem das crianças, incluindo as brancas.

Ou quando Neusa Santos Souza, a partir das mesmas bases teóricas, analisa o estrangeiro[4]. Teoriza o que ocorre com algumas pessoas ou grupos, cuja dinâmica psíquica passa por não suportar olhar-se no espelho e enxergar certos aspectos de si mesmas, não os reconhecendo. Em seguida, projetam sobre outros sujeitos sociais,

3 Ver Racismo e Sexismo na Cultura Brasileira, *Revista Ciências Sociais Hoje*.

4 Ver O Estrangeiro: Nossa Condição, em C. Koltai (org.). *O Estrangeiro*.

outras raças e etnias. Perseguem e buscam exterminar o insuportável e estranho de si mesmas, enxergando-os em outras pessoas, outras raças e etnias, essas então tidas como Outros, estrangeiros. A psicanalista ainda afirma quão bom será quando pudermos olhar o estrangeiro de todos nós e lidarmos bem com a diferença.

Ou quando Fanon vai dizer da violência, que a violência é expulsar o colonizador da sua terra[5].

Escrevi, há alguns anos, um texto intitulado "Ressignificação da Identidade e Amor Como Resistências à Violência Racial, em Favor da Saúde Psíquica". Ele está presente no livro *Violência e Sociedade: O Racismo Como Estruturante da Sociedade e da Subjetividade do Povo Brasileiro*. Esse foi um dos livros produzidos a partir de alianças do Amma com psicanalistas. No caso, psicanalistas do Instituto Sedes Sapientiae. No referido capítulo, reflito por que Frantz Fanon, em seu texto sobre violência, defende que a solução seria, por exemplo, expulsar o colonizador, devolvendo-lhe a violência. Fanon argumenta isso na Argélia, que, naquele momento, estava invadida pela França. Entendo que o autor martinicano faz suas teorizações a partir, inclusive, da psicanálise. E é por essa via que me vejo instigada a compreender suas afirmações.

Além disso, importante contextualizar que, na Argélia, naquele momento histórico, era menos difícil expulsar os brancos. O que discuto no texto é como seria possível expulsar aqui agora? Iríamos expulsar também as pessoas das nossas famílias, círculos de amizade, trabalho, entre outras?

Um parêntese aqui para dizer que esse é, ainda, o estudo de caso que fui provocada a realizar no evento. Optei por falar sobre como é ser negra no Brasil e no campo psi. Continuo formulando questões que deveriam fazer parte do encontro analítico em um país negro.

Voltando à interpretação do texto fanoniano, quando ele defende a expulsão dos alienígenas pelos indígenas,

5 Ver *Os Condenados da Terra*.

168

e transpondo para a realidade brasileira, como seria para nós, pessoas negras brasileiras? Ficamos com os indígenas ou vamos com os alienígenas, porque também não somos originários daqui? Camadas da complexidade do exercício que Fanon propõe. Considerando sua base psicanalítica, faz-me sentido que ali também se encontra uma discussão de metapsicologia psicanalítica. Nesse sentido, faz sentido devolver, com a violência ou energia anteriormente impressa, aquilo que foi projetado sobre nós, e cada pessoa que retome e lide com seus próprios estranhos.

As produções negras no campo psi continuam promovendo a sofisticação de suas teorias. Como ocorre em tantas outras ciências que, no Brasil e no mundo, são construídas por um número e diversidade muito maior de pessoas que aquelas (brancas, homens, cis, hétero, do Norte, de classe média etc.) que as assinam e são nelas reconhecidas. Nesse assunto dos pactos de manutenção dos privilégios, ajudam-nos as teorizações de Cida Bento. Por exemplo, quando trata do pacto narcísico da branquitude[6].

A própria noção de saúde, central para esse campo, tem recebido grandes contribuições a partir das referências negras. Posso ilustrar essa afirmação a partir de minhas pesquisas. Realizei meu doutorado no Departamento de Psicologia Social do Instituto de Psicologia da USP, tendo sido pesquisadora visitante no Departamento de Estudos Africanos e Afro-Diaspóricos da Universidade do Texas, em Austin. Produzi uma tese sobre estratégias de promoção da saúde de mulheres negras. Os grandes pilares da pesquisa não estavam nem na universidade brasileira, nem na estadunidense.

Os pilares são a interseccionalidade e o bem viver. Esse é um horizonte ético-político ameríndio e amefricano, e sobre o qual não ouvi falar nem na graduação em psicologia, nem na especialização em psicologia clínica psicanalítica, nem no mestrado, nem no doutorado. Assim

6 Ver *O Pacto da Branquitude*.

como as referências negras citadas acima, os conceitos e horizontes ético-políticos foram aprendidos no movimento negro e de mulheres negras. A partir das referências acadêmicas, trançadas com as do movimento social, produzi uma noção de saúde com a qual termino a tese e vou finalizando esta reflexão teórica.

Como conceituado em meu doutorado[7], saúde é a integração harmoniosa na encruzilhada entre demandas e recursos, sendo que ambos têm diferentes dimensões (até porque a encruzilhada é justamente o espaço multidimensional), incluindo a pessoal (orgânica, psíquica, energética), a coletiva, a social, a ecológica e a cósmica.

Explanando mais, quando consideramos a dimensão pessoal, compreendemos que tanto demandas quanto recursos passam por aspectos orgânicos, psicológicos e energéticos. É nessa ordem, aliás, que esses aspectos são considerados e reconhecidos no campo da saúde, como se fosse uma ordem de importância. A pessoal é apenas a primeira das dimensões de saúde, na perspectiva negra (especialmente de mulheres negras). Há também a dimensão coletiva, ou seja, dos grupos aos quais se pertence. Não é possível haver a saúde integral de uma pessoa se o seu grupo social está atacado. Assim como também não é possível ter saúde às custas da exploração de outro grupo. E aí podemos identificar o potencial para a saúde ou para a doença no caso de pessoas negras, brancas, indígenas, amarelas, ou seja, de todos os grupos raciais brasileiros.

A outra dimensão da saúde é a social, considerando-se como estão as relações estabelecidas na sociedade. Demanda a horizontalidade das relações, a possibilidade de construir conjuntamente e de reconhecimento. Para além das dimensões pessoal, coletiva e social, igualmente importante é a dimensão ecológica. Nesse caso, trata-se da saúde de cada ser e ambiente. Ao longo da pandemia, ficou muito nítido como o bem-estar até é possível

7 Ver *Estratégias de Promoção da Saúde de Mulheres Negras.*

com o esgotamento dos recursos naturais, com antropocentrismo, mas não o bem viver. Por último, trago a dimensão cósmica, que é o meio para que possamos construir sentido de vida, sentido de morte, significados compartilhados, cosmogonias.

Para a fala do evento, para este texto, escolho analisar as nomeações, os significados compartilhados, o sentido subjacente de ser uma pessoa negra no Brasil e no cuidado psi. (In)concluo com uma poesia da Beatriz Nascimento, refletindo desde quando estamos aqui, desde quando produzimos, desde quando provocamos (ou seja, convidamos vozes).

Há quanto ao tempo pertenço?
Só esses anos? Impossível
Quantas cronologias marcam meu corpo.
Infinitas…
Senão porque tanta expressão
Sensação imprevisível. Átomos em explosão
Decerto não saberia, como sei identificar
Foram precisos muito sentir

Armas a adquirir, para por-se de pé.[8]

## REFERÊNCIAS

BENTO, Cida. *O Pacto da Branquitude*. São Paulo: Companhia das Letras, 2022.

FANON, Frantz. *Os Condenados da Terra*. Rio de Janeiro: Zahar, 2022.

GONZALEZ, Lélia [1980]. Racismo e Sexismo na Cultura Brasileira. *Revista Ciências Sociais Hoje*, 1984.

KILOMBA, Grada. *Memórias da Plantação: Episódios de Racismo Cotidiano*. Rio de Janeiro: Cobogó, 2019.

NASCIMENTO, Beatriz. Femme Erecta. In: RATTS, Alex; GOMES, Bethânia (orgs.). Todas [As] Distâncias: Poemas, Aforismos e Ensaios de Beatriz Nascimento. Salvador: Ogum's Toques Negros, 2015.

PRESTES, Clélia Rosane dos Santos. Não Sou Eu do Campo Psi? Vozes de Juliano Moreira e Outras Figuras Negras. *Revista ABPN*, v. 12, 2020.

_____. *Estratégias de Promoção da Saúde de Mulheres Negras: Interseccionalidade e Bem Viver*. Tese (Doutorado em Psicologia Social), USP, São Paulo, 2018.

8 Femme Erecta, em A. Ratts; B. Gomes (orgs.), *Todas [As] Distâncias*, p. 78.

_____. Ressignificação da Identidade e Amor Como Resistências à Violência Racial, em Favor da Saúde Psíquica. In: SILVA, Maria Lúcia; FARIAS, Márcio; OCARIZ, Maria Cristina; STIEL NETO, Augusto (org.). *Violência e Sociedade: O Racismo Como Estruturante da Sociedade e da Subjetividade do Povo Brasileiro*. São Paulo: Escuta, 2018.

SOUZA, Neusa Santos. O Estrangeiro: Nossa Condição. In: KOLTAI, Caterina (org.). *O Estrangeiro*. São Paulo: Escuta, 1998.

# O CASO CLÍNICO-POLÍTICO FRENTE AOS MARCADORES SOCIAIS: ARTICULAÇÃO ENTRE A ESCUTA PSICANALÍTICA E A FACE PÚBLICA DA CLÍNICA

*Miriam Debieux Rosa, Gabriel Binkowski,*
*Sandra Luzia de Souza Alencar*
*e Priscilla Santos de Souza*
[Veredas]

Este texto, tecido no tempo da experiência, a muitas mãos, foi provocado no contexto do acolhimento do Grupo Veredas: Psicanálise e Imigração (PSOPOL – IPUSP), no Projeto Territórios Clínicos, vinculado à Fundação Tide Setubal, que resultou no Seminário de Territórios Clínicos e no convite a participar da mesa *Clínica, Militância, Formação – São Impossíveis da Psicanálise? A Metapsicologia Psicanalítica a Partir das Discussões de Raça, Classe e Gênero*, composta por Clélia Prestes, Maria Ribeiro e por Miriam Debieux Rosa, tendo como mediadora Deisy Pessoa.

O tema e as práticas do seminário e da mesa têm estado presentes no PSOPOL (Laboratório Psicanálise, Sociedade e Política – IPUSP), a partir da relação indissociável entre a experiência clínica na *polis* e a posição política de seus pesquisadores. As experiências de atendimento psicanalítico em comunidades e instituições, e também junto a vidas atravessadas pelas violências, segregação existencial e exclusão social e política, nos incita a questionar os parâmetros instituídos daquilo que circunscrevia como seria o fazer clínico e psicanalítico, contestando uma versão suspeita da neutralidade do analista na suposta escuta de sujeito abstrato sem corpo, história e laço social.

Para uma psicanálise implicada com os fenômenos sociais e políticos[1], faz-se necessário articular na clínica as três dimensões da ética freudiana, expressas na posição do impossível contido nos atos de analisar (clínica), ensinar (formação) e governar (dirigir/militar). Marcar a dimensão do impossível desses atos está no cerne da ética, depois retomada por Lacan na articulação da clínica do sujeito da linguagem à clínica do laço social, do laço discursivo, e seus giros na produção do sujeito em modalidades de governança.

A clínica do laço social e do traumático nele, constituído por incitar o sofrimento sociopolítico, tardou a ser aceita nos círculos tradicionais da psicanálise, e tem sido construída pelas bordas. Finalmente, nos últimos anos, toma a cena do campo psicanalítico, ainda em embate sobre o que lhe é próprio e as modalidades de clínica que produz – o que, neste texto, optamos por abordar através da construção do caso clínico-político.

Vamos abordar brevemente algumas posições que nos caracterizam: 1. a clínica é política; 2. a construção do

1 Ver M.D. Rosa, Uma Escuta Psicanalítica das Vidas Secas, *Textura*, v. 2, n. 2; idem, *A Clínica Psicanalítica em Face da Dimensão Sociopolítica do Sofrimento*.

caso clínico-político supõe considerar a marca do caso e os marcadores sociais; 3. a escuta e a transferência são atravessadas pela suspeição dos impasses e desencontros no *pacto* social (ou contrato narcísico, pacto da branquitude, mal-estar colonial); 4. Quando o sofrimento é, prioritariamente, sociopolítico, a direção do trabalho inclui a face pública e coletiva da clínica: a direção do trabalho clínico vai da transmutação dos marcadores sociais para a marca do caso; e, por fim; 5. a clínica psicanalítica articula-se com a política/militância e a formação do psicanalista, na medida em que inclui um posicionamento crítico e ético-político perante os mecanismos de poder e de governança social. Damos notícias das nossas posições, expressas em vários artigos e, principalmente, na práxis psicanalítica que sustentamos – vários outros autores estão presentes neste texto, na construção dessas posições e teorizações.

## 1. A clínica é política

No decorrer da história da psicanálise, houve um distanciamento entre clínica psicanalítica e questões sociais e políticas, como vêm demonstrando muitos psicanalistas críticos e como está expresso nas recentes obras de Danto[2] e de Gabarron-Garcia[3]. A retomada dessa articulação não se processa sem polêmicas, pois, para um bom número de psicanalistas, são termos antinômicos, na medida em que a psicanálise opera sobre o singular e a política diria respeito à gestão social, através da regulação das diferenças. Sob essa concepção, a clínica psicanalítica, centrada no atravessamento da fantasia, que produz repetições sintomáticas, só seria viável numa relação transferencial um a um, baseada na suposição de saber do analista, que, por sua vez, seria neutro quanto aos atravessamentos sociais, econômicos

2 Ver *As Clínicas Públicas de Freud*.
3 Ver *Uma História da Psicanálise Popular*.

e culturais – o sujeito não teria cor, raça, classe social ou pertencimento étnico ou religioso.

No entanto, a arquitetura teórica e clínica da psicanálise, ao abordar o inconsciente, debruça-se sobre o sofrimento no laço libidinal com o outro, a origem da lei, as questões relativas à guerra, à morte e ao poder – entre outros aspectos –, sendo também esses aspectos objetos de estudo das ciências sociais e políticas. Ante esse conflito de posições, houve uma certa solução de compromisso entre várias delas, favorecendo a dicotomia entre clínica e política. Solução problemática, pois não enfrenta os impasses da clínica quando as questões sociais e políticas nela aparecem.

Atualmente, na discussão sobre ética e prática psicanalíticas, essas questões ganham destaque como também a da hegemonia epistêmica e das políticas identitárias. Grupos sólidos de psicanalistas que migraram para contextos periféricos, onde os marcadores sociais – gênero, classe, raça, cultura etc. – decidem como a vida e a morte acontecem, dedicam-se a construir estratégias e táticas clínicas nesses contextos em que há marca-dores – no corpo e na alma. Como escrevemos recentemente,

no momento em que a psicanálise brasileira passa a ser marcada por grupos que pretendem operar sua democratização, a dialetização de elementos de sua colonialidade eurocêntrica encontra, obrigatoriamente, uma longa e diversa história de violências étnico-raciais, recalcadas do projeto de identidade nacional, invisibilizadas em grande parte de formações teórico-clínicas. Se pretendemos considerar os determinantes sócio-históricos de produção do sofrimento psíquico, será preciso lidar com a neurose que opera esse recalque, começando pela sintomática resistência, ainda hoje, do campo psicanalítico em se abrir para diálogos mais horizontais com outras epistemologias e saberes – de matriz africana e indígena – que lidam há séculos com o sofrimento psíquico em outros termos, radicalmente diversos de si e da psicanálise[4].

4 R. Jardim, Raoni; M.D. Rosa; G.I. Binkowski, Racismo Epistêmico e Secularização Religiosa na Psicanálise, *Humanidades & Inovação*, v. 10, n. 4, p. 78.

Os psicanalistas do PSOPOL e os psicanalistas do projeto Territórios Clínicos trabalham sob essa perspectiva, considerando a inclusão da política na clínica psicanalítica uma exigência ética, pois há estratégias de controle social que, através de discursos discriminatórios e identitários, atingem a dignidade e a humanidade dos sujeitos e reduzem sua fala a enunciados sem polissemia, seja na sociedade, seja nas instituições.

Esses sujeitos se defrontam, além do desamparo social e constitutivo, com o desamparo discursivo, fonte de sofrimento sociopolítico. O silenciamento daí advindo interroga a cura pela palavra e não pode ser reduzido à dimensão apenas do seu romance familiar ou edípico. Nossa posição é retomar a articulação da linguagem, do discurso e da constituição ou destituição subjetiva, que permite formular modalidades de clínica que deem conta dos impasses do sujeito no laço social:

As relações entre linguagem, discurso e laço social na perspectiva psicanalítica situam que os laços sociais têm seu fundamento na linguagem que inaugura a entrada do homem na cultura e remetem à condição constitutiva do homem e da civilização. A partir desse ponto são discursos, ou seja, materializam-se nos modos de relação em um dado tempo e lugar. Os sujeitos se constituem em cenário social, político e cultural dos quais sofrem as incidências, tanto na sua constituição como sujeito como diante das estratégias políticas de sua destituição desse lugar. Os laços sociais inserem o sujeito simultaneamente no jogo relacional, afetivo, libidinal e político, pautando a construção da história de cada um, inserida no campo discursivo de seu tempo.[5]

Posta essa dimensão estrutural, embora a estrutura do sujeito advenha da linguagem, ela se traduz nos discursos de cada época e sociedade, sendo os ocidentais historicamente marcados pelo patriarcado (sexismo), colonialismo (exploração do trabalho e das relações raciais)

5 M.D. Rosa, *A Clínica Psicanalítica em Face da Dimensão Sociopolítica do Sofrimento*, p. 35.

e pelo advento do capitalismo e do neoliberalismo (exploração econômica, desigualdade social e substituição das relações sociais pelas comerciais, incluindo as pessoas).

O campo sociopolítico será tratado aqui como constituído por discursos construídos em torno da fantasia ideológica de que fala Žižek[6], fantasia que pretende mascarar a inconsistência e os antagonismos constitutivos de uma sociedade viva e pulsante para impor uma concepção de sociedade fixada em uma identidade sociossimbólica – que tem sua ordem ameaçada por grupos ou indivíduos considerados estranhos que devem ser cooptados, excluídos, escravizados ou eliminados.

Pois bem, o discurso social predominante, embora não explícito, na sociedade brasileira, é regido por uma voracidade obscena, interessada na manutenção e na expansão dos privilégios de classe advindos do patriarcado e da exploração escravagista, atualizada e mantida por outros meios, entre os quais discursos convertidos em práticas sociais e em políticas públicas. Como bem o demonstrou Lilia Schwarcz, as raízes autoritárias seguem se reproduzindo em nossas diferentes malhas institucionais e políticas[7]. Instâncias como o poder jurídico, religioso ou político podem legitimar ou negar a experiência, o testemunho e o direto à palavra de cada um em prol de uma homogeneidade que conserva privilégios via massificação e indiferença.

A sua estratégia é também tornar as diferenças *marcadores* sociais que justificam não só governar, mas oprimir e explorar modalidades de violências[8]. Tais grupos ou indivíduos não são aleatórios, e reduzem os sujeitos a um único aspecto – preto, judeu, bandido, homossexual, pobre, louco, mulher, marginal, vagabundo etc. – fixados como marcadores sociais.

6 Ver *Eles Não Sabem o Que Fazem*.
7 Ver *Sobre o Autoritarismo Brasileiro*.
8 Ver M.D. Rosa, Os Marcadores Sociais e a Marca do Caso, em M. Kamers et al. (orgs.), *Psicanálise Clínica & Cultura*.

Na direção do tratamento é decisiva a posição do psicanalista – que possa, ele mesmo, atravessar a fantasia social que mascara a inconsistência e os antagonismos constitutivos de uma sociedade viva e pulsante para a escuta do sujeito e seus marca-dores.

Faz-se necessário rever a formação dos psicólogos e psicanalistas, como já detectamos:

As questões que levanto neste trabalho dizem respeito [...] à construção de uma escuta clínica que leve em conta a especificidade de tais pessoas e situações, e que trabalhe a necessidade de uma *qualificação que habilite psicólogos e psicanalistas a detectarem as sutis malhas da dominação e a não confundirem seus efeitos com o que é próprio do sujeito*. [...] Cabe-nos resgatar a radicalidade da proposta psicanalítica e *ressaltar o caráter ético e político dessa escuta*, contribuição da clínica que pode se estender às demais situações, dentro das quais se *pretende elucidar aspectos referentes ao sujeito sob desamparo social e discursivo e aos processos de sua manutenção em tal condição, que promovem impasses nas propostas de políticas de intervenção*.[9]

A psicanálise implicada permite teorizações sobre os modos como os sujeitos situados precariamente no campo social são capturados e enredados pela maquinaria do poder. Tal teorização também constrói ou realça táticas clínicas junto a esses sujeitos, que remetem tanto a sua posição desejante no laço com o outro, como às modalidades de resistência aos processos de alienação social. Há especificidades nas estratégias clínicas quando o exílio ou exclusão é imposto pelo Outro, que obriga a vagar sem pouso ou submeter-se a condições precárias de existência.

9 M.D. Rosa, Uma Escuta Psicanalítica das Vidas Secas, op. cit., p. 4. (Grifos nossos.)

2. *A construção do caso clínico-político supõe considerar a marca do caso e os marcadores sociais*

Entendemos que os marcadores sociais são estratégias discursivas de dominação que prescrevem lugares sociais fixos, impondo a submissão e a servidão, assim como destinos de punição e de exclusão a quem ouse romper tal laço social. A identidade social impingida a esses sujeitos será o modo de obscurecer o campo simbólico e alienar o sujeito, limitando seu campo de resistência.

Por isso a importância do território na clínica[10] e em desmistificar a clínica da fantasia, na direção da escuta que visa a tramitação dos marca-dores sociais para a marca do caso. Um expediente corrente desse viés ético-epistemológico acaba sendo o sequestro da racionalidade clínica – e, logo, do acolhimento psicossocial –, pela dimensão imaginária dos aspectos identitários presentes no caso, como se certos signos emergentes fossem definidores e, por conseguinte, definitivos para se pensar um sujeito e seu acolhimento. A propósito disso, trabalhamos no artigo "Édipo Terrorista, Édipo Traficante"[11], sobre o sentimento de exclusão que decorre no encontro clínico e psicossocial, no qual o sujeito é tomado extensivamente a partir de certos marcadores que supõem, nele, escolhas que o ligam à violência, à indiferença e ao gozo. Isso tende a normalizar uma clínica que se paute em processos que são, no fundo, morais e regidos por preconceitos raciais, de classe social, de universo cultural e simbólico.

A construção do caso clínico-político possibilita passagens, na medida em que incluem o analista, instigado em seu desejo na escuta do caso e na possibilidade de se situar e ressituar no tecido social. Os aspectos constituintes e enodados na construção do caso clínico dão realce a três termos: a marca do caso, que diz do enigma em torno

10 Ver J. Broide; E.E. Broide, *A Psicanálise em Situações Sociais Críticas*.
11 Ver G.I. Binkowski; M.D. Rosa, Édipo Terrorista, Édipo Traficante, *Associação Psicanalítica de Curitiba em Revista*, n. 35.

do qual a narrativa do analista é estruturada; a construção do caso, que busca a elaboração de um saber na direção tanto da historicização do sujeito como da interrogação da teoria; e a transmissão por uma escrita, que opera naquele que é escutado e pode se re-situar no laço social e naquele que recebe a narrativa e encontra a possibilidade de dar endereço para a circulação das inquietações que o caso promove. Esses termos operam em diferentes tempos, e sua escrita carrega as inscrições e os apagamentos desses processos[12].

A "marca do caso", tal como apresentada por Dumézil[13], será o fio condutor da construção do caso que, em sua dimensão simbólica, imaginária e real, baliza a questão da realidade e da verdade. A marca do caso porta um real que põe em movimento as vias simbólicas do sujeito – seu discurso – e "forma laço entre a história do sujeito e as estruturas presentes na cura"[14]. Ou seja, a marca do caso vai implicar o analista no laço com o outro e conduzir a construção do caso clínico e suas táticas de intervenção.

Tem por efeito a transmissão, que opera na dupla direção: para quem fala e/ou relata o vivido, remete à transformação da vivência em experiência; já aquele que escuta a narrativa (o analista, o supervisor, o grupo de supervisão ou mesmo os integrantes das redes de serviço) encontra a possibilidade de receber o testemunho e dar endereço para a circulação das inquietações e desassossegos que o caso promove.

Será nessa última que o analista irá operar a marca do caso, o enigma que o mobilizou na escuta, podendo construir, *a posteriori*, a elaboração de um saber na direção da historicização do sujeito, da interrogação da teoria e dos

12 Ver M.D. Rosa et al., Clínica e Política Interrogadas Pelo Ato Infracional, em J. de O. Moreira et al. (orgs.), *Diálogos Com o Campo das Medidas Socioeducativas*.

13 Ver Les Raisons d'un séminaire, em C. Dumézil; B. Brémond, *L'Invention du psychanalyste*.

14 Ibidem, p. 26.

indícios das mudanças na posição enunciativa. A construção do caso clínico permite ao analista e equipe situar, numa escrita, mais do que uma história, uma posição para o sujeito na ficção fantasmática. Rosa, Martins, Braga e Tatit entendem que

a construção do caso e sua escrita tenha por efeito uma transmissão, na perspectiva de transmissão não só da psicanálise, mas dos efeitos desta última na cultura [...] As escritas do caso pretendem tomar o enigma como causa na experiência compartilhada e na construção da posição de testemunha e transmissor da cultura, ofertando outro olhar sobre os acontecimentos[15].

Os marcadores sociais podem se tornar um enigma ou configurar um impedimento para o caso clínico, porque estabelecem nomeações que fixam identidades não dialetizáveis que podem promover o desamparo discursivo. Produz-se, então, um desamparo discursivo quando "o discurso social e político, carregado de interesses e visando manter ou expandir seu poder, mascara-se de discurso do Outro (campo da linguagem) para capturar o sujeito em suas malhas – seja na constituição subjetiva, seja nas circunstâncias de destituição subjetiva"[16].

Por vezes, os marcadores sociais são aquilo que não foi representado e recaem sobre o sujeito como uma sobrerresponsabilização individual, falha (não falta), fracasso ou vergonha inominável. Nesse caso, comparecem ora como pano de fundo, identificados pela adesão identificatória que veda o lugar do sujeito e, outras vezes, a marca do sujeito vem encoberta pelos marcadores sociais, seja como uma identificação imaginária e definitiva, seja como uma explicação ou ressentimento, ou mesmo como ideal. Isto é, os marcadores sociais podem participar como aquilo que impede o sujeito de interrogar-se, ou como ponto de ancoragem que permite reconfigurar a história, como se

15 Clínica e Política..., em J. de O. Moreira et al. (orgs.), op. cit., p. 5.
16 M.D. Rosa, *A Clínica Psicanalítica...*, p. 35.

poderá ver no movimento social e subjetivo de Flor e da filha de Maria, que iremos apresentar em seguida. A escuta será fundamental nessa tramitação.

A construção do caso clínico articula o campo discursivo, o sujeito e o campo transferencial, considerando que a clínica não é isolada, mas faz-se a partir de múltiplas intervenções.

Dessa forma, apresenta-se como um importante operador pelo qual se promove a construção de narrativas, desde a supervisão até a construção de redes de atendimento diante dos casos premidos pela urgência social. As redes possibilitam criar, pela circulação de vários discursos, a instauração de um dispositivo processual de produção de um campo comum, onde profissionais e usuários constroem, clínica e politicamente, as direções do caso.[17]

3. *A escuta e a transferência são atravessadas pela suspeição dos impasses e desencontros no pacto social (ou contrato narcísico[18], pacto da branquitude[19], mal-estar colonial[20])*

Em atendimento a pessoas em situações sociais críticas, em contextos institucionais e de urgência social e psíquica, considerando que os profissionais também são afetados pela angústia, o dispositivo da construção do caso clínico permite considerar o atravessamento do discurso social e político na produção do sofrimento sociopolítico para poder situar o desejo e as demandas que comparecem na transferência, na resistência e na escuta psicanalítica. Em tais contextos, trata-se de ressaltar que os enunciados não

17 M.D. Rosa et al., A Supervisão Enquanto Articuladora da Transmissão da Experiência Clínica, em M.L. Moretto; Daniel Kupermann (orgs.), *Supervisão: A Formação Clínica na Psicologia e na Psicanálise*, p. 119.

18 Ver P. Aulagnier, *A Violência da Interpretação*.

19 Ver Cida Bento, *Pactos Narcísicos no Racismo*; idem, O Pacto da Branquitude, *Revista da* ABPN, n. 14.

20 Ver D.M. Faustino, O Mal-Estar Colonial, *Clínica & Cultura*, v. 8, n. 2.

valem por si, pelo explícito, mas pela enunciação concomitante e pelo posicionamento do falante e, nessa medida, que o sujeito será encorajado a movimentar-se ali onde não sabe, para poder situar-se e poder estruturar novos trajetos[21]. A transferência, ao mesmo tempo, produz o singular e elucida os discursos institucionais e sociais produtores de subjetividade, como afirma Seincman[22]. Dessa forma, constroem-se práticas clínico-políticas de resistência ao sofrimento produzido nas e pelas práticas sociais.

Destacamos a dinâmica da transferência e resistência de parte a parte nos atendimentos das pessoas sobre as quais incidem os marcadores sociais ou a suspeição. A suspeição está presente no discurso colonial que, como diz Bhabha[23], apresenta seus pressupostos como se fundados na ordem simbólica e portadores dos valores e da verdade da cultura. "O objetivo do discurso colonial se concentra em construir o colonizado como população de tipo degenerado, tendo como base uma origem racial para justificar a conquista e estabelecer sistemas administrativos e culturais"[24]. O discurso colonial é aquele que rasura as tramas simbólicas-imaginárias do sujeito da relação com uma comunidade de pertencimento para instituir-se como um único significante, unário, ao mesmo tempo, de pai simbólico e real. Assim, a experiência colonial é a da tentativa de interpor uma nova ordem simbólica que recuse outros pertencimentos e possibilidades subjetivas.

Mussati[25], ao escutar o racismo e a suspeição em uma comunidade escolar, destaca a relevância no imaginário social brasileiro do traço identificatório *negras,* nas mães de uma escola, para destacar a suspeição de suas

21 M.D. Rosa et al., A Supervisão…, em M.L. Moretto; Daniel Kupermann (orgs.), op. cit.

22 Ver *Rede Transferencial e a Clínica Migrante*.

23 Ver A Questão do "Outro", em H.B. de Hollanda, *Pós-Modernismo e Política*.

24 Ibidem, p. 184.

25 Ver A.P. Musatti-Braga; M.D. Rosa, Escutando os Subterrâneos da Cultura, *Psicologia em Estudo*, v. 23.

possibilidades de exercer a função materna. Esse é um traço identificatório com uma influência concreta e absolutamente fundamental no modo de inscrição na rede discursiva, no pertencimento, no modo de se reconhecer e ser reconhecido tanto dos sujeitos brancos como dos sujeitos negros, diz, baseando-se em Segato[26] e Schwarcz[27].

Tais lugares no laço social alteraram a relação transferencial e a escuta. Em "Uma Escuta Psicanalítica das Vidas Secas", Rosa trata uma faceta dessa relação transferencial, qual seja, a da resistência que paralisa a escuta clínica: o impasse da resistência do analista com uma ética do sujeito; seu confronto com ela. Resistência e transferência são facetas do mesmo fenômeno.

Lacan aborda outro aspecto da resistência, a do analista, e não a do paciente, ou seja, os entraves que estão na escuta e não no sujeito que fala. É esse último aspecto que vou salientar nesta discussão, em que vou radicalizar os termos, para destacar o jogo imaginário e simbólico que se interpõe na escuta dessas pessoas, que vivem sob desamparo social e discursivo. Assim, nesses casos, a situação inicial caracteriza-se pelo fato de que, na relação analista-analisando, os sujeitos ocupam lugares opostos na estrutura social: a inclusão e a exclusão, frente a frente. Um porta vários dos emblemas que possibilitam posições fálicas, sabe e domina os instrumentos da pertinência – o psicanalista é designado nessa função por ser, na estrutura social, o representante de um certo saber que lhe confere um lugar de escuta e fala. O outro, o paciente está, digamos, fora do acesso a essas posições, o que frequentemente toma o peso imaginário de estar fora, excluído da estrutura social [...] Assim, a pregnância imaginária da miséria e uma suposta distância dos ideais da cultura podem ser um impeditivo para a escuta, para reconhecer o desejo do sujeito na transferência.[28]

O texto segue:

Mas, a que serve a resistência? O que observo nesses atendimentos é que a resistência serve para evitar a escuta do sujeito, desse

26 Ver Raça É Signo, *Série Antropologia*, n. 373.
27 Ver *Nem Preto, Nem Branco, Muito Pelo Contrário*.
28 M.D. Rosa, Uma Escuta Psicanalítica das Vidas Secas, op. cit., p. 5.

estrangeiro sem pátria de origem. Isso porque essa escuta esbarra no horror do confronto com o estranho, tal como tematizado por Freud, como o encontro com algo estranhamente familiar e conhecido do próprio sujeito, que se alienou pela repressão. O efeito de estranho é provocado quando o reprimido retorna, e torna-se ansiedade. Confrontado com sua própria estrutura fantasmática, sobrevém a resistência e o analista sai do lugar de escuta.[29]

Um outro movimento se instala. A escuta do discurso desses sujeitos fica insuportável, não só pela situação em si ou pelos atos que cometeram, mas porque tomar esse outro como um sujeito do desejo, atravessado pelo inconsciente e confrontado com situações de extremo desamparo, dor e humilhação, situações geradas pela ordem social da qual o psicanalista usufrui – "é levantar o recalque que promove a distância social e permite-nos conviver, alegres, surdos, indiferentes ou paranoicos, com o outro miserável"[30]. Nessas situações, "a escuta supõe romper com o pacto de silêncio do grupo social a que pertencemos e do qual usufruímos; usufruto que supõe a inocência, a ignorância sobre as determinações da miséria do outro e a reflexão sobre a igualdade entre os homens, quando, de fato, o que fazemos é excluí-los. Excluí-los e usufruir do gozo da posição imaginária de estar do lado do bem, da lei"[31].

Há outra faceta da suspeição, desta vez do analisando, pautado pela experiência de sucessivas exclusões e preconceitos – desse modo o sujeito não está, *a priori*, disposto a estabelecer um laço transferencial, uma suposição de saber no outro. Pelo contrário, diante do desamparo ele aciona as suas defesas e proteções contra novos ataques. Diante dessa suspeição, Emília Broide nos conta: "Logo me veio a expressão 'sujeito *suspeito* saber' como um emergente que saltou do 'sujeito *suposto* saber' lacaniano, descortinando um termo que marca, muitas vezes, o tipo de transferência

29 Ibidem, p. 7.
30 Ibidem, p. 7-8.
31 Ibidem.

que se estabelece quando a relação é baseada na desconfiança."[32] E conclui: o susto, o estranhamento e a ameaça
inscrita no campo transferencial nos marca a todos, mas
incide de modo desigual dependendo do lado da fronteira que você está![33]

4. *Quando o sofrimento é, prioritariamente,
sociopolítico, a direção do trabalho inclui a face
pública e coletiva da clínica: a direção do trabalho
clínico vai da transmutação dos marcadores sociais
para a marca do caso*

No intuito de localizar brevemente os impasses na
construção do caso diante de marcadores sociais e das
marcas que não cessam de não se inscreverem, apresentamos, resumidamente, recortes de dois casos escritos
com/por outros psicanalistas – o caso Flor, atendido em
serviço público de saúde mental, como paradigmático do
apagamento público das violências que recaem sobre o
sujeito[34] e o caso Maria, mulher trabalhadora, religiosa,
que, apesar das dores que não cessam, recua em saber-se
negra até que a filha reconstrua publicamente a trajetória
familiar, incluindo esse marcador social[35].

Sandra Alencar[36] se interroga sobre quais são as consequências advindas daquilo que se escuta e aparece como
sintoma no espaço de um serviço público de saúde mental,
destacando a crítica à importação, para a saúde pública, de
um fazer clínico do âmbito privado de atenção individual.

32 Apresentação, em A. Guerra, *Sujeito Suposto Suspeito*, p. 17.
33 Ibidem, p. 18.
34 Ver S.L. de S. Alencar, Psicanálise e o SUS, *Psicanálise: Invenção
e Intervenção*, n. 41-42, jul. 2011-jun. 2012; idem, *Do Luto Impedido ao
Luto Coletivo*.
35 Ver M.D. Rosa et al., Tornar-Se Mulher Negra, *Clínica & Cultura*,
v. 8, n. 1.
36 Ver *A Experiência do Luto em Situação de Violência*; idem, *Do
Luto Impedido ao Luto Coletivo*.

Propõe uma perspectiva clínico-política para a escuta e a práxis psicanalítica. Tomamos emprestado de seu texto o caso Flor, uma mulher que procura o serviço de saúde mental e recebe de um psiquiatra o diagnóstico de depressão. A procura pelo serviço é motivada por seus sintomas: está sufocada, não consegue respirar, não fala com as colegas no trabalho. Relata Alencar[37] que ela conta que há um mês perdeu, por assassinato, seu filho, mas não chorou e não consegue chorar. O contexto da morte do filho é o que vai assumir o espaço da sessão, subsumindo a morte e, com ela, a perda. Flor está impedida de chorar a morte do filho e não pode fazer o luto; assim, seu luto está impedido, diz a autora.

As cenas relatadas vão contextualizando tal impedimento – o relato da morte *vergonhosa*, o filho "jogado no chão, morto, morto como um cachorro!", o que constitui o insuportável para Flor. Mais do que a própria morte, uma morte seca, tomando aqui a referência de Allouch[38]. A desigualdade social é recoberta pela artimanha do discurso dominante, com supostos valores morais que recobrem a própria morte e, com isso, passa a ser negado o direito da família e a necessidade legal de averiguação e de responsabilização da autoria do crime. Na delegacia, o que Flor escuta é que ela "não deve querer saber, não deve buscar informação"; essas são as palavras que recebe da autoridade policial: "Nestes casos é melhor não mexer, é melhor deixar isso para lá." O que escutamos é que as palavras proferidas pela autoridade da instituição pública se constituíram em ordenamento: "Flor devia silenciar."[39]

O caso Flor, destaca, não se constituía em um caso isolado, mas em um caso emblemático em uma região em que a morte por homicídio constituía a primeira causa de mortalidade de pessoas entre 15 e 34 anos[40]. A autora,

---

37 Ibidem.

38 Ver *Erótica do Luto*.

39 S.L. de S. Alencar, *A Experiência...*, p. 22.

40 Ver Prefeitura de São Paulo, A Questão da Violência em São Mateus, *Boletim PRO-AIM*, n. 47.

com o suporte teórico da psicanálise, destaca a política no sofrimento e de como este, ao ser escutado, pode revelar as determinações sociais e políticas que o produzem. E destaca que a clínica na instituição não se descola do acontecer no território, mas, pelo contrário, no singular da clínica é possível escutar o território, sua dupla face: lugar geográfico e psíquico[41]. O caso Flor adquire significação não apenas por a ele se seguirem muitos outros casos, mas porque, a partir da escuta do silêncio imposto a Flor, foram se abrindo questões sobre dimensões sociais e políticas implicadas em processos de luto e o campo simbólico e coletivo que operam em sua elaboração.

A autora ainda acrescenta a importância de tomar o campo social como produtor de significantes com os quais se tecem os sintomas enunciados pelos sujeitos, revelando mecanismos em operação na relação com o Outro. Mas não só – tal constatação supõe abordar a direção da intervenção em sua dimensão coletiva e pública. Assim, ocupar a praça, a rua, o encontro com outros setores, por meio de reuniões e seminários, (cultura, educação, assistência, movimento popular, conselhos tutelares e outros), constituíram a direção das ações e intervenções clínico-políticas. Delineia um campo de práxis, na articulação da rede de saúde mental, em contraposição à fragmentação, composta por articulação intersetorial: a constituição de um Fórum Provisório pela Cultura da Paz; a construção de um seminário regional para costurar a Rede; uma caminhada pela Vida, ato público seguido de um ato ecumênico, seguido por plantar flores na praça.

Esses são exemplos de ações que vão se constituindo e que ultrapassam as paredes do serviço, dirigindo-se ao território e aí fazendo marcas. Nesse sentido, destacamos o sofrimento como efeito da desigualdade e a aposta numa prática que possa ser emancipadora das amarras de servidão subjetiva e social. Ocupando um lugar de mediador

41 Ver S.L. de S. Alencar, *A Experiência...*

que atua para a circulação da palavra, nas reuniões e outras atividades, teceu-se um conjunto de práticas entrelaçadas com os atendimentos psicológicos individuais e grupais, criando a conexão entre atendimento individual e práticas intersetoriais. O caso expressa o que denominamos método psicanalítico clínico-político, uma posição do psicanalista articulado com as coordenadas de seu tempo, aí implicado.

Há um luto de um lugar social a ser processado. Podemos detectar o limite do sujeito, na sustentação de sua posição enquanto tal no laço social, quando o discurso social despontencializa seu lugar.

Essa é a ponte com o caso de Maria trabalhadora, religiosa, negra, que também salienta que o processo de construção de um lugar social não se opera apenas no campo intrapsíquico, mas também no discurso social, no laço social, no plano coletivo e público – lugar de militância. Em Tornar- -Se Mulher Negra: Uma Face Pública e Coletiva do Luto, é apresentada Maria, migrante do interior do Nordeste para o Sul do país, que relata orgulhosa como superou a situação de miséria e de abusos sexuais e físicos na família e fora dela[42]. Conquistou um cargo de educadora social, onde tem a função de detectar e resgatar meninas em situações de risco, especialmente de abusos. No entanto, o lugar de defensora da lei, atenta aos abusos, em trabalho reconhecido pela comunidade, não é suficiente para livrá-la das dores no corpo, não simbolizadas, apesar dos vários tratamentos, inclusive psicanalíticos.

A marca do caso para os analistas é produzida quando o sofrimento de Maria se desloca para a relação com a filha, quando passa a *suspeitar* da filha, que vinha frequentando uma religião de matriz africana e grupos de estudos sobre a história dos negros. Ela mesma atualiza e repercute os signos historicamente atribuídos à mulher negra, suspeitando dos movimentos da filha, atribuindo

42 Ver M.D. Rosa et al., Tornar-Se Mulher Negra, op. cit.

a ela a loucura ou supondo que esteja sendo abusada ou mesmo promíscua. Maria se angustia com os movimentos emancipatórios da filha, especialmente sua escolha religiosa e seu destaque à condição de negritude.

Uma virada nesse processo, numa transmissão às avessas, operou-se quando sua filha convida a família para, em cena pública de apresentação de seu trabalho na universidade, falar das relações raciais na história da família. Destacamos que a filha pôde realizar essa trajetória ancorada na legitimidade da universidade e na transferência com sua professora – desse lugar potente ousa e aposta em construir e sustentar um lugar de fala que atravesse os discursos hegemônicos e legitime seu lugar na *polis*. Conta publicamente a saga familiar, não sob a ótica do discurso social hegemônico, e sim, incluindo a atualização cotidiana da lógica escravocrata ainda presente nos laços discursivos.

Entendemos que a cena pública promovida pela filha de Maria possa ter tido a função de, à medida que recupera a história social, romper com a negação do racismo e possibilitar a reconstrução de uma realidade, isto é, de uma ficção singular, que inclua não somente a sua responsabilização, mas também a dos fatos políticos.

Em ambos os casos destacados, o da cena pública e o processo coletivo de reconhecimento, objetivamos escrever o que não cessa de não se inscrever, o lugar do sujeito na cena. As dimensões públicas e coletivas dessa prática se traduzem de modos diferentes em cada caso, mas sempre supõem uma elaboração coletiva do trauma através da qual há condições de, pela recuperação da história social e política, explicitar as distorções, omissões dos interesses e poderes em jogo.

A cena pública, embora não provocada pelo analista, pode ser por ele avalizada. Teve impacto na direção do tratamento e evidencia que a potência alienante e mortífera dos marcadores sociais comparece para se reafirmar. Individualmente não há como se renomear diante do outro social – será preciso apoio social e ou institucional para reverter o seu poder. Nessa cena pública e em seu acolhimento num processo analítico, no escopo da própria ética da psicanálise, damos relevo àquilo que temos trabalhado, no PSOPOL, a partir da proposição conceitual *objetos êxtimos em psicanálise*[43]. Propomos pensá-los como vórtices de encontro – e embaralhamento – entre eventos que se dão na suposta intimidade da clínica quando se abrem clareiras para cultura, política e sociedade, num embaralhamento que, muitas vezes, leva o analista a recuar e resistir. Inversamente, pensamos esses momentos e objetos como que dizendo respeito àquilo que é o mais essencial dos processos éticos e epistemológicos que singularizam a psicanálise, enquanto experiência de encontro com a alteridade.

5. *A clínica psicanalítica articula-se com a política/militância e a formação do psicanalista, na medida em que inclui um posicionamento crítico e ético-político perante os mecanismos de poder e de governança social*

Tecendo algumas últimas considerações sobre clínica, militância e formação, destacamos que os marcadores sociais promovem e nutrem impasses, pois, mesmo quando há deslocamentos produzidos na escuta, algo não cessa de não se inscrever e o sujeito se vê impedido de se renomear. A nomeação supõe o suporte coletivo e público, particularidade dos casos marcados pela segregação e racismos apoiados pelo discurso social.

Nesses casos, a função da escuta será convocar o indivíduo como sujeito que se autoriza a se contar entre outros, a situar-se em um contexto e localizar o lugar que lhe é designado no discurso social para não se identificar com os marcadores sociais da discriminação. A escuta

43 Ver G.I. Binkowski, A Psicanálise e Sua Estranheza Frente à Religião, *Boletim Formação em Psicanálise*, n. 29.

possibilita ao sujeito localizar entre as suas dores as marcas deixadas pela história social que o ultrapassa. Desse modo, pode desautorizar o poder dos marcadores de dizer sobre ele e mesmo sobre a história, identificando os artifícios do poder para instituir uma suposta verdade que o desqualifica. A posição de sujeito, para além de assujeitado e colonizado, busca uma outra referência coletiva e histórica que o reconheça e onde buscará o ponto de inflexão do seu desejo. Na ficção fantasmática que o situa, pode tomar para si, singularmente, a marca que o situa no laço social.

A eficácia de tal autorização dependerá do suporte coletivo e público, particularidade desses casos em que sua marca está no atravessamento dos marcadores sociais, em uma zona entre o público e o subjetivo, entre a cena psíquica e a social.

Nos casos, algo do público emergiu, êxtimo ao atendimento clínico, mas fundamental na reconfiguração do campo discursivo; o êxtimo, formulado por Lacan[44] como interior excluído, o que *de fora* revela o que de mais íntimo há no interior.

Dessa forma, processam-se alterações do campo imaginário/simbólico, social e político em que o sujeito se situa em uma história, reconstituindo o campo ficcional. Nessa proposta de direção do tratamento será decisiva a posição do psicanalista – que possa atravessar a fantasia social que mascara a inconsistência e os antagonismos constitutivos de uma sociedade viva e pulsante.

Posição delicada, pois o analista, como já indicamos, depara-se com um impasse que implica também a sua responsabilização e o rompimento da alienação promovida por esse campo supostamente simbólico.

A escuta psicanalítica é, desde Freud, transgressora em relação aos fundamentos da organização social; para se efetivar, implica um rompimento do laço que evita o confronto entre o conhecimento

44 Ver *O Seminário, Livro 7.*

da situação social e o saber do outro como um sujeito desejante. Dessa escuta, principalmente quando o sujeito se revela enquanto tal, como um dizer, não se sai isento – um posicionamento ético e político é necessário.[45]

Põe em jogo um trabalho na transferência, endereçado e comprometido com uma práxis a ser compartilhada, articulada com elementos singulares de um tempo e lugar que, visitados, permitem a transmissão de um desejo e a manutenção da vitalidade e atualidade da prática psicanalítica.

Escapar de uma privatização dos conflitos e recolocar essas questões como potenciais disparadores para abordar as questões do corpo, da vida, da morte, do sexual e do pulsional, da intolerância e da segregação, na totalidade dos alunos da escola, tornou-se nosso maior desafio[46].

Nesse texto, destacamos alguns elementos para a construção do caso clínico-político e da direção do trabalho, e apontamos algumas estratégias e táticas clínicas frente aos marcadores sociais. Tais marcadores figuram como o ponto de impasse da escuta que permitirá a construção do caso clínico e da posição de analista, o que o autoriza a acessar outras táticas e estratégias clínicas que permitam ao sujeito situar sua marca e contar-se em uma história que o posiciona no discurso social e também em sua ficção fantasmática. Nesse sentido, ressaltamos o caráter criativo e inovador do caso clínico. O enfrentamento à dimensão política do sofrimento produzido nas e pelas relações sociais é também um modo de constatar e denunciar mecanismos de controle e de construir práticas de resistência às manipulações que não excluam ou silenciem a dimensão subjetiva.

As práticas psicanalíticas clínico-políticas se baseiam em um duplo movimento: ao mesmo tempo que propi-

45 M.D. Rosa, Uma Escuta Psicanalítica das Vidas Secas, op. cit., p. 8.
46 Ver M.D. Rosa et al., Clínica e Política Interrogadas Pelo Ato Infracional, em J. de O. Moreira et al. (orgs.), *Diálogos Com o Campo das Medidas Socioeducativas*; S.L. de S. Alencar, *Do Luto Impedido ao Luto Coletivo*; E. de C. David, Aquilombar a Cidade, *Revista do Centro de Pesquisa e Formação*, n. 10.

ciam uma escuta do sujeito – do que há de singular e daquilo que ultrapassa as demandas concretas e das urgências do caráter de uma necessidade e incidência sobre o sujeito – propõem-se a elucidar os discursos (institucionais, sociais) e neles incidir. Desse modo, para além da repetição da segregação, pode-se sustentar a escuta do sujeito do inconsciente em uma ética pautada no desejo e no bem-dizer. Tal escuta supõe uma formação intensiva e criativa, na medida em que exige dos analistas a invenção constante de novas posições e de novos dispositivos, considerando a singularidade de cada caso e das articulações que vão sendo traçadas ao seu redor.

Lacan, em "A Psiquiatria Inglesa e a Guerra", elogia a experiência dos médicos Bion e Rickmann, em um hospital militar, diante de soldados afastados por não se submeterem à disciplina; ambos inovaram ao tratar a questão como resistência *no nível do grupo*: "Nele, encontro a impressão de milagre dos primeiros avanços freudianos: encontrar no próprio impasse de uma situação a força viva da intervenção."[47] Trata-se de estar atento aos limites de certos dispositivos à potência da criação na clínica – não se trata de repetir práticas, mas criar práxis e cultura, rever pactos, fazer história para além do já instituído. É ético porque, mesmo naquele que parece o mais subjugado e governado, pura vida nua, pulsa a espera de um espaço para sua presença e fala. Nenhum dos termos é soberano, e deve ser articulando clínica, formação e governança para, mesmo no inovador, não nos tornarmos puro governo, impondo um modo de pensar, de subjetivar-se, de analisar-se, de militar. Essa perspectiva coloca também a psicanálise em articulação com outros saberes e práticas e, como dissemos, a formação do analista supõe incluir postura crítica e coragem ética.

---

47 A Psiquiatria Inglesa e a Guerra, *Outros Escritos*, p. 113.

## REFERÊNCIAS

ALENCAR, Sandra Luiza de Souza. *Do Luto Impedido ao Luto Coletivo: Um Caso Clínico-Político*. São Paulo: Blucher. (No prelo.)

_____. Psicanálise e o SUS: Uma Experiência em Saúde Pública, *Psicanálise: Invenção e Intervenção*, Porto Alegre, n. 41-42, jul. 2011-jun. 2012.

_____. *A Experiência do Luto em Situação de Violência: Entre Duas Mortes*. Tese (Doutorado em Psicologia Social), PUC-SP, São Paulo, 2011.

ALLOUCH, Jean. *Erótica do Luto: No Tempo da Morte Seca*. Trad. Procópio de Abreu. Rio de Janeiro: Companhia de Freud, 2004.

AULAGNIER, Piera. *A Violência da Interpretação: Do Pictograma ao Enunciado*. Rio de Janeiro: Imago, 1979.

BENTO, Cida. O Pacto da Branquitude. *Revista da ABPN*, Curitiba, n. 14, edição especial, 2022.

_____. *Pactos Narcísicos no Racismo: Branquitude e Poder nas Organizações Empresariais e no Poder Público*. Tese (Doutorado em Psicologia Escolar e do Desenvolvimento Humano), USP, São Paulo, 2002.

BHABHA, Hoci. A Questão do "Outro": Diferença, Discriminação e o Discurso do Colonialismo. In: HOLLANDA, Heloísa Buarque de. *Pós-Modernismo e Política*. Rio de Janeiro: Rocco, 1992.

BINKOWSKI, Gabriel Inticher. A Psicanálise e Sua Estranheza Frente à Religião: Rastros e Implicações de um Objeto "Êxtimo" Entre Clínica, Cultura, Política e Sociedade. *Boletim Formação em Psicanálise*, São Paulo, n. 29, 2021.

BINKOWSKI, Gabriel Inticher; ROSA, Miriam Debieux. Édipo Terrorista, Édipo Traficante: Radicalismo Religioso na Adolescência Frente à Violência no Laço Social. *Associação Psicanalítica de Curitiba em Revista*, Curitiba, n. 35, 2019.

BROIDE, Emília Estivalet. Apresentação. In: GUERRA, Andrea. *Sujeito Suposto Suspeito: A Transferência Psicanalítica no Sul Global*. São Paulo: n-1, 2022.

BROIDE, Emília Estivalet; BROIDE, Jorge. *A Psicanálise em Situações Sociais Críticas: Metodologia e Intervenções*. 2. ed. São Paulo: Escuta, 2016.

DANTO, Elizabeth Ann. *As Clínicas Públicas de Freud: Psicanálise e Justiça Social, 1918-1938*. Trad. Margarida Goldsztajn. São Paulo: Perspectiva, 2019.

DAVID, Emiliano de Camargo. Aquilombar a Cidade: Território, Raça e Produção de Saúde em São Paulo. *Revista do Centro de Pesquisa e Formação*, São Paulo, n. 10, 2020.

DUMÉZIL, Claude. Les Raisons d'un séminaire. In: DUMÉZIL, Claude; BRÉMOND, Bernard. *L'Invention du psychanalyste: Le Trait du cas*. Paris: Érès, 2012.

FANON, Frantz. *Pele Negra, Máscaras Brancas*. Trad. Renato da Silveira. Salvador: EDUFBA, 2008.

FAUSTINO, Deivison Mendes. O Mal-Estar Colonial: Racismo e o Sofrimento Psíquico no Brasil. *Clínica & Cultura*, Sergipe, v. 8, n. 2, 2019.

GABARRON-GARCIA, Florent. *Uma História da Psicanálise Popular*. São Paulo: Ubu, 2022.

JARDIM, Raoni; ROSA, Miriam Debieux; BINKOWSKI, Gabriel Inticher. Racismo Epistêmico e Secularização Religiosa na Psicanálise: Entraves Éticos Para a Formação de Psicanalistas Brasileiros. *Humanidades & Inovação*, Palmas, v. 10, n. 4, 2023.

LACAN, Jacques. *O Seminário, Livro 18: De um Discurso Que Não Fosse Semblante*. Rio de Janeiro: Zahar, 2009.

_____. A Psiquiatria Inglesa e a Guerra. *Outros Escritos*. Trad. Vera Ribeiro. Rio de Janeiro: Zahar, 2003.

_____. *O Seminário, Livro 7: A Ética da Psicanálise*. Rio de Janeiro: Zahar, 1988.

_____. *O Seminário, Livro 11: Os Quatro Conceitos Fundamentais da Psicanálise*. Rio de Janeiro: Zahar, 1985.

MUSATTI-BRAGA, Ana Paula; ROSA, Miriam Debieux. Escutando os Subterrâneos da Cultura: Racismo e Suspeição em uma Comunidade Escolar. *Psicologia em Estudo*, Maringá, v. 23, 2018.

PREFEITURA DE SÃO PAULO. A Questão da Violência em São Mateus. *Boletim PRO-AIM*, n. 47, 2006. Disponível em: <http://www.prefeitura.sps.gov.br>. Acesso em: jan. 2007.

PRESTES, Clélia Rosane dos Santos. *Feridas Até o Coração, Erguem-se Negras Guerreiras. Resiliência em Mulheres Negras: Transmissão Psíquica e Pertencimentos*. Dissertação (Mestrado em Psicologia Social), USP, São Paulo, 2013.

ROSA, Miriam Debieux. Os Marcadores Sociais e a Marca do Caso: Linguagem e Discurso na Clínica Psicanalítica. In: KAMERS, Michele; JORGE, Marco Antonio Coutinho; MARIOTTO, Rosa M. (orgs.). *Psicanálise Clínica & Cultura*. Salvador: Álgama, 2022.

_____. *A Clínica Psicanalítica em Face da Dimensão Sociopolítica do Sofrimento*. São Paulo: Escuta/Fapesp, 2016.

_____. Uma Escuta Psicanalítica das Vidas Secas. *Textura: Revista de Psicanálise*. São Paulo, v. 2, n. 2, 2002.

ROSA, Miriam Debieux; BINKOWSKI, Gabriel Inticher; SOUZA, Priscilla Santos de. Tornar-Se Mulher Negra: Uma Face Pública e Coletiva do Luto. *Clínica & Cultura*, São Cristóvão, v. 8, n. 1, jan.-jun. 2019.

ROSA, Miriam Debieux; BROIDE, Emília Estivalet; SEINCMAN, Pedro Magalhães. A Supervisão Enquanto Articuladora da Transmissão da Experiência Clínica: A Construção do Caso Clínico. In: MORETTO; Maria Lívia; KUPERMANN, Daniel (orgs.). *Supervisão: A Formação Clínica na Psicologia e na Psicanálise*. São Paulo: Zagodoni, 2018.

ROSA, Miriam Debieux; MARTINS, Aline Souza; BRAGA, Ana Paula Musatti; TATIT, Isabel. Clínica e Política Interrogadas Pelo Ato Infracional: A Construção do Caso. In: MOREIRA, Jacqueline de Oliveira; GUERRA, Andréa Maris Campos; SOUZA, Juliana Marcondes Pedrosa de (orgs.). *Diálogos Com o Campo das Medidas Socioeducativas: Conversando Sobre a Justiça, o Cotidiano do Trabalho e o Adolescente*. Curitiba: CRV, 2013.

SATO, Fernanda Ghiringhello et al. O Dispositivo Grupal em Psicanálise: Questões Para uma Clínica Política do Nosso Tempo. *Revista Psicologia Política*, v. 17, n. 40, 2017.

SCHWARCZ, Lilia Moritz. *Sobre o Autoritarismo Brasileiro*. São Paulo: Companhia das Letras, 2019.

_____. *Nem Preto, Nem Branco, Muito Pelo Contrário: Cor e Raça na Sociedade Brasileira*. São Paulo: Claro Enigma, 2012.

SEGATO, Rita Laura. Raça É Signo. *Série Antropologia*, Brasília, n. 373, 2005.

SEINCMAN, Pedro Magalhães. *Rede Transferencial e a Clínica Migrante: Psicanálise em Urgência Social*. São Paulo: Escuta, 2019.

SOUZA, Neusa Santos. *Tornar-Se Negro: Ou as Vicissitudes da Identidade do Negro Brasileiro em Ascensão Social*. Rio de Janeiro: Zahar, 2021.

VIGANÒ, Carlo. A Construção do Caso Clínico, *Opção Lacaniana*, v. 1, n. 1, 2010. Disponível em: <http://www.opcaolacaniana.com.br>. Acesso em: dez. 2023.

ŽIŽEK, Slavoj. *Eles Não Sabem o Que Fazem: O Sublime Objeto da Ideologia*. Trad. Vera Ribeiro. Rio de Janeiro: Zahar, 1992.

CLÍNICA E TERRITÓRIO

ABERTURA:
## SEJAMOS NÓS OS PSICANALISTAS[1]

*Laís de Abreu Guizelini*
[Fundação Tide Setubal]

São muitas as maneiras de se falar sobre territórios. Este texto passeia pela literatura, uma arte capaz de transmitir afetivamente algo para além de estritas conceituações. Os textos a seguir abordam o tema "Clínica e Território: Desafios e Potências". Neles ressoa a escrita de grandes autores e autoras, pelas vozes de Ana Carolina Barros Silva, Veronica Rosa e da coletiva Roda Terapêutica das Pretas, vozes que aparecem na escuta e no fazer da Casa de Marias e entre perifanalistas.

Para essa introdução, pensamos que escritoras como Conceição Evaristo e Carolina Maria de Jesus nos ajudam a tecer o fio que amarra território, desterritorialização, dificuldades e potências do viver periférico.

1 A mediação dessa mesa no seminário foi de Márcio Farias. (N. da E.)

Mulheres negras, nascidas em contextos periféricos de Minas Gerais e cheias de talento. Carolina foi traduzida para treze idiomas. Sua obra *Quarto de Despejo* se tornou um *best-seller* e a autora recebeu o título honorífico *Orden Caballero del Tornillo*, da Argentina, em 1961. Conceição é reconhecida nacional e internacionalmente, teve seis livros publicados e ganhou prêmios de grande prestígio. As duas são referências na literatura brasileira que resiste às tentativas racistas de apagamento.

Conceição Evaristo faz *escrevivência*, "um jogo com o vocabulário e as ideias de escrever, viver, se ver"[2]. Em *Becos da Memória*, escrito em 1986 e publicado nos anos 2000, ela nos ensina de maneira bela e dolorosa sobre territórios e desterritorialização. A trama revela, dentre tantas outras coisas, a violência de um processo de desterritorialização ou "desfavelização". Nessa obra, as histórias das personagens que deslizam entre o passado, o presente e, consequentemente, o futuro, são afetadas material e subjetivamente. O enredo evidencia um sofrimento compartilhado e que, infelizmente, ainda perdura nos dias de hoje, mas não sem mostrar a potência das resistências que evocam o desejo de transformação. A autora Ivana Amorim da Silva, referindo-se ao livro *Becos da Memória*, diz:

a favela, por mais que representasse um lugar de tristezas e de desigualdades profundas, era, sem dúvidas, o lugar de estabelecimento e de construção de memórias daqueles personagens. Foi naquele território que eles construíram, individual e coletivamente, suas histórias e suas lutas. Também nesse espaço compartilharam experiências socioculturais importantíssimas, que demonstram o quanto um espaço comunitário como a favela se diferencia do espaço urbano central, no qual a altura dos arranha-céus e a lógica do neoliberalismo não permitem que nasça a ideia de coletivo, de união, de prosperidade e de comunidade.[3]

2 C. Evaristo, A Escrevivência e Seus Subtextos, em C.L. Duarte; I.R. Nunes (orgs.), *Escrevivência*, p. 59.
3 Ver *O Território Sob o Olhar da Escrevivência*, p. 39.

Já em *Quarto de Despejo*, escrito entre os anos 1955 e 1960, Carolina Maria de Jesus escreve em seu diário as formas que ela circulava e, principalmente, as que não circulava pela cidade de São Paulo. Assim, ela denunciava os diversos efeitos perversos da colonização escravista no país. Em uma passagem, ela diz: "Eu classifico São Paulo assim: O Palácio é a sala de visita. A Prefeitura é a sala de jantar e a cidade é o jardim. E a favela é o quintal onde jogam os lixos."

Carolina cantava, cuidava dos três filhos, ajudava os vizinhos e trabalhava dia após dia para garantir o sustento da família. Em meio a tudo isso, ela escrevia as desigualdades sociais, os horrores do racismo e do machismo, contando aos seus leitores sobre um projeto político sedento de uma verdadeira segregação territorial, simbólica e material. Ao ler seu diário, vemos que a ela não faltou sagacidade, poesia e revolta. Como aponta Fernanda Miranda,

depois das linhas de Carolina Maria de Jesus, o consenso diante da ideia positiva de "metrópole do progresso" tornou-se inviável, pois sua escrita deflagrou o outro lado da modernidade: a colonialidade, evidenciada nos processos acelerados de racialização da pobreza, da favelização urbana, concentração da violência etc. – aspectos evidentes e inerentes do desenvolvimento econômico[4].

Carolina e Conceição nos fazem ver os territórios geográficos e simbólicos que os privilegiados quiseram e ainda querem reservar às pessoas pretas e pobres deste país. Encarnam em si uma recusa potente. Em 2005, quando acontece a Mesa de Escritoras Afro-Brasileiras, do XI Seminário Nacional Mulher e Literatura e II Seminário Internacional Mulher e Literatura, Conceição narra um processo de recusa e insubordinação posicionando sua escrita e a de Carolina. Ela diz:

Talvez, essas mulheres (como eu) tenham percebido que se o ato de ler oferece a apreensão do mundo, o de escrever ultrapassa os limites de uma percepção da vida. Escrever pressupõe um

4 Ver *Dissonâncias Críticas e Devires Interpretativos*.

dinamismo próprio do sujeito da escrita, proporcionando-lhe a sua autoinscrição no interior do mundo. E, em se tratando de um ato empreendido por mulheres negras, que historicamente transitam por espaços culturais diferenciados dos lugares ocupados pela cultura das elites, escrever adquire um sentido de insubordinação. Insubordinação que pode se evidenciar, muitas vezes, desde uma escrita que fere "as normas cultas" da língua, caso exemplar o de Carolina Maria de Jesus, como também pela escolha da matéria narrada. A nossa escrevivência não pode ser lida como histórias para "ninar os da casa grande" e sim para incomodá-los em seus sonos injustos.[5]

A literatura das duas autoras é de enorme valor estético e político. Conceição e Carolina são testemunhas de importantes processos de constituição territorial no país. Além disso, nos transmitem seu grande desejo de escrever. A força de suas palavras é capaz de inspirar e transformar, fazer sonhar e desejar uma outra realidade em que exista verdadeira reparação das injustiças denunciadas por elas.

Podemos observar ao longo da história que, com o nascimento das opressões, nascem também as resistências, e elas frequentemente se desdobram em práticas de forte potencial emancipatório. Sabemos que a prática clínica também tem esse potencial transformador, seja ao apostar na escuta do sujeito do inconsciente, como ao promover práticas de cuidado e acolhimento, proporcionar espaços para reposicionamentos subjetivos, processos de descentramento, despatologização do sofrimento e muitos outros elementos a partir de diversas abordagens de tratar o humano.

Ressaltemos aqui a palavra "potencial" e lembremos que, a depender do lugar simbólico de onde se opera, ela pode ter efeitos contrários ou, no mínimo, propiciar uma manutenção de condições alienantes. Quando a prática não é práxis clínica, pautada e norteada por princípios

5 Da Grafia-Desenho de Minha Mãe, um dos Lugares de Nascimento de Minha Escrita, em M.A. Alexandre (org.), *Representações Performáticas Brasileiras*, p. 21.

éticos que resistem ao exercício do poder, corremos o risco de alimentar um fazer político aprisionante, que vai na contramão dos sonhos de mudança.

Há anos no Brasil existem profissionais da psicologia, psicanálise e saúde mental, atentos e tentando expandir e solidificar cada vez mais o que Maria Lúcia Silva alertou muito bem em seu artigo "Racismo no Brasil: Questões Para Psicanalistas". A autora fala que é "preciso a inauguração de uma psicanálise brasileira comprometida com a construção de uma clínica que não recuse a realidade histórico-social de nosso país e que leve em consideração o impacto dessa história na construção das subjetividades"[6]. Esse alerta, assim podemos inferir, é para todos nós pensantes e atuantes do campo das psicologias e da psicanálise, mas, principalmente, para grupos que não conseguiram ou se recusaram a romper com idealizações e, muitas vezes, distorções convenientes às produções epistemológicas eurocentradas. Mencionamos esses grupos porque reconhecemos e sentimos os efeitos de seus trabalhos, que visam essa tão necessária mudança. Se nosso desejo de transformação vive, também é por causa deles.

É interessante pensar, como exemplo, que a experiência psicanalítica nos mostra algo que Lacan conseguiu formular ao dizer que uma verdade toda sobre algo jamais é alcançada. No entanto, essa afirmação é frequentemente esquecida, já que, por diversas vezes, ouvimos a própria teoria psicanalítica ser colocada em um lugar de universalidade. Esse lugar totalizante gera uma contradição ao negar o pensar-se dentro de interseccionalidades como classe, raça, gênero e território. Há perigo quando recaímos em uma espécie de lógica dedutiva, como na formulação: "sou psicanalista, logo, […]". A partir daí, geralmente se inicia uma série de negações, como: "não sou racista", "não sou machista", "não sou classista". Ainda melhor dizia Lélia

---

6 M.L. da Silva, Racismo no Brasil, em N.M. Kon et al. (orgs.), *O Racismo e o Negro no Brasil*, p. 87.

Gonzalez, apoiando-se em Laplanche e Pontalis, sobre denegações no sentido freudiano como o "processo pelo qual o indivíduo, embora formulando um de seus desejos, pensamentos ou sentimentos, até aí recalcado, continua a defender-se dele, negando que lhe pertença"[7]. Como se houvesse a possibilidade de afirmar ser algo por completo ou como se a própria teoria em si garantisse um *modus operandi*. Bem, essa é mais uma forma de ilusão de ser universal.

É evidente que reconhecemos a potência subversiva que há na psicanálise, já que ela mesma denuncia o fracasso de todo discurso que se pretenda total. No entanto, quando a crença numa possibilidade de totalidade, teórica ou prática, se sobrepõe a um fazer contextualizado e historicizado, vemos um outro tipo de fazer. Igualmente quando não se reconhece ser apenas uma forma de estruturar um discurso e uma narrativa dentre tantas outras potentes de passar pela vida. Afinal, é possível uma psicanálise, psicologia ou práticas de saúde mental sem um pensar interseccional?

Felizmente, nos capítulos deste livro há demonstrações diversas de que não existe esperança (no seu pior sentido de espera, expectativa ou aguardo) de que a branquitude, por si só, faça algo a respeito. Não há esperança de que os espaços elitizados de formação sejam abertos a todos. Nem de que a escuta tão empobrecida, que só se atenta à falta, vá se transformar automaticamente. Nos próximos textos há movimento, fazer cotidiano, conquistas aquilombadas e a aposta num futuro que já está transformado desde o primeiro ato de insubordinação imaginado.

Há de se ir além de suportar o insuportável racismo e suas diversas tentativas de desqualificação. Nós nos apoiamos nos movimentos que sustentam discursos que apontam os furos da teoria psicanalítica conservadora e a

---

7 Ver L. Gonzalez, A Categoria Político-Cultural da Amefricanidade, *Tempo Brasileiro*, n. 92-93.

necessidade de atualização e revitalização dessa teoria a partir do contexto brasileiro. Esses movimentos apontam que as supostas tentativas de preservar uma teoria são, na verdade, a manutenção do *status quo*. Por isso, é um trabalho constante retirar o sujeito branco de sua ilusão de condição universal.

Para finalizar, retornemos à afirmação que dá título ao presente texto.

Márcio Farias, ao mediar a mesa "Territórios e Clínica: Desafios e Potências", no Seminário Territórios Clínicos, evento que teve como desdobramento o presente livro, conta ao público uma anedota envolvendo Clóvis Moura, respeitado jornalista, sociólogo, historiador e escritor brasileiro: "Pensando muito no Clóvis Moura, ele sempre provocou o movimento negro, porque o movimento negro sempre falava que a esquerda não discutia a questão racial e ele falava [...], sejamos nós a esquerda. Nós somos a esquerda. Acho que está no momento de a gente falar, sejamos nós os psicanalistas."[8]

REFERÊNCIAS

EVARISTO, Conceição. A Escrevivência e Seus Subtextos. In: DUARTE, Constância Lima; NUNES, Isabella Rosado (orgs.). *Escrevivência: A Escrita de Nós – Reflexões Sobre a Obra de Conceição Evaristo*. Rio de Janeiro: Mina Comunicação e Arte, 2020.

_____. *Becos da Memória*. 2. ed. Florianópolis: Mulheres, 2013.

_____. Da Grafia-Desenho de Minha Mãe, um dos Lugares de Nascimento de Minha Escrita. In: ALEXANDRE, Marcos Antônio (org.). *Representações Performáticas Brasileiras: Teorias, Práticas e Suas Interfaces*. Belo Horizonte: Mazza, 2007.

FARIAS, Márcio. Mediação. Mesa de Diálogos "Clínica e Território: Desafios e Potências". *Seminário Territórios Clínicos*. EACH-USP, São Paulo, 15 abr. 2023.

GONZALEZ, Lélia. A Categoria Político-Cultural da Amefricanidade. *Tempo Brasileiro*, Rio de Janeiro, n. 92-93, jan.-jun. 1988.

JESUS, Carolina Maria de. *Quarto de Despejo: Diário de uma Favelada*. São Paulo: Ática, 2020.

LACAN, Jacques. *O Seminário, Livro 17: O Avesso da Psicanálise*. Rio de Janeiro: Zahar, 1992.

8 Márcio Farias, Mediação. Mesa de Diálogos "Clínica e Território: Desafios e Potências", *Seminário Territórios Clínicos*.

\_\_\_\_\_. *O Seminário, Livro 7: A Ética da Psicanálise*. Rio de Janeiro: Zahar, 1988.

MIRANDA, Fernanda. *Dissonâncias Críticas e Devires Interpretativos*. São Paulo: IMS, 2021. (Videoaula.) Disponível em: <https://ims.com.br/educacao/cmj-dissonancias-e-devires/>. Acesso em: ago. 2024.

SILVA, Ivana Amorim da. *O Território Sob o Olhar da Escrevivência: Uma Análise Contracolonial da Obra Becos da Memória, de Conceição Evaristo*. TCC (graduação em Letras), UFRGS, Porto Alegre, 2019.

SILVA, Maria Lúcia da. Racismo no Brasil: Questões Para Psicanalistas Brasileiros. In: KON, Noemi Moritz; ABUD, Cristiane Curi; SILVA, Maria Lúcia da (orgs.). *O Racismo e o Negro no Brasil: Questões Para a Psicanálise*. São Paulo: Perspectiva, 2017.

## SOBRE AS ESTRATÉGIAS DE LIDAR COM AS INTEMPÉRIES EM FORMA DE RODA

*A Coletiva*
[Roda Terapêutica das Pretas]

*Povoada*
*Quem falou que eu ando só?*
*Nessa terra, nesse chão de meu Deus*
*Sou uma mas não sou só*

*Povoada*
*Quem falou que eu ando só?*
*Tenho em mim mais de muitos*
*Sou uma mas não sou só.*

SUED NUNES – *Povoada.*

A Roda Terapêutica das Pretas, fundamentalmente, existe em resposta a uma lacuna social causada pelo racismo. Reconhecemos os desafios enfrentados pelas mulheres negras em encontrar espaços seguros e acolhedores, e estamos comprometidas em proporcionar um ambiente de cuidado, onde cada mulher possa se expressar, ser ouvida e receber apoio. Posteriormente, nesta produção, discutiremos brevemente esse hiato social.

Buscamos promover o acesso a direitos e oportunidades para mulheres negras, pobres e periféricas, reconhecendo e valorizando suas vivências. Com a atuação de psicólogas negras, acreditamos que podemos construir espaços de transformação e empoderamento, lutando contra as desigualdades de gênero, raça e classe social.

Nosso trabalho consiste em criar um ambiente acolhedor, onde cada mulher possa se autorizar a sentir, ser cuidada e amada. Buscamos proporcionar às mulheres atendidas uma experiência de vida mais humanizada e respeitosa consigo mesmas. Entretanto, o racismo é uma tecnologia que se renova e que dificilmente será superada. Partindo desse ponto, é importante mantermos em mente a dificuldade, enquanto terapeutas negras, de atender esse público e o lugar da mulher negra enquanto quem recebe cuidado.

Banzo foi o nome dado para uma "doença" que matava negros brasileiros escravizados, o sofrimento psicológico que resulta em morte biológica. O sentimento intenso de tristeza provocado pelo estado de humilhação, desvalorização e rebaixamento. Estamos falando, especificamente, de um grupo que foi levado ao extremo da desumanização. Recolhemos até hoje as consequências.

Trabalhar com mulheres negras é, no mínimo, recebê-las se não com o sentimento, com a marca do banzo. Muitas vezes, não se sabe sequer qual é a queixa, qual é a angústia. Descobrimos rodando, em grupo.

Partindo do conceito de sofrimento ético-político de Bader Sawaia[1], existe uma relação de dor provocada pelas injustiças sociais. Por esse motivo, assim como ela em seu livro, iniciamos falando do banzo. Inevitavelmente, vamos falar do processo de racismo que nos assola e que,

---

1 Ver B. Sawaia (org.), *As Artimanhas da Exclusão.*

muitas vezes, é intempérie formuladora de muitas questões psíquicas.

Considerando-se que essas vivências incidem sobre o próprio corpo e provocam sensações constantes de angústia, ansiedade e estresse, podem, eventualmente, levar a um processo de despersonalização, caracterizado por vivências perturbadoras e angustiantes em que a pessoa sente estranheza em relação a si mesma e ao próprio corpo[2]. Desse modo, essas experiências derivadas do racismo podem ser fator de risco relevante no desenvolvimento de transtornos psiquiátricos, por serem condições determinantes no processo de adoecimento da população negra[3].

Ao longo de nossa jornada, vamos escutando e percebendo que muito se faz ao escutar e, através disso, dar nome, sentido e significado ao sofrimento, ao passo que nos perguntamos: existe alguma experiência tão individual que nos torne alheios a um grupo tão identitário como esse?

Dito isso, começaremos a pensar sobre nossas dificuldades em sermos terapeutas negras, atendendo outras mulheres negras periféricas. Estamos falando sobre o lugar de sermos espelhos, no mínimo, estéticos, das pessoas com quem trabalhamos. Entretanto, somos mulheres em ascensão social, muitas das vezes, familiar.

Se a princípio entendemos que, para a psicanálise, o processo terapêutico precisa da transferência e contratransferência para seu andamento, vale observar que, em nosso projeto, ainda que todas sejam mulheres negras, encontramos uma disparidade, já que, para essas mulheres – grande parte das vezes pobres –, nem sempre ocupamos o mesmo espaço.

Podemos pensar em muitas teorias para nos ajudar a falar dessa percepção, que aparece em forma de sermos

2 Ver P. Dalgalarrondo, *Psicopatologia e Semiologia dos Transtornos Mentais*.

3 Ver Gabrielle Christine Santos et al., Impacto do Racismo nas Vivências de Mulheres Negras Brasileiras: Um Estudo Fenomenológico, *Psicologia: Ciência e Profissão*, v. 43, p. e249674.

chamadas de "doutoras", ou pela reafirmação da figura do suposto saber[4], quando ouvimos "vocês que são psicólogas sabem mais do que eu", mas vamos nos ater a uma possibilidade, a de sermos vistas embranquecidas, não na pele, mas socialmente, e, junto a isso, ocupando o lugar da intelectualidade, conceitos que serão discutidos nos próximos parágrafos.

Figueiredo[5] fala sobre a ascensão social e, especialmente, familiar, e o embranquecimento, esse embranquecimento subjetivo, que poderia nos tirar do mesmo grupo. Também fala do lugar da intelectualidade, como mencionado, por sermos mulheres negras com ensino superior. Felizmente, esse papel que talvez pudéssemos ocupar não foi absoluto, nem para aquelas que, efetivamente, tinham alguma diferença de classe social, nem para aquelas que estavam mais próximas em relação a ter tido mais acessos.

Esse trabalho exige que possamos nos movimentar de modo a lidarmos com a resistência de cada mulher. Segundo Lacan[6], a resistência é do paciente, e cabe ao analista manejá-la. Isto é, entender quem somos é um processo, como dito acima, horizontal, que nem sempre é dado, mas conquistado. É, no mínimo, sintomático – e triste – que todas nós tenhamos que enfrentar essa situação para termos condições de nos encontrarmos em um lugar mais condizente com a realidade e, consequentemente, próprio.

Certa vez, um dos grupos que a Roda mediou foi ganhando tamanha autonomia e um processo transferencial consistente que as pacientes solicitaram que a última sessão fosse feita em um restaurante. Lá, ainda que enquanto terapeutas tenhamos mantido os limites relacionais necessários para o tratamento, também foi terapêutico que elas, assim como nós, horizontalmente, pudessem compartilhar

4 Ver J. Lacan, *O Seminário, Livro 11*.
5 Ver Â. Figueiredo, *Novas Elites de Cor.*
6 Ver J. Lacan, A Direção do Tratamento e os Princípios de Seu Poder, *Escritos.*

a vida, celebrando um processo terapêutico que, em muitos momentos, foi duro, tenso e triste.

Para isso, é importante contar da importância do vínculo e da escuta qualificada. Antes de tudo, é interessante dizer sobre o lugar do grupo em si. Psicoterapia breve, em forma de grupo, exige que essas mulheres deem conta de suportar o compartilhamento, tanto através da fala, ou seja, do compartilhamento da sua vida pessoal, quanto da escuta, isto é, conseguir escutar, muitas vezes acolher e, eventualmente, sustentar através de palavras, como um grupo operativo, o sofrimento alheio. Se, em alguma instância, esse formato pode ser limitador para algumas pessoas, é verdadeiro dizer que a troca enriquece, alimenta e amplia. Também ensina. Zelamos por romper com a percepção negativa dos grupos terapêuticos e oficinas, porquanto é sabido que podem oferecer apoio e cuidado de forma inclusiva.

Dito isso, voltamos ao lugar do vínculo que, se na psicoterapia individual acontece entre o paciente e o terapeuta, aqui estamos falando de cinco, seis, dez pessoas que, de alguma forma, precisam se vincular, se misturar, enquanto se diferenciam. Não é um mistério trabalharmos em grupo, e já temos uma vasta literatura de apoio. O que é essencial aqui é pensar no propósito e na intencionalidade, que passam fortemente pelo viés político da não individualidade e do aquilombamento, de forma que se aquilombar é assumir uma posição contra-hegemônica, partindo de um corpo político[7].

Quando isso é possível, aquela mulher, que nem sempre aprendeu a ser suportada, tem a oportunidade de acessar outras ferramentas psíquicas. Em grupo, há uma possibilidade de, pela escuta e pela identificação, se sentirem vistas, existindo.

Vale dizer que, como nosso próprio nome diz – Roda Terapêutica –, estamos considerando que essa mulher,

7 Ver A. Nascimento, *O Quilombismo*.

intencionalmente, quis estar em um processo grupal. Jorge Broide, quando fala no seu estudo sobre o processo grupal em relação aos pesquisados, constata que "a questão da possibilidade de um modelo identificatório na periferia surge no grupo operativo como algo verdadeiramente importante"[8]. Se fizermos uma aposta, podemos dizer que estar nesses grupos funciona como uma estratégia de saúde, seja como promoção, seja como manutenção.

É importante destacar que estamos em constante reflexão sobre nosso papel como psicólogas e como coletiva, reconhecendo as dificuldades e os desafios impostos tanto pela marginalização e falta de acesso a serviços adequados quanto pela existência e atuação de uma psicologia eurocentrada e distante, que quiçá considera a cultura brasileira.

Outro ponto que ajuda na troca entre as psicólogas e as pacientes é a questão do território. Milton Santos fala que "o território pode ser visto como uma materialidade (configuração territorial) cuja apreensão por meio dos sentidos caracteriza-o como paisagem. Como uma forma política e econômica a caracterizar o espaço, categoria, objeto e totalidade social, o território contém subespaços que seriam as regiões"[9]. De modo que, para além da questão propriamente geográfica, estamos falando de um local que compõe ligações afetivas, reconhecimento e sentimento de casa. Quando pensamos financeiramente, estar no espaço onde é considerado território de nossas atendidas garante a possibilidade de acesso. Quando atuamos no lugar onde também moramos, buscamos proporcionar o efeito de diminuir as diferenças produzidas na prática, no contexto social, pelo racismo. A aproximação (territorial) tenta dissolver desigualdades falaciosas, para que possamos nos concentrar nas que realmente existem, já que somos diversas.

O feito de diminuir as diferenças produzidas, no contexto social, pelo racismo, passa pelo lugar da aproximação

8 J. Broide, *A Psicanálise em Situações Sociais Críticas*, p. 174.
9 M. Santos, *A Natureza do Espaço*.

que tenta dissolver desigualdades falaciosas, para que possamos nos concentrar nas que realmente existem, já que somos diversas.

Ultrapassando as questões interpessoais, é imprescindível falarmos de questões administrativas, que ressoam das políticas públicas. Trabalhar com a população em vulnerabilidade social demanda que tenhamos muito traquejo com a Rede de Atenção Psicossocial – RAPS, em virtude de entender aquela paciente biopsicossocialmente, pensando no contexto de clínica ampliada. Assim, para as atividades acontecerem, não dependemos somente desse domínio, mas sim de espaços que entendem o propósito do serviço e possam, conosco, formar uma parceria voluntária. Falar de RAPS e de espaços eventualmente particulares, enquanto estamos nos aprofundando em falar de território, tem a ver com destacarmos uma outra questão muito significativa: muitas vezes, apesar dos esforços em escolhermos, cuidadosamente, locais que estejam de acordo com nossos ideais, o pertencimento não é instantâneo, dado.

Tal fato nos provoca pensar sobre: por que será que, mesmo dentro de suas próprias comunidades, em espaços majoritariamente abertos à população, sendo atendidas por psicólogas negras, gratuitamente, as atendidas têm dificuldade de pertencimento? O fato é: o equipamento estar ali não significa que, subjetivamente, essas mulheres se sintam autorizadas a utilizá-los.

Posto isso, vamos contextualizar o processo da escuta. O Brasil é um país forjado em cima da produção de mulheres negras. Lélia Gonzalez[10], fala sobre a mãe-preta e, utilizando Lacan[11], nos conta que, para os filhos das sinhás, as mulheres negras estavam no lugar do suposto saber, isto é, a figura na qual o indivíduo se espelhará culturalmente. Sob esse prisma, diremos sobre a invisibilização dessa fatia social que, mesmo sendo responsável pela disseminação

10 L. Gonzalez, A Categoria Político-Cultural da Amefricanidade, *Tempo Brasileiro*, n. 92-93.

11 Ver J. Lacan, *O Seminário, Livro 11*.

cultural do nosso povo, é subalternizada. A mulher negra, bem como a pessoa negra, era colocada no lugar de infantilização, de modo que era considerado que precisasse do outro para que pudesse falar. Quem não aprende a falar, aprende a ser escutada?

De modo geral, estamos falando de uma sociedade que moldou a ideologia privilegiando a brancura. Alvo e objetivo significam a mesma coisa, alvo como branco, alvo como o que se quer alcançar e, se não na cor, na representação do papel social. Isso, por si só, já é facilitador de diversos transtornos psíquicos, não à toa escolhemos nos valer do conceito do sofrimento ético-político.

É em função dessa consciência que o sujeito negro passa a controlar, observar e vigiar o corpo que "se opõe à construção de identidade branca", que foi obrigado a desejar. E aí o sofrimento pela consciência da diferença do seu corpo em relação ao corpo branco faz emergir a negação e o ódio de seu próprio corpo: o corpo negro[12].

Falar de corpo, na hora de falar de escuta, passa pelo lugar de, invariavelmente, pensar que a construção de si, simbolicamente, está dada pelo contexto cultural; eu sou porque o outro existe, de modo que, assim como dito anteriormente, se almejamos a brancura enquanto condição de vida, sempre viveremos com essa falta. Falta essa que, infinitamente, causará frustração. Escutar um grupo com características tais que as colocam em desvantagem representará sustentar de forma conjunta o sofrimento, arcar com as consequências disso e, juntas, transformar a falta em luta política. Se não de forma afrontosa, em forma literal de cuidado e ressonância, de modo que escutar a outra signifique também devolver outras alternativas ao sofrimento e, quando for impossível, prover sustento, com o intuito de que ali, pelo menos ali, nenhuma dor seja improcedente ou diminuída. Um corpo negro que não será um objeto, mas uma alma, não no sentido religioso,

12 I.B. Nogueira, *A Cor do Inconsciente*, p. 118.

mas sim um corpo incumbido de significados e com possibilidade, também, de sentir prazer.

Ainda que não exista qualquer possibilidade de garantir que nosso trabalho chegue da forma que desejamos, temos nitidamente o objetivo de, junto com aquele grupo, nortear questões estruturantes para que essa mulher tenha condições de se enxergar.

Por fim, queremos reiterar que acreditamos na importância de criar relações horizontais e respeitosas, oferecendo suporte e cuidado às mulheres em suas jornadas individuais e coletivas. Através do nosso trabalho, buscamos contribuir para a transformação social e a construção de um mundo mais justo e igualitário, onde todas as mulheres tenham acesso a seus direitos e oportunidades, e se sintam pertencentes e valorizadas em seus próprios territórios.

## REFERÊNCIAS

BROIDE, J. *A Psicanálise em Situações Sociais Críticas*. Tese (Doutorado em Psicologia Social), PUC-SP, São Paulo, 2006. Disponível em: <https://pucsp.br>. Acesso em: set. 2023.

DALGALARRONDO, Paulo. *Psicopatologia e Semiologia dos Transtornos Mentais*. Porto Alegre: Artmed, 2019.

FIGUEIREDO, Ângela. *Novas Elites de Cor: Estudo Sobre os Profissionais Liberais Negros de Salvador*. São Paulo: Annablume, 2002.

GONZALEZ, Lélia. A Categoria Político-Cultural da Amefricanidade. *Tempo Brasileiro*, Rio de Janeiro, n. 92-93, jan.-jun. 1988.

LACAN, Jacques. *O Seminário, Livro 11: Os Quatro Conceitos Fundamentais da Psicanálise*. Rio de Janeiro: Zahar, 2008.

\_\_\_\_ [1958]. A Direção do Tratamento e os Princípios de Seu Poder. *Escritos*. Rio de Janeiro: Zahar, 1998.

NASCIMENTO, Abdias. *O Quilombismo: Documentos de uma Militância Pan-Africanista*. São Paulo: Perspectiva, 2019.

NOGUEIRA, Isildinha Baptista. *A Cor do Inconsciente: Significações do Corpo Negro*. São Paulo: Perspectiva, 2021.

SANTOS, Gabrielle Christine et al. Impacto do Racismo nas Vivências de Mulheres Negras Brasileiras: Um Estudo Fenomenológico. *Psicologia: Ciência e Profissão*, Brasília, v. 43, 2023.

SANTOS, Milton. *A Natureza do Espaço: Técnica e Tempo, Razão e Emoção*. São Paulo: Hucitec, 1996.

SAWAIA, Bader (org.). *As Artimanhas da Exclusão: Análise Psicossocial e Ética da Desigualdade Social*. Petrópolis: Vozes, 2001.

# SUJEITO E TERRITÓRIO: ENODAMENTOS ENTRE CLÍNICA, ÉTICA E POLÍTICA

*Ana Carolina Barros Silva*
[Casa de Marias]

A Casa de Marias[1] está localizada na periferia leste da cidade de São Paulo, no bairro da Vila Esperança. Acho importante mencionar que foi nessa região, na zona leste de São Paulo, que nasceu uma das invenções mais preciosas que temos hoje em termos de políticas públicas no Brasil: O Sistema Único de Saúde – SUS. O movimento de saúde da zona leste – MSZL nasceu na década de 1970, liderado por mulheres periféricas organizadas em busca de melhorias na saúde de seus bairros, se tornando as

---

1 A Casa de Marias é um espaço de escuta e acolhimento, coordenado por uma equipe de profissionais negras, formada por psicoterapeutas, arteterapeutas, musicoterapeutas, psicanalistas, assistentes sociais e advogadas que atendem as mais diversas demandas relacionadas à saúde mental.

responsáveis pela implementação dos primeiros equipamentos de saúde pública dessa região. Foi esse movimento de luta por direitos dessas mulheres aguerridas, periféricas, donas de casa, trabalhadoras, que culminou na legislação que criou o SUS, anos depois.

Essa é uma das inúmeras histórias de luta e de resistência da zona leste de São Paulo. Como afirma Grada Kilomba, fazendo referência a bell hooks, em *Memórias da Plantação*: "A margem é tanto um local de opressão quanto um local de resistência [...] em outras palavras, a opressão forma as condições de resistência."[2] Como bem sabemos, na periferia lidamos, o tempo todo, com desafios e potências. E temos plena consciência de que a periferia não venceu – ainda. Bastam dias de fortes chuvas, como vivemos nos primeiros meses de 2023, para deixar bastante escancarado o quão longe estamos disso. Vivemos numa condição de segregação socioespacial, o que significa dizer, de forma bem simplificada, que as pessoas no centro da cidade possuem acessos que as pessoas na periferia, muitas vezes, nem sabem que existem. São duas cidades diferentes, dois tipos de organização territorial: a central e a periférica. Por isso, falar de território, para a clínica, me parece tão fundamental e estrutural quanto é falarmos de classe, raça e gênero. Assim como vivemos numa sociedade racista, patriarcal e dividida em classes, vivemos numa cidade dividida por muros nada invisíveis. O racismo, a misoginia, a desigualdade socioeconômica e a segregação socioespacial produzem marcas nas relações, na nossa dinâmica social, na nossa maneira de ver, perceber, estar e ser. Por isso, me parece que uma prática clínica advertida do mundo no qual está inserida não poderá se furtar a nenhuma dessas reflexões.

Pensemos, por exemplo, a partir de alguns dados de realidade. Para isso, convido vocês a conhecerem o Mapa da Desigualdade, produzido pela rede Nossa São Paulo.

2 *Memórias da Plantação*, p. 68.

A última edição, lançada em 2022, nos traz informações bastante reveladoras do que estamos falando. O mapa nos mostra que os dez bairros mais negros de São Paulo estão na periferia: Guaianases, Pedreira, Capão Redondo, Jardim Helena, Itaim Paulista, Cidade Tiradentes, Lajeado, Parelheiros, Grajaú e Jardim Ângela[3]. E sabe onde os negros não estão? Nos bairros mais brancos da capital: Moema, Pinheiros, Itaim Bibi, Jardim Paulista, Vila Mariana, Perdizes, Santo Amaro, Consolação e Lapa[4]. Ou seja, quando falamos de território, necessariamente estamos falando de classe social e de questão racial. Esses são elementos que, irreversivelmente, se entrelaçam a partir de desdobramentos da nossa história colonial e escravocrata, mantida pelo sistema capitalista e racista no qual estamos imersos.

O mapa da desigualdade também nos mostra que se você nascer em Moema, no Jardim Paulista, no Itaim Bibi ou em Pinheiros sua expectativa de vida é de oitenta anos, aproximadamente. Mas se você nascer na Cidade Tiradentes, no Lajeado, Guaianases, você deve viver uns vinte anos a menos. Menos tempo de vida e mais mortes: nesses mesmos territórios é onde iremos encontrar os maiores índices de homicídio e feminicídio.

As periferias e as favelas são pobres e pretas, majoritariamente. Como já escrevia Carolina Maria de Jesus, moradora da favela do Canindé: "a favela é o quarto de despejo de São Paulo"[5].

Despejo. Lixo. Resto. Mais preto, mais pobre. Mais morte.

Diante desse cenário, sabemos que enfrentamos um projeto político, um projeto de sociedade que pretende se erguer às custas de nossas vidas, de nossos corpos e de nossas existências. Esse é o resultado do projeto neoliberal, burguês, racista, escravocrata e colonial que enfrentamos desde que nossos territórios foram invadidos por

3 Bairros periféricos da cidade de São Paulo.
4 Bairros do quadrante sudoeste da cidade de São Paulo.
5 *Quarto de Despejo*, p. 17.

portugueses. Desde então também lutamos. Há revoltas, resistência, mobilização, enfrentamento. A periferia cria, inventa, desenvolve estratégias e segue calcada em uma ética própria, coletiva, solidária, do comum, do cuidado, buscando nosso horizonte de bem-viver.

A periferia é esse território complexo, multifacetado, heterogêneo. Cheio de nós e desamarrações. De tretas e trocas. De lágrimas e poesias. Periferia é esse espaço, geográfico e simbólico, que produz lugares, marcas subjetivas e formas de olhar o mundo. Por isso, nós, da Casa de Marias, entendemos que sermos periféricas e estarmos na periferia é também um posicionamento ético-político que, por sua vez, incide na forma como enxergamos a clínica, na maneira como apostamos na escuta como estratégia de cuidado, a partir desse nosso lugar.

Não faria sentido para nós sermos mais um espaço clínico no centro da cidade. Centro que já é território dos endereços da maior parte dos consultórios de psicologia, das clínicas, das instituições de formação. Não seríamos nós mais um espaço que, ao estar no centro, demanda das pessoas que atendemos mais horas de deslocamento, de transporte público, de desgaste. Não seríamos nós, a partir do que acreditamos sobre cuidado, especialmente o das mulheres negras periféricas, a pedir que, para serem escutadas, se deslocassem e se desenraizassem até o centro para, mais cansadas e sobrecarregadas, serem ouvidas por cinquenta minutos, antes de mais duas ou três horas dentro do metrô, do trem ou do ônibus até chegar em casa. Não é nesse tipo de cuidado que acreditamos e, por isso, estamos nessa região desde a nossa inauguração, trabalhando onde nossos pés pisam, onde nosso coração pulsa e nossa cabeça pensa. Nossa escuta também é territorializada.

E quando pensamos em saúde mental nos parece importante apontar de qual perspectiva a estamos concebendo. Com o recrudescimento do discurso neoliberal, é notória uma tendência cada vez mais individualizante das questões que são, fundamentalmente, históricas e sociais. Com a saúde mental não é diferente. Estamos vendo se alastrar ideias que se desdobram de uma concepção de subjetividade como algo estrita e exclusivamente individual, correspondente àquele único indivíduo. Essa concepção acaba por atribuir a esse mesmo âmbito individual, particular e íntimo as origens e soluções dos problemas ou sofrimentos humanos.

Como não resgatar aqui a figura do "coaching", empreendedor de si mesmo, que vende a solução das suas angústias num pacote de cinco passos, parcelado em dez vezes? Essa figura só pode existir a partir de um discurso individualizante, que entende o indivíduo como o único possível causador de suas próprias mazelas – sejam essas de que ordem forem – e, portanto, aquele que poderá, com alguma força de vontade e investimento financeiro, curar-se e transformar-se em uma pessoa melhor, mais feliz, completa e plena. O fim dos problemas num estalar de dedos. Abre-se aí margem para toda sorte de discursos meritocráticos, culpabilizadores e sem nenhuma crítica social da realidade. Com isso, aparece também toda variedade de "terapêuticas", a serem geridas pelo próprio indivíduo para sua autossuperação. Esse mesmo discurso costuma vir também imerso no caldo que atribui a graves questões históricas, políticas, sociais e econômicas o *status* de "mimimi", que acompanham pérolas como "está se fazendo de vítima" ou "só está sofrendo porque quer", seguidos, geralmente, de um exemplo "inspirador" de alguma personalidade excepcional que "subiu na vida e deu a volta por cima porque batalhou muito".

É esse, infelizmente, o poço no qual estamos. E é dele que precisaremos sair, recolocando os "pingos nos is", se quisermos restabelecer, no debate público, uma reflexão mais séria, ética e comprometida sobre saúde mental pública no Brasil de hoje. Sim, porque foi desse tipo de pensamento que nasceram projetos, em voga hoje, de privatização, terceirização, precarização e desinvestimento no sistema de saúde brasileiro. Não podemos deixar de lembrar, nem por um minuto, que esse projeto é o mesmo da necropolítica, que nos aponta Mbembe. Esse é o mesmo projeto colonial genocida, racista, homofóbico, misógino e estruturalmente burguês (porque visa, antes de qualquer coisa, produzir lucros para um pequeno grupo de privilegiados) que não favorece o povo brasileiro em nada.

Por isso, a nossa luta por saúde mental é sempre coletiva, antirracista, em defesa irrestrita do Sistema Único de Saúde, em sua potencialidade de garantir o direito de acesso à saúde de forma pública, universal, gratuita e irrestrita. Qualquer coisa diferente disso será só o bom e velho liberalismo e sua glorificação de conquistas individuais que nada alteram a dinâmica na qual vivemos enquanto sociedade. Para nós, da Casa de Marias, só existe uma saída e ela é coletiva, é para todas/os/es nós.

Essa é a direção da nossa luta. Parece-nos fundamental restabelecermos a premissa de que não há razoabilidade em qualquer concepção de mundo interno que não considere, de forma séria e profunda, o mundo externo. Não é possível operarmos em uma dissociação ilusória entre eu e o mundo, como se esses fossem entes absolutamente separados que nada estariam implicados uns nos outros. Como se fôssemos forjados em laboratório e não na realidade. Essa ideia, tão divulgada em nossos meios, falseia a realidade. Essa ideia tem origem, propósito, posicionamento e serve a um projeto político que não é o que apostamos aqui.

E precisamos estar atentas/os/es, porque o argumento para sustentar essa ideia vem sempre acompanhado de um discurso de inferiorização e de um movimento que tenta desqualificar, descreditar e deslegitimar aquele que dele diverge.

Pausa para uma anedota ilustrativa: há poucas semanas, após uma aula de quase quatro horas sobre psicanálise e relações raciais, um renomado professor e psicanalista se aproxima para conversar comigo e me dizer que ele pouco entende dessas discussões, pois estão mais no campo "imaginário e simbólico" e ele, na clínica, escuta o sujeito (com ênfase), então, "essas coisas" pouco interessam. E eu comigo só pensava: "Lá vai o lacaniano branco, herdeiro, que cobra o valor da compra do mês de uma família numa sessão no consultório dele lá na Vila Madalena, do alto da mediana sabedoria dele e do grande privilégio, me dizer que para a psicanálise verdadeira não importa discutir raça e racismo." Para minha sorte e sanidade, ele me ocupou por não mais de cinco minutos.

Essa cena me deixou um alerta sobre o futuro da psicanálise. O futuro que nós queremos. Essa onda neoliberal que capturou a psicanálise está em crise, em franca derrocada, assim como o capitalismo, porque não se sustenta a longo prazo. As instituições, coletivos e projetos que compõem esta publicação representam, a meu ver, junto com tantas outras iniciativas de clínicas públicas Brasil afora, a esperança da psicanálise. Mais ainda, a melhor expressão e proposta do que a psicanálise pode oferecer ao mundo enquanto potência emancipatória e transformadora.

Ao mesmo tempo, ainda a meu ver, só faz sentido falarmos em clínica pública se pudermos enxergá-la como expressão de denúncia, como a exposição da ferida aberta pelo desmonte que o SUS sofre e que sempre sofreu. Parece-me fundamental que possamos olhar nessa direção e, atentas/os/es às experiências de clínicas públicas, possamos pensá-las como modos de invenção, mobilização, articulação e pressão política, a única direção que, de fato, nos parece oferecer uma solução estrutural para nossas encruzilhadas: fortalecimento, aprofundamento, crescimento e ampliação do Sistema Único de Saúde.

Com isso, voltemos à questão do sujeito: não existe nada que seja tão estritamente individual que não esteja manchado pelo campo social. Digo "manchado" porque, para aquele tal psicanalista, aparentemente, o campo social é essa parte "suja", menor, menos importante e que deveria, portanto, ser desconsiderada. O "problema" é que essa mancha, essa marca, esse registro em nós é constitutivo, irreversível, estruturante. Se você quiser "não escutá-lo", o fará sob pena de estar fazendo qualquer coisa, exceto escutando "o sujeito" e, em última análise, sob pena de estar fazendo tudo, menos psicanálise.

Esses fios não se desatam para que aí se inicie "o legítimo processo de análise". Não. A análise se dá aí mesmo, no atamento desses nós. Nesse enodamento. Esses fios se entrelaçam de forma constitutiva e irreparável. Isso é o sujeito. Nesse sentido, buscarmos nos aprofundar um pouco mais na teorização da psicanálise, como apoio para essa reflexão, pode ser de grande valia. Para nós, psicanalistas, essa acepção de sujeito deveria ser óbvia, porém não é. Também entendo que isso se deve não só pelo discurso neoliberal do qual falávamos há pouco – que afetou em cheio uma camada de psicanalistas e suas produções nas últimas décadas –, mas também devido à forma e por onde a psicanálise chega ao Brasil: por uma via institucionalizada, de uma burguesia letrada, branca, do grande centro urbano, imersa num pensamento bastante colonial próprio da época. Obras como a de Elizabeth Ann Danto, dentre as quais menciono *As Clínicas Públicas de Freud*, ou de Florent Gabarron-Garcia, autor de *Uma História da Psicanálise Popular*, se ocuparam de restituir importantes episódios (em outras partes do mundo) dessa história, bem como experiências clínicas psicanalíticas que repõem o que, a meu ver, parece ser a verdadeira origem do pensamento psicanalítico e suas potencialidades de atuação em uma direção crítica, emancipatória e de transformação social. Dito isso, e sabendo que, para uma certa corrente que não se alinha com esses pressupostos (mas que, ainda assim, se denomina psicanálise), a ideia de sujeito parece estar bastante abstratizada e dissociada de qualquer advertência da realidade, gostaria de trazer algum aprofundamento nesse ponto, para podermos, ao fim, retomarmos a questão territorial, que é o foco deste capítulo.

Freud, logo na introdução de *Psicologia das Massas e Análise do Eu*, afirma que: "Na vida psíquica do ser individual, o Outro é, via de regra, considerado enquanto modelo, objeto, auxiliador e adversário e, portanto, a psicologia individual é também, desde o início, psicologia social, num sentido ampliado, mas inteiramente justificado."[6] Ao colocar o outro enquanto campo social na vida psíquica do ser individual, Freud já está estabelecendo a relação constitutiva da qual estávamos falando. Se seguirmos Lacan, na leitura guiada pelo seu retorno a Freud, nos parece que ainda mais esse ponto se coloca em evidência. Na topologia lacaniana, o sujeito é representado na figura da Banda de Moebius, sinalizando a característica contínua das faces internas e externas dessa figura topológica. Lacan destaca que, na sua conceituação de sujeito, tal qual nessa fita torcida, o que se passa "do lado de dentro" é um *continuum* do que se passa "do lado de fora". O sujeito seria esse movimento que desliza entre as duas faces da fita que, na verdade, é uma face única. Sujeito e Outro possuem entre si uma relação estrutural e constitutiva. Para Lacan, o sujeito se constitui na relação com o Outro. Ainda na psicanálise lacaniana, podemos recortar a ideia de "êxtimo/extimidade", um neologismo criado pelo autor para nomear o paradoxo de algo muito íntimo e, ao mesmo tempo, externo. O que parece ser uma ressonância do que Freud denominou como *Unheimlich*: o estranho familiar[7]. Embora não tenhamos tempo, aqui, de nos aprofundar na teoria de constituição do sujeito em Jacques Lacan, nos parece muito importante a termos em mente para retomarmos a discussão sobre território.

Esse Outro não é apenas a pessoa do outro, a alteridade, meu interlocutor. Esse é o campo social, o campo da linguagem, dos discursos, da cultura, da ordem do simbólico. Esse é o grande Outro que nos constitui. Que está

6 *Obras Completas*, v. 15, p. 14.

7 Ver O Estranho, *Uma Neurose Infantil e Outros Trabalhos* (1917-1918). ESB, V. 17.

presente em nossas relações, na forma como nos enlaçamos. Esse Outro fora que é dentro, íntimo, meu, parte de quem eu sou, como eu me vejo. Esse Outro emaranhado pelos atravessamentos do mundo que nos rodeia, pelas histórias, olhares, lugares nos quais estamos ou desde os quais somos vistos, afetados e marcados também pelas estruturas que nos organizam dentro do campo social.

Voltemos então a Carolina Maria de Jesus, escritora, negra, favelada, e à sua frase: "a favela é o quarto de despejo de São Paulo". Despejo. Lixo. Resto. Significantes como esses que circulam no discurso, no campo do Outro, e que marcam esses territórios periferizados; que marcam e produzem efeitos também em quem se constituiu subjetivamente nesse espaço geográfico, simbólico e afetivo. A periferia é esse espaço que marca uma localidade externa, prenhe de significados, sentidos e significações que atravessam essa localidade interna, íntima, que não está descolada de todos esses atravessamentos ao redor.

Por isso as marcas estigmatizantes são problemáticas e produzem efeitos sintomáticos e de sofrimento. Por isso a importância de uma psicanálise que possa assumir um posicionamento ético e fazer um endereçamento sempre ao sujeito (como deveria ser todo discurso do analista), rompendo com a objetalização, com o silenciamento e a invisibilização. Essa é a direção ética, emancipatória, na qual acreditamos e apostamos. Que nos dá subsídios para acreditar que a luta por saúde mental pública é também, indissociavelmente, a luta por uma efetiva e radical transformação social que vise liberdade, justiça e dignidade para todas as pessoas.

## REFERÊNCIAS

DANTO, Elizabeth Ann. *As Clínicas Públicas de Freud: Psicanálise e Justiça Social, 1918-1938*. Trad. Margarida Goldsztajn. São Paulo: Perspectiva, 2019.

FREUD, Sigmund. *Obras Completas, v. 15: Psicologia das Massas e Análise do Eu e Outros Textos [1920-1923]*. Trad. Paulo César de Souza. São Paulo: Companhia das Letras, 2011.

\_\_\_\_. O Estranho. *Uma Neurose Infantil e Outros Trabalhos (1917-1918).* ESB, 1919, v. 17. Rio de Janeiro: Imago, 2006.

JESUS, Carolina Maria de. *Quarto de Despejo: Diário de uma Favelada.* São Paulo: Ática, 2014.

KILOMBA, Grada. *Memórias da Plantação: Episódios de Racismo Cotidiano.* Trad. Jess Oliveira. Rio de Janeiro: Cobogó, 2019.

MBEMBE, Achile. *Necropolítica: Biopoder, Soberania, Estado de Exceção, Política da Morte.* Trad. Renata Santini. São Paulo: n-1, 2018.

# DESAFIOS E POTÊNCIAS

*Verônica Rosa*
[PerifAnálise]

*"Escrevivência"*

Começo digitando o texto pensado na forma com a qual poderia escrevê-lo. Escolhi a "escrevivência", termo criado por Conceição Evaristo, em sua dissertação de mestrado, e que se trata da junção das palavras "escrever" e "vivência". Também foi a única forma encontrada para escrever livre de qualquer julgamento do desafio da escrita. De certa forma, agrada-me muito esse modo de escrita, pois realmente traduzirá meu lugar de fala. Quando "vivi" o seminário, fiz pequenas anotações acerca do que ali nos foi apresentado. Estava emocionada em ter que falar para pessoas com as quais tive a honra de compartilhar a sala de aula, pessoas pertencentes a outros sete coletivos e colegas de percurso na psicanálise, com alguns dos quais interagi somente no modo *on-line*. Pela dinâmica do "Acesso", agora podemos nos encontrar presencialmente; são pessoas negras importantes para o meu percurso recente na psicanálise e também para minha clínica.

### "Clínica e Território"

O tema "Clínica e Território: Desafios e Potências" me fez ter o desejo de falar em uma das mesas do seminário, como forma de contar um pouco da clínica que vem sendo possível desenvolver dentro do coletivo PerifAnálise. Após cinco anos de formação, estar na clínica Perifanalítica me fez perceber um campo de atuação. Até então, a única atuação possível para minha realidade era em clínicas conveniadas. Período difícil, uma vez que os atendimentos eram, de certa forma, cronometrados, e cada pessoa tinha uma quantidade limitada de consultas. Desnecessário dizer que a lógica capitalista dos convênios não atende as necessidades do usuário pagante. Nesse modelo, o desempenho de nossa função, cujas obrigações estão previstas em contrato, depende muito do plano assinado pelo beneficiário; enquanto os planos mais caros davam direito a mais consultas, os mais baratos dependiam de autorização da operadora, ou ainda, exigiam carta emitida pelo profissional, justificando a necessidade de continuidade do tratamento.

### Clínica

A clínica Perifanalítica me deu condições de realizar uma clínica possível pós-faculdade; de olhar para a psicanálise, agora acessível, como jamais antes. É uma situação desafiadora sair da faculdade e não ter uma referência para atuar na clínica, principalmente quando, dentro dos espaços acadêmicos, não se ensina a escutar a periferia, mas a ter um consultório de fácil acesso aos pacientes, pacientes estes que não serão os que vivem à margem. Não há disciplinas ou conversas acerca do cuidado da saúde mental na periferia, ou acerca da saúde mental dos próprios estudantes; a única teoria apresentada é a psicologia social, que estuda o comportamento do indivíduo nas relações sociais. Essa teoria talvez seja a única que tem um olhar aproximado para os que vivem à margem, e isso ainda dependerá do conteúdo apresentado e selecionado pelos professores.

## Território

É também desafiador ser um corpo periférico dentro das instituições. Aqueles que nelas conseguem adentrar começam a deixar características do território aparecerem; linguajar, roupas ou estilo de cabelo irão, muitas vezes, denunciar os seus percursos. No meio de tantas informações brancas elitistas, nota-se que a permanência de um corpo periférico dentro do espaço acadêmico sempre passará por violências, vendo-se obrigado ou condicionado a se refazer quantas vezes forem necessárias para nele caber. É como se o corpo periférico morresse para estar vivo dentro das instituições.

Nós somos pobres, viemos para as margens do rio. As margens do rio são os lugares do lixo e dos marginais. Gente da favela é considerado marginais. Não mais se vê os corvos voando as margens do rio, perto dos lixos. Os homens desempregados substituíram os corvos[8].

O primeiro desafio para esses corpos que vivem à margem é passar pelo primeiro ato, o de sobreviver até chegar a uma instituição, seja ela qual for. É o ato de permanecer vivo para o corpo periférico, como já denunciava Carolina Maria de Jesus, em seu livro *Quarto de Despejo*, que narra claramente a vida dos que vivem à margem, a negligência do Estado e das instituições da época, assim

8 C.M. de Jesus, *Quarto de Despejo*, p. 45.

230

como o racismo geográfico que vai diariamente separando o centro da periferia, sobretudo no tocante a saneamento, saúde, educação e lazer.

A obra, cujo subtítulo é *Diário de uma Favelada*, revela a luta de uma mulher preta na tentativa de conservar a vida. Denuncia as violências da época e como a periferia sempre foi tratada como "lixo". Isso justificaria as periferias estarem sempre "ao fundo" geograficamente. Cada página do livro relata o seu cotidiano na periferia e fora dela. Há momentos de narrativa de outros corpos periféricos, como os que sofriam com a chegada da polícia e como era tratado o favelado sem documentos, com dificuldades por faltas concretas e vítima da fome. Nota-se que toda a denúncia relatada em seu diário não é só da época, é atemporal. Ainda acontece dessa forma, havendo detalhes que podem ser descritos como casos atuais.

Quando não é bala que atravessa o peito é um homem sendo chicoteado, massacrados como em Paraisópolis e sufocados como no caso Genival dos Santos[9]. Nas periferias, nunca houve um olhar para pensar como são os territórios. Não há acessos a nada. O grupo de *rap* Face da Morte, em sua música "Mudar o Mundo", comenta:

> É o que sobrou pra nossa gente
> Para mim a favela é um acampamento permanente
> Que ainda não se organizou politicamente, francamente
> É um absurdo ver o povo vivendo à beira de tudo
> E não ter acesso a nada
> Vivendo em meio às cruzes, à beira da estrada
> Movimentada por onde passa quem tem aonde ir
> Não sei como mesmo assim encontram forças pra sorrir.[10]

9 "Genivaldo de Jesus dos Santos foi vítima de uma das violências policiais mais brutais. O homem, que tinha problemas psiquiátricos, foi morto essa semana por agentes da Polícia Rodoviária Federal (PRF), asfixiado, dentro do camburão de uma viatura da corporação." A. Silva, Quem Era Genival de Jesus Santos, *Rádio Jornal Pernambuco*.

10 Face da Morte, Mudar o Mundo, Radar Records, *YouTube*.

*Acesso*

Palavra retirada do dicionário com significado diferente para quem vive à margem. Substantivo masculino; ato de ingressar, entrada, ingresso, possibilidade de chegar aproximação, chegada. Palavras que demoram concretamente a fazer parte do cotidiano dos que vivem à margem. Não acessar lugares desde a infância deixará claro que a corrida da vida começa do mesmo ponto, mas com equipamentos diferentes. O vídeo "A Corrida dos Privilégios", encontrado facilmente no YouTube, exemplifica melhor, na prática, como é "acessar" para cada pessoa. Todos partem do mesmo ponto, porém, ao longo do processo têm vantagens diferentes, a depender da história de cada indivíduo.

A posição, o lugar onde vocês nasceram, os colocaram e as colocaram bem mais próximos da linha de chegada. [...]
[...] E óbvio que todos nós temos que correr, mas não é justo que alguns comecem tão atrás de outros, pelo simples fato de não poderem escolher [...][11].

Para o corpo periférico, ingressar em instituições sempre passará pelo ato concreto de ter várias barreiras ultrapassadas, sejam elas de moradia, de transporte ou, ainda, a barreira da fome. As entradas nas instituições sempre são tardias e, muitas vezes, pagas. Corpos das margens chegam ao centro para estudar. Começam a abrir caminhos de luta e desalienação; sem condições, adentram na era da descoberta só com papel e caneta nas mãos, tentando deixar para trás as formas de escravidão. Só os livros libertam para o conhecimento e, curiosamente, são os últimos a chegar para estudantes periféricos. Autores negros não são colocados nas instituições; são selecionados a "não" aparecerem, de modo a ficarem inacessíveis durante anos. Novamente a corrida dos privilégios

11 A Corrida dos Privilégios, *YouTube*.

aparece; quem não tem como acessar fica distante de autores tão importantes.

Há saberes que são escondidos, como forma de dominação da massa que vive à margem. Estes são historicamente silenciados; há falta de acesso ao básico, que coloca o povo em completa forma de dominação, enquanto o Estado faz de "lixo" aquele que vive à margem.

Há uma necessidade concreta por parte daquele que vive à margem; a margem que não foi superada. Os poucos que conseguem sair do ciclo escravagista sempre o fazem com muito esforço. Mesmo sem recursos, a periferia tem conseguido demonstrar cada dia mais que, com oportunidade, o indivíduo periférico alcança seu potencial – ainda que nada lhe tenha sido "reparado historicamente" –, podendo demonstrar sua cultura e seu território também como potência. Frise-se, favela não é carência, é potência: "Ah favela, você não é carência é potência, me roubam a paciência aqueles que mostram que favela é só violência. Não agem com decência…"[12]

A escuta de território é sempre desafiadora por buscar entender detalhes da fala, respeitar as necessidades de diálogos atravessados pelo linguajar periférico, por estar atenta à subjetividade do indivíduo no território, sem julgamentos quanto a estilos de roupas periféricas ou padrões da sociedade, diferentes em cada região. O analista com uma dimensão também periférica consegue escutar sem suposições preestruturadas, pois também tem uma vivência periférica. Há um corpo atravessado pelo território; não há uma fórmula para a escuta, mas apenas uma sensibilização que passa pelo corpo do analista periférico.

É necessário escutar e respeitar as questões de gênero, raça e classe de uma forma não só singular. As necessidades são concretas, nem todas as escutas são de dores; o povo à margem também ama. Esse amor pode ser por alguém ou pela comunidade. Há quem ame o samba, a capoeira,

---

12 Conecta Cabana, Dia da Favela, *Facebook*, nov. 2021.

a religião, os passinhos do *funk*, do *trap* e do *rap*. Há uma diversidade de saberes, de formas encontradas para se aquilombar e revelar as potências das comunidades que, por muito tempo, foram colocadas como forma de "vadiagem" e que, atualmente, vêm sendo reconhecidas como cultura popular brasileira, como ocorreu recentemente com o *rap*. Fingir que não existem esses saberes influencia na escuta do território; é negar-se a escutar as especificidades, as ancestralidades e as diversidades culturais do povo brasileiro.

Pensar coletivamente tem sido a única saída para a população à margem. A maioria das conquistas das periferias está sempre rodeada de histórias coletivas, e isso tem impacto direto na probabilidade de alcance de cada uma delas. Um corpo na margem, lutando sozinho, não faz diferença, sempre será um só corpo, e uma unidade não tem força. A forma de agir em coletivo também cuida de aspectos do "aquilombar-se": um passa a cuidar do outro como forma de preservação das construções do grupo. E se é certo que a quantidade de membros fortalece nossas lutas, é dessa forma que tenho aprendido e assim ocuparei o meu lugar como profissional. Será esse o meu olhar para o território.

## REFERÊNCIAS

CONECTA Cabana. Dia da Favela. *Facebook*, nov. 2021. Disponível em: <https://www.facebook.com>. Acesso em: jan. 2024.

CORRIDA dos Privilégios, A. *YouTube*, out. 2018. Disponível em: <https://www.youtube.com>. Acesso em: jan. 2024.

EXAME. "Favela é Potência, Não é Carência", diz Celso Athayde, da Favela Holding. *Favela S/A*. Disponível em: <https://www.exame.com>. Acesso em: jan. 2024.

FACE da Morte. Mudar o Mundo. Radar Records, *YouTube*, mar. 2019. Disponível em: <https://www.youtube.com>. Acesso em: jan. 2024.

JESUS, Carolina Maria. *Quarto de Despejo: Diário de uma Favelada*. São Paulo: Ática, 2005.

SILVA, Adige. Quem Era Genival de Jesus Santos. *Rádio Jornal Pernambuco*, Recife, 27 maio 2022. Disponível em: <https://radiojornal.ne10.uol.com.br>. Acesso em: dez. 2023.

# PARTE 3
## DEVIR E PORVIR
## DAS CLÍNICAS PÚBLICAS

# TERRITÓRIOS CLÍNICOS:
## A CONSTRUÇÃO DE OUTROS TEMPOS – SÃO TEMPOS DE ESPERANÇA

*Fernanda Almeida*

*Trabalhadoras e trabalhadores do Brasil,
vocês existem e são valiosos para nós.
Mulheres do Brasil, vocês existem e são
valiosas para nós.
Homens e mulheres pretos e pretas do Brasil,
vocês existem e são valiosos para nós.
Povos indígenas deste país, vocês existem e
são valiosos para nós.
Pessoas lésbicas, gays, bissexuais, transexuais,
travestis, intersexo e não binárias, vocês
existem e são valiosas para nós.
Pessoas em situação de rua, vocês existem e
são valiosas para nós.
Pessoas com deficiência, pessoas idosas,
anistiados e filhos de anistiados, vítimas*

> *de violência, vítimas da fome e da falta de moradia, pessoas que sofrem com a falta de acesso à saúde, companheiras empregadas domésticas, todos e todas que sofrem com a falta de transporte, todos e todas que têm seus direitos violados, vocês existem e são valiosos para nós.*
> *Com esse compromisso, quero ser Ministro de um país que ponha a vida e a dignidade humana em primeiro lugar.*
>
> SILVIO ALMEIDA
> *Discurso de Posse como ministro dos Direitos Humanos e da Cidadania.*

Nomear é um imperativo em psicanálise; quem fala é sujeito. O reconhecimento do sujeito da enunciação e de seu desejo é um dos objetivos do trabalho analítico. O discurso de posse do ministro dos Direitos Humanos e da Cidadania do Brasil, Silvio Luiz de Almeida, no dia 3 de janeiro de 2023, certamente entrou para a história do país como um ato que buscou estabelecer uma espécie de abertura à reparação, real e simbólica, ante a destrutividade que marcou a gestão do governo antecessor, mas não só, uma vez que, tragicamente, toda a história brasileira é marcada pela invisibilização dos sujeitos dos grupos aos quais se dirigiu o ministro, assim como pelo silenciamento do sofrimento produzido por esse processo – distinção de classe, raça, gênero, em todas as suas variações.

Ao identificar os grupos minorizados, em discurso oficial, e lhes atribuir importância, existência e significado, dirigindo-se a eles, o ministro Silvio Almeida faz aquilo que em psicanálise é sabido: *o valor do reconhecimento e da nomeação do sujeito.*

Dois dias antes, no primeiro dia de 2023, a simbólica "subida da rampa" pelo presidente Lula com representantes do povo brasileiro fez desatar o nó que havia em nossas gargantas, permitindo-nos soltar o grito que, há muito, estava preso. O simbolismo do ato, somado aos dois discursos de posse do presidente – tanto no Senado quanto no Parlatório do Palácio do Planalto –, aferiu a temperatura da luta de classes naquele momento, assim como dos conflitos decorrentes da postura golpista do presidente antecessor, com relação ao resultado das eleições presidenciais. Mal sabíamos que, oito dias depois da posse mais disputada, simbólica e representativa, a democracia brasileira viveria o seu maior ataque direto desde o fim da ditadura, muito embora desse para perceber – para aqueles que, assim como eu, estavam na capital federal nos dias que antecederam as festividades da cerimônia de posse –, que havia um clima de tensão e instabilidade em virtude dos acampamentos no entorno da Esplanada dos Ministérios. Uma horda de sórdidos golpistas, protegidos por parte das Forças Armadas, circulava em grupos. Eram, majoritariamente, homens brancos de meia-idade, enrolados em bandeiras verde e amarela, os quais evidenciavam que não deixariam a capital do país de maneira espontânea. Algo teria que acontecer, e aconteceu! Em outras palavras, havia um clima de prelúdio da farsesca tentativa de golpe, ainda que não quiséssemos percebê--lo, apesar das evidências – hoje tornadas provas – das intenções antidemocráticas do bolsonarismo.

A invasão criminosa das sedes dos três poderes, por meio dos atos antidemocráticos, suplantou o clima festivo que marcou a primeira semana do governo Lula. Bolsonaro e sua corja de extremistas deliquentes não nos deixou esquecer que o seu projeto de cunho fascista não é episódico, mas sim uma força política maior que ele, pois está sustentada no avanço da extrema direita no Brasil e no mundo.

Antes do discurso histórico de posse, Silvio Almeida já havia feito uma outra manifestação pública de igual importância. No dia 17 de novembro de 2022, em entrevista a Mano Brown para o *podcast Mano a Mano*, ele disse da necessidade de inventar um novo Brasil. Mano Brown interpelou-o, perguntando se ele queria dizer "reinventar" o país. O professor e filósofo foi então categórico, respondendo com eloquência:

O Brasil institucional é uma grande tragédia. Racialmente uma tragédia, uma tragédia autoritária, uma tragédia social. […] O Brasil não consegue se livrar das amarras do subdesenvolvimento. O Brasil é um país profundamente autoritário. Vai ser preciso construir um Brasil institucional. A gente vai ter que tratar a questão racial como uma questão absolutamente importante e fundamental para estabelecer um marco de convivência e de posteridade, a gente vai ter também que contar com uma reconfiguração simbólica do Brasil.[1]

É interessante pensar que a entrevista foi ao ar antes mesmo de ele ser publicamente anunciado como Ministro e antes dos atentados de 8 de janeiro, demonstrando que a história e as previsões a seu respeito não se fazem por elucubrações, mas por análises políticas alicerçadas na realidade histórico-cultural e que, se bem feitas, elas podem indicar os desafios do futuro.

Nessa mesma direção, um outro registro histórico aponta aquilo que busco reafirmar aqui, o valor do reconhecimento e da nomeação do sujeito. Refiro-me ao documentário *Racionais MC's: Das Ruas de São Paulo Para o Mundo*[2], dirigido por Juliana Vicente, no qual os quatro racionais, Mano Brown, Ice Blue, KL Jay e Edi Rock, dão uma aula sobre a cultura periférica brasileira e sobre os resquícios da violência do Brasil – fundado na escravização, no capitalismo que teve como base o escravismo e o colonialismo em suma. Nesse esteio interpretativo, não se trata de delinear o racismo como um fenômeno apenas subjetivo e/ou individual/comportamental, mas como próprio da estrutura social brasileira. O racismo é estrutural, e sua dinâmica segue atualizando e incorporando novas formas, as tessituras hediondas que necessitam de toda forma de repúdio e denúncia.

Se Silvio Almeida está correto ao afirmar que o Brasil precisa ser "inventado", arrisco dizer que as bases socioculturais para essa criação estão certamente naquilo que vem sendo produzido, desde muito tempo, nos territó-

1 Mano a Mano, Entrevista com Silvio Almeida, *Spotify*, nov. 2022.
2 Ver J. Vicente, Racionais MC's, out. 2022.

rios periféricos e marginalizados deste país, em todos os campos, especialmente na área da cultura e da sociabilidade, mas não só. A história de resistência documentada no filme *Racionais MC's* é uma prova disso.

Seguramente, Conceição Evaristo estava certa quando postulou: "Combinaram de nos matar, mas nós combinamos de não morrer." Ainda que saibamos da inexistência de um acordo tácito de matança, ela acontece cotidianamente, assim como a resistência de pessoas pretas e pardas, descendentes dos povos escravizados e dos povos indígenas de todo o país. Resistem na defesa de seu modo de pensar, produzir, criar. Por meio de sua arte, de sua estética e de seus valores materiais e imateriais vão grafando suas inscrições na história política e social do Brasil. Imprimem e fazem do seu modo de viver aquilo que o país tem de mais potente e criativo. Um Brasil que nos orgulha, um Brasil desejante, mas onde as forças hegemônicas de poder operaram, reprimindo e violentando. Quer saber do pensamento do Brasil contemporâneo, escute o *podcast Mano a Mano*, conduzido magistralmente por Mano Brown, com a consultoria jornalística e participação da incrível Semayat Oliveira. Lá também é possível escutar, por meio das pessoas entrevistadas, as dores e o preço alto que os sujeitos pagam individualmente. Muito se falou sobre o sofrimento e o adoecimento das pessoas negras, indígenas e quilombolas. Lá se discutiu e debateu sobre as necessidades urgentes da escuta racializada e socialmente implicada. Lá foi dito da candente necessidade de democratizar a escuta do sofrimento psíquico. Lá se falou sobre a importância de um investimento maior em saúde mental. Lá se discutiu as bases sócio-históricas do Brasil na contemporaneidade por uma perspectiva até então inédita.

Por outro lado, não são recentes a tentativa e a ameaça constante da negação, do apagamento e da apropriação daquilo que é essencial na cultura popular brasileira. Não se trata aqui de abrir a complexa análise crítica sobre cultura popular *versus* cultura erudita, isso exigiria outras determinações, mas o que busco demonstrar é o que desde há muito tempo é sabido: o apagamento do muito que foi produzido, em termos políticos, culturais, artísticos, estéticos e sociais, por sujeitos negros, com a conivência e/ou recalcamento por parte da branquitude na área acadêmica e também nas ciências, de maneira geral.

Lamentavelmente, não é diferente no campo da saúde mental, sobretudo na psicanálise. O livro *A Psicanálise na Encruzilhada: Desafios e Paradoxos Perante o Racismo no Brasil*, organizado por E. de C. David e G. Assuar, traz uma importante contribuição nessa direção. Igualmente, uma outra publicação, hoje considerada pioneira, *O Racismo e o Negro no Brasil: Questões Para a Psicanálise*, organizado por N.M. Kon, M.L. da Silva e C.C. Abud, explicita as dificuldades e resistências no interior do próprio movimento psicanalítico.

Sem esquecer os antecedentes históricos[3], o movimento que hoje busca democratizar a psicanálise está atrelado à realidade histórico-social do Brasil, que denuncia e procura desmontar o mito da democracia racial, atribuindo a esta o caráter de sintoma social, e cuja arquitetura estrutural segue alicerçada no sistema capitalista dependente, que tem como origem fundante o escravismo e o colonialismo, como asseverou Silvio Almeida.

Lélia Gonzalez foi a precursora mais influente desse movimento na universidade, e seus estudos servem de base para o debate sobre os impactos do racismo na subjetivação do povo brasileiro. Contudo, vale ressaltar que, antes dela, Virgínia Leone Bicudo é reconhecida como a pioneira do debate do racismo na academia. Foi a primeira brasileira, psicanalista negra, a ser admitida pela Associação Internacional de Psicanálise, com a tese *Estudo das Atitudes Raciais de Pretos e Mulatos*, defendida em

---

3 Uma breve historicização se encontra no artigo: F. Almeida, A Cor da Pele do Corpo Que (Eu) Habito, *Boletim Online*, v. 69.

São Paulo, na Escola Livre de Sociologia e Política. Como socióloga e psicanalista, Virgínia foi essencial para a divulgação da psicanálise no país.

Nessa mesma toada, e avançando no campo da metapsicologia, Neusa Sousa Santos deixou uma enorme contribuição para a psicanálise em intersecção com a questão racial. Em 2021, foi reeditada a sua obra clássica, *Tornar-se Negro: Ou as Vicissitudes da Identidade do Negro Brasileiro em Ascensão Social*, um marco teórico no campo da psicanálise brasileira. A obra de Neusa Sousa Santos guarda uma especial coerência teórica e política, ao tomar como referência sociológica para o debate da cultura a produção do marxista Florestan Fernandes, intitulada *A Integração do Negro na Sociedade de Classes*, de 1965.

Cabe mencionar, ainda, as autoras contemporâneas e que seguem em franca produção, quais sejam, Isildinha Baptista Nogueira, Maria Lúcia da Silva e Cida Bento, entre outras mais jovens, todas com produções acerca das elaborações metapsicológicas e ético-políticas em torno do fenômeno do racismo, do seu impacto na constituição e subjetivação dos sujeitos e de como a psicanálise pode contribuir nesse processo.

Verdade seja dita, desde seu surgimento, em 2012, e de sua recente ampliação, a Lei de Cotas nas Universidades produziu um movimento inaudito e que parece não aceitar mais nenhum tipo de conciliação ou recalcamento. O ingresso da juventude negra e de origem periférica transformou a universidade no país. Segundo o IBGE, entre 2010 e 2019, houve aumento de quase 400% no número de pessoas pretas e pardas como estudantes nas instituições de ensino superior do Brasil[4]. Quais são os efeitos dessa inserção na sociabilidade brasileira? No campo psicanalítico o quadro é semelhante, mas não se trata somente de democratizar o acesso à escuta, mas,

---

4 João Vitor Marcondes, Cotas Raciais: O Que Mudou na Década da Lei de Cotas, *Quero Bolsa*, 15 jul. 2022.

sobretudo, de garantir a formação de analistas negros e negras. Recentemente, o Departamento de Psicanálise do Instituto Sedes Sapientiae encampou uma campanha de arrecadação coletiva de fundos para subsidiar bolsas de auxílio-formação que custeiam análise pessoal e supervisão. A campanha faz parte da política de reparação racial aprovada pelos membros do departamento. O Instituto Sedes Sapientiae financia as bolsas no que se refere às mensalidades[5].

Participar da presente obra é me confrontar tanto com a certeza de que tudo está dito quanto com a convicção de que temos muito a construir. Ou, nas palavras de Emicida: "É tudo pra ontem." Nesse sentido, minha contribuição aqui é a de realocar o sentido amplo do *valor do reconhecimento e da nomeação do sujeito*, uma vez que o racismo, por meio de seu modo colonial de estruturação, desumanizou e dessubjetivou homens e mulheres, tal como descreveu Frantz Fanon em *Peles Negras, Máscaras Brancas*. Os efeitos perversos desse processo também podem ser mais bem compreendidos em *Memórias da Plantação*, de Grada Kilomba. Já no Brasil, um precursor dos estudos sobre os efeitos nefastos da colonização foi Clóvis Moura. Apoiado na teoria de Marx, ele possui uma obra edificante sobre a luta de classes no Brasil e sua relação de origem, engendrada desde o período escravista e colonial. Recentemente, o psicólogo Márcio Farias coordenou um projeto de reedição das obras do sociólogo.

Tive a oportunidade de participar desde o início da construção do Seminário Territórios Clínicos. Tive a honra de compor a Comissão Organizadora e participar de sua elaboração, desde a definição dos conteúdos até os procedimentos mais estruturais. Foram seis meses de intensa preparação, nos quais uma comissão composta

5 Mais informações sobre a Campanha Levante estão disponíveis no site da instituição.

de representantes das sete entidades parceiras – Amma Psique e Negritude, Casa de Marias, Margens Clínicas, PerifAnálise, Roda Terapêutica das Pretas, Sur Psicanálise e Grupo Veredas: Psicanálise e Imigração – construiu um trabalho participativo e de muita criatividade.

Três aspectos desse processo exprimem na prática aquilo que, conceitualmente, concebemos como fundamento do projeto Territórios Clínicos. Aqui destaco os sentidos e as concepções de *territorialização*, *representatividade* e *clínica*.

A definição do local para acontecer o primeiro Seminário Territórios Clínicos necessitava respeitar aquilo que é indispensável, o deslocamento da centralidade, não só em termos geográficos, mas também simbólicos. O Campus USP-Leste, que abriga a Escola de Artes, Ciências e Humanidades da Universidade de São Paulo – EACH, nos pareceu o mais adequado. O sentido de longe-perto trouxe um mal-estar para as pessoas que não costumam se deslocar para os territórios mais afastados da centralidade – aqui centralidade é entendida nas suas dimensões geográficas e de poder. Dessa forma, a concepção de território, nos termos de Milton Santos, foi vivenciada na prática. A geografia política se sobrepôs ao espaço físico. Em uma das mesas, uma palestrante contou que o Seminário estava acontecendo a cinco minutos de distância da sede de sua entidade, gerando constrangimento em quem dizia estar achando o local escolhido muito distante. Longe do quê, perto de quem?

A cidade compreendida como espaço público é o palco das múltiplas expressões da sociabilidade geradora do mal-estar do nosso tempo. Primeiramente, Henri Lefebvre e, mais recentemente, David Harvey demonstraram como o Direito à Cidade não é um conceito apenas concreto e material, mas o quanto ele diz sobre a sociabilidade e sobre o modo de ser e estar na cultura, fazendo e refazendo os espaços públicos. Por isso mesmo, as cidades são expressões das contradições da sociedade. Por esse ângulo, território e territorialização assumem conotação política quando atrelados às noções de representatividade e de clínica[6].

A escuta do sofrimento, objetivo da escuta analítica, ganha uma dimensão coletiva e uma determinação social; assim, a clínica se faz em espaços vivos e a partir das condições materiais de vida dos sujeitos que os habitam. Portanto, a precarização das condições de vida, resultante da agenda ultraneoliberal, alicerçada na austeridade econômica e social do modelo que pautou o governo Bolsonaro-Guedes, deixou marcas deletérias no tecido social – desemprego, fome, violência e miséria, além de outras determinações sociais, que precisam ser compreendidas como o "chão" no qual os sujeitos se relacionam. Ainda que tenham uma dimensão única e singular, que precisa ser escutada a partir de cada sujeito, tais determinações não são individualizadas e precisam ser interpretadas em seu sentido clínico-político. Seria isso parte daquilo que se reivindica como fundamento para a construção e ampliação das Clínicas Públicas de Psicanálise no Brasil. Ou seja, para a população periférica, disputar a cidade, construir suas formas de luta cotidiana por sobrevivência, pelejar por ter o reconhecimento da sua cultura, da sua estética e do seu modo de vida, dão forma àquilo que temos chamado de cultura periférica. Estarão a psicanálise e quem a pratica no Brasil com a escuta aberta para tais questões?

É interessante acompanhar o impacto e o acolhimento que a publicação do livro de Elizabeth Ann Danto, *As Clínicas Públicas de Freud: Psicanálise e Justiça Social*, teve no Brasil, resultando na formação de grupos de estudo e de pesquisa, assim como no lançamento de *podcast*[7],

6 Ver H.Lefebvre, *Direito à Cidade*; e D. Harvey, *Cidades Rebeldes*.
7 "A vinda de Elizabeth Ann Danto ao Brasil para o lançamento do livro e para uma série de conferências, em 2019, evidenciou a existência de vários coletivos de psicanalistas trabalhando uma psicanálise pública e inclusiva; e os grandes embates antirracistas e de enfrentamento de preconceitos de todos os tipos, nos levaram a criar um grupo de pesquisa de clínicas públicas de psicanálise no Brasil. O podcast tem o apoio da ▶

fazendo circular no meio psicanalítico brasileiro uma interpretação fundamentalmente social da psicanálise freudiana e demonstrando como seu mestre, Freud, via com entusiasmo o avanço das clínicas públicas. A despeito da consolidação de sua metapsicologia psicanalítica, possivelmente por sua formação e vinculação à tradição científica e, ainda, por sua sagacidade e experimentação clínica, Freud manteve o movimento dialético pelo qual submeteu constantemente suas formulações teóricas à experimentação da prática analítica na clínica, seja no desenvolvimento da técnica, seja na reflexão de natureza ética.

Ao passar dos anos e de suas próprias experimentações e reinvenções, psicanalistas pós-freudianos foram "recriando" o *setting* psicanalítico. No Brasil, recentemente fala-se da necessidade de "tornar" a psicanálise mais acessível e democratizar seu acesso.

A outra diretriz importante no seminário foi garantir que todas as mesas fossem compostas de pessoas dos coletivos. Nesse sentido, a *representatividade* estava em não só garantir a pluralidade das entidades ali representadas, mas em fazer circular a palavra entre aqueles e aquelas que nem sempre são escutados e escutadas nos ambientes em que a psicanálise é debatida. A princípio, tal diretriz pareceria óbvia, mas ela teve como resultado um enorme impacto para quem lá esteve. Um seminário construído, pensado e conduzido, majoritariamente, por jovens psicanalistas pretos e pretas e de origem periférica. Ficou evidente para quem esteve, no dia 15 de abril, no primeiro Seminário Territórios Clínicos a existência de uma força criativa e absolutamente inovadora, sendo gestada por parte do campo da saúde mental, sobretudo no campo psicanalítico, merecedora de nossa atenção.

Seria exagero dizer que o primeiro Seminário Territórios Clínicos foi um marco no debate recente sobre as

▷ editora Perspectiva e da Fundação Tide Setubal, e produção de A Toca Cooperativa Visual." Disponível em: <https://www.spotify.com>.

Clínicas Públicas de Psicanálise no Brasil? Arrisco dizer que não, posto que o conjunto dos artigos reunidos neste livro é a prova material de que algo novo emerge no interior da própria psicanálise no país, muito embora saibamos que não se faz história com autoproclamação, mas sim com o resultado do próprio movimento dialético dos acontecimentos. Quando falamos em Territórios Clínicos, não são esses os espaços que estamos reivindicando?

O que se sabe é que existe legítima demanda e reivindicação por atendimentos no campo da saúde mental que nunca foram tão urgentes. Os dados alarmantes sobre o agravamento psíquico da população lotam os serviços de saúde públicos em todo país – as depressões e as ansiedades são os sintomas cotidianos de maior incidência na atenção primária em saúde. Não há serviços públicos em quantidade suficiente para a demanda existente e a situação pós-pandemia trouxe desafios ainda maiores. A questão é complexa e desafiante, pois, na inexistência de serviços adequados e suficientes, a maquinaria produtora de diagnósticos faz parceria com a indústria farmacêutica. Nunca se medicalizou tanto; por exemplo, o Rivotril (clonazepan), um benzodiazepínico, teve um aumento de 22% de vendas só no primeiro ano da pandemia[8].

Ao mesmo tempo, o movimento de Saúde Mental segue construindo suas bases. Mais recentemente, coletivos de profissionais da saúde foram criados em toda a cidade de São Paulo, a partir de formulações como as que foram recuperadas pelo psicanalista Emiliano de Camargo David, na construção conceitual do *aquilombamento* na Saúde Mental[9].

Ao pobre periférico, o desejo de escuta de seu sofrimento costuma ser negado pelas instituições e pelo poder "psi" dominante. Mas o quilombo – no sentido simbólico, político e organizativo – nunca deixou de existir como

8 Rosangela Capozoli, Cresce Consumo de Relaxantes Musculares e Antidepressivos, *Valor Econômico*, 27 ago. 2020.

9 Ver *Aquilombamento da Saúde Mental*.

espaço de produção de conhecimentos, desejos e resistências. Assim tem sido a organização de vários coletivos de saúde mental, que reúnem sujeitos com comprometimento ético e social em relação aos corpos negros e periféricos. Na contramão da fetichização, a luta antimanicomial em intersecção com a luta antirracista, identificada, por exemplo, no coletivo Kilombrasa[10], vem produzindo um importante letramento sobre a necessidade de desvelar essa chaga secular. Com a proposta de *aquilombamento* dos serviços de saúde mental, o que se propõe é racializar a escuta terapêutica, compreendendo que esse país é profundamente racista e desigual e que, portanto, a determinação do processo saúde-doença tem um componente racial estruturante.

Por fim, concluo este texto no último dia do ano de 2023; não foi planejado que fosse assim; meus adiamentos e resistências comprimiram o tempo. Escrever em 31 de dezembro certamente deu um contorno esperançoso às palavras. O peso da expectativa para o próximo ano tem o volume da esperança em novos tempos. Sobrevivemos à destrutividade mortífera que regeu os últimos anos; por ela e apesar dela resistimos e fomos capazes de criar beleza e poesia. Certa vez, no já distante 2021, quando o número de mortes pela Covid no Brasil tivera seus maiores índices, escrevi que me sentia em praia de tombo, tentando ficar em pé apesar dos solavancos da maré brava[11].

Hoje, escrevendo diante das águas tranquilas do canal de São Sebastião, sinto que não só conseguimos alguma ancoragem, mas também atingimos alguma calmaria. Nadamos até a praia. Ana Maria Gonçalvez, em seu magistral livro, *Um Defeito de Cor*, escreve o significado da ancestralidade: "Quando não souberes para onde ir, olha para trás e saiba pelo menos de onde vens."[12] Vamos construir em

---

10 Para saber mais sobre o Kilombrasa, acesse o canal do coletivo no YouTube.

11 Ver F. Almeida, O Ataque à Saúde Mental, Para Além dos Números, *Outras Palavras*.

12 *Um Defeito de Cor*, p. 396.

terra nova outras experiências aquilombadas. Oxalá… Em 2024, iniciaremos uma nova edição do Projeto Territórios.

## REFERÊNCIAS

ALMEIDA, Fernanda. A Cor da Pele do Corpo Que (Eu) Habito, *Boletim Online*, São Paulo, v. 69, 2023. Disponível em: <https://www.sedes.org.br>. Acesso em: jan. 2024.

_____. O Ataque à Saúde Mental, Para Além dos Números. *Outras Palavras*, São Paulo, 10 dez. 2020. Disponível em: <https://www.outraspalavras.net>. Acesso em: jan. 2024.

ALMEIDA, Silvio. *Racismo Estrutural*. São Paulo: Pólen, 2019.

BENTO, Cida. *O Pacto Narcísico da Branquitude*. São Paulo: Companhia das Letras, 2022.

CAPOZOLI, Rosangela. Cresce Consumo de Relaxantes Musculares e Antidepressivos. *Valor Econômico*, 27 ago. 2020. Disponível em: <https://sindusfarma.org.br/>. Acesso em: abr. 2024.

DAVID, Emiliano de Camargo. *Aquilombamento da Saúde Mental: Cuidado Antirracista na Atenção Psicossocial Infantojuvenil*. São Paulo: Hucitec, 2023.

DAVID, Emiliano de Camargo; ASSUAR, Gisele (orgs.). *A Psicanálise na Encruzilhada: Desafios e Paradoxos Perante o Racismo no Brasil*. São Paulo/Porto Alegre: Hucitec/Projeto Canela Preta/Sedes Sapientiae, 2021.

FANON, Frantz. *Pele Negra, Máscaras Brancas*. São Paulo: Ubu, 2020.

FAUSTINO, Deivison Mendes. *Frantz Fanon e as Encruzilhadas: Teoria, Política e Subjetividade*. São Paulo: Ubu, 2022.

FERNANDES, Florestan. *Significado do Protesto Negro*. São Paulo: Expressão Popular, 2017.

GONÇALVES, Ana Maria. *Um Defeito de Cor*. Rio de Janeiro: Record, 2006.

GONZALEZ, Lélia. *Por um Feminismo Afro-Latino-Americano: Ensaios, Intervenções e Diálogos*. Org. Flávia Rios; Marcia Lima. Rio de Janeiro: Zahar, 2020.

HARVEY, David. *Cidades Rebeldes: Do Direito à Cidade à Revolução Urbana*. São Paulo: Martins Fontes, 2014.

hooks, bell. *Tudo Sobre o Amor: Novas Perceptivas*. São Paulo: Elefante, 2021.

IANNI, Octavio. A Racialização do Mundo. *Tempo Social*, São Paulo, v. 8, n.1, jan.-jun. 1996. Disponível em: <https://doi.org/10.1590/ts.v8i1.86140>. Acesso em: jan. 2024.

INSTITUTO SEDES SAPIENTIAE. Campanha Levante. Disponível em: <https://sedes.org.br>. Acesso em: ago. 2024.

KILOMBA, Grada. *Memórias da Plantação: Episódios de Racismo Cotidiano*. Rio de Janeiro: Cobogó, 2019.

KILOMBRASA, YouTube. Disponível em: <https://www.youtube.com>. Acesso em: ago. 2024.

KON, Noemi Moritz; SILVA, Maria Lúcia; ABUD, Cristiane Curi (orgs.). *O Racismo e o Negro no Brasil: Questões Para a Psicanálise*. São Paulo: Perspectiva, 2017.

LEFEBVRE, Henri. *Direito à Cidade*. São Paulo: Centauro, 2001.

MANO A MANO. Entrevista Com Silvio Almeida. *Spotify*, nov. 2022. Disponível em: <https://www.spotify.com>. Acesso em: jan. 2024.

MARCONDES, João Vitor. Cotas Raciais: O Que Mudou na Década da Lei de Cotas. *Quero Bolsa*, 15 jul. 2022. Disponível em: <https://querobolsa.com.br/revista/cotas-raciais-o-que-mudou-na-decada-da-lei-de-cotas>. Acesso em: abr. 2024.

MOURA, Clóvis. *Os Quilombos e a Rebelião Negra*. São Paulo: Dandara, 2022.

_____. *O Negro, de Bom Escravo a Mau Cidadão?* São Paulo: Dandara, 2021.

NOGUEIRA, Isildinha Baptista. *A Cor do Inconsciente: Significações do Corpo Negro*. São Paulo: Perspectiva, 2021.

SCHUCMAN, Lia Vainer. *Entre o Encardido, o Branco e o Branquíssimo: Branquitude, Hierarquia e Poder na Cidade de São Paulo*. São Paulo: Veneta, 2020.

_____. *Famílias Inter-raciais: Tensões Entre Cor e Amor*. Salvador: EDUFBA, 2018.

SOUZA, Neusa Santos. *Tornar-se Negro: Ou As Vicissitudes da Identidade do Negro Brasileiro em Ascensão Social*. Rio de Janeiro: Zahar, 2021.

VICENTE, Juliana. *Racionais MC's: Das Ruas de São Paulo Para o Mundo*. Brasil: Netflix, 2022. Streaming, cor, v.o. em português, 116'.

# OS COLETIVOS DE PSICANÁLISE, A INSTITUCIONALIZAÇÃO E SEUS DESCONTENTES: UM ENSAIO PARA UM DEBATE PERMANENTE

*Rafael Alves Lima*

> *Vai, bicho, desafinar o coro*
> *dos contentes: let's play that.*
>
> JARDS MACALÉ E TORQUATO NETO

## Introdução

Este ensaio vem sendo escrito como uma reação prolongada a uma provocação: *seriam os coletivos de psicanálise avessos à institucionalização?* Essa pergunta[1] me foi ende-

---

1 O presente texto é efeito de um debate ocorrido em 01 de outubro de 2022, promovido pelo coletivo Margem Psicanálise, cujo título na ▶

reçada, obviamente, fora da lógica mais simplória, na qual haveria apenas duas respostas: sim e não. Dentre os mais diversos ângulos pelos quais se poderia capturar a pergunta, fui imediatamente convocado à primeira pessoa, afinal, quem sou eu para respondê-la? De que lugar posso falar sobre esse assunto?

Só posso me propor a refletir sobre essa provocação e encontrar uma posição de autoria possível a partir do paradoxo "só sou alguma coisa enquanto não sou nada". Não posso ser porta-voz dos coletivos de psicanálise, mesmo fazendo parte de um – o Margens Clínicas – e, sendo ele um coletivo, também não posso (nem quero) ser porta-voz de nada, nem mesmo do coletivo a que pertenço. Preciso não saber se concordarão comigo para me autorizar enquanto autor a reagir à provocação que me é feita. Logo, reajo a ela como qualquer outre que a queira torná-la pensável. Não sou nenhuma espécie de "autoridade no assunto" apenas pelo fato de ser membro de um coletivo. Menos ainda estou em posição de autoridade para falar de instituições. Não reivindico um "lugar de fala", mas quero sim falar algumas coisas porque, justamente, só sou algo do lugar de nada que sou, penso e falo.

▷ ocasião foi: "Seriam os Coletivos de Psicanálise Avessos à Institucionalização?" (disponível em: <https://www.youtube.com>). Agradeço a Carol Leão, Fábio Bispo e Manoel Moacir pelo convite ao debate, bem como a Leonardo Danziato, Linnikar Castro e todes que estiveram presentes e trouxeram suas contribuições. Agradeço também pela convocação à instigante leitura do ensaio "A Tirania das Organizações Sem Estrutura", de Jo Freeman, que inspirou parte significativa das reflexões naquela situação. Depois de idas e vindas de escrita, permiti que o texto fosse atravessado pela conversa a ponto de se tornar significativamente diferente do que eu havia preparado para apresentar na ocasião. Ainda assim, confrontando ambas, é deveras muito provável que eu (ainda) não discorde de mim mesmo e que, portanto, "o espírito" daquele debate e do presente texto seja o mesmo. Há aqui muitas categorias da reflexão (como "público" ou "vanguarda") que merecerão uma prestação de contas epistemológica mais detida em textos vindouros. Lamento não poder realizar um esforço de sistematização dessas categorias aqui, mas valho-me positivamente da provisoriedade da forma-ensaio, pois é isso que o nosso texto pôde (e veio a) ser.

É oportuno convocar a primeira pessoa para introduzir o meu *react* à provocação, pois, afinal, não se pode dizer que há uma literatura vigente abrangente sobre o nosso objeto de reflexão. Claro que não aportamos na escrita desprovidos de recursos, mas eles foram, em sua grande maioria, recursos indiretos – e, talvez por isso, válidos. Recursos diretos para dar respostas diretas à questão, aparentemente, aparecerão com o tempo e ao sabor do acaso que é próprio do universo contingencial e cumulativo da construção do conhecimento[2].

Um ótimo exemplo de que essa construção acontece em tempo real é o primeiro volume da novíssima *Revista Traço*, do Instituto Gerar. Eis um pequeno mosaico de cinco citações de alguns dos artigos ali publicados:

Primeiro, Clarice Pimentel Paulon:

As Escolas de psicanálise muitas vezes se comportam como fratrias, submetidas aos seus pais: Freud e Lacan, principalmente. Essa perspectiva faz jus à infantilização da teoria da Lei paterna e seus modos de uso: submeter-se a um pai trans-histórico e universal é distinto de entendê-lo como função organizativa e estabelecer regimes de filiação que se compõem com o desejo e com reformulações históricas necessárias. As formações tornam-se irmandades, associadas a uma espécie de compulsão à repetição transferencial à autoridade, e não um espaço de construção de transferências de trabalho.[3]

Segundo, Érico Andrade:

2 Eis algumas das melhores pistas com que tive contato recentemente: C.I.L. Dunker, *Estrutura e Constituição da Clínica Psicanalítica*; F. Pacheco-Ferreira; R de O. Mendes, Quem Paga o "Pathos"?, *Ágora*, v. 25, n. 1; J. Birman, O Discurso Freudiano no Espaço Público, em J. Vertzman; F. Pacheco-Ferreira, *O Público na Psicanálise*; A.M.C. Guerra, O Papel da Psicanálise na Desconstrução do Racismo à Brasileira, *Subjetividades*, n. 20; A.M.C. Guerra et al., Ocupação Antirracista e Decolonial do Espaço Psicanalítico, *Quaderns de Psicologia*, v. 23, n. 3; M.D. Rosa, Cartas aos/às Jovens Psicanalistas Hoje, *Lacuna*, n. 12; J.H.P. Palumbo et al., Por uma História das Políticas da Psicanálise, *Psicologia USP*, v. 29, n. 1.

3 Ver Psicanálise, *Traço*, v. 1. (Revista digital.)

para que a formação possa efetivamente ser democrática, ela precisa não apenas incluir pessoas negras e periféricas nas instituições ou incentivar o fomento das formações nas periferias do Brasil, posto que essas são, sem dúvidas, condições necessárias, mas não o suficiente[4].

Terceiro, Wilson Franco:

o que garante uma boa análise? O que garante um bom analista? O que garante uma boa formação? Não acho que seja necessário restringir aos privilegiados; não sei como estender aos condenados da terra; mas acho que merecemos a boa luta, e acho que as instituições prestigiosas fariam bem a todos nós se arregaçassem as mangas e deixassem de lado as falsas certezas do dogmatismo e da autoalienação[5].

Quarto, Roberta Veloso de Matos:

adivinhe quem são os psicanalistas formados por essa instituição? Pois é, o óbvio precisa ser dito: gente branca com consultório em Perdizes e Pinheiros e em um mercado de transferências comum das concentrações de renda e raça acaba-se, infelizmente, escutando sujeitos com os mesmos pertencimentos, claro que não com as mesmas questões, afinal a subjetividade é uma das belezas mais infinitas que há[6].

E, por fim, Augusto Coaracy, Carol Leão, Linnikar Castro, Luciana Neiva, Marina Zampirolo e Samantha Alflen:

A democratização da formação do psicanalista, para ser efetiva, precisa necessariamente impactar uma ordem já instituída, deslocando posições (de privilégio), com todo desconforto daí resultante. E é nessa perspectiva que apontamos para uma *formação pública do psicanalista*, termo mais apropriado que o impreciso

4 Ver Democratização da Formação em Psicanálise, *Traço*, v. 1.
5 Ver Por uma Psicanálise Desvencilhada do Eurocentrismo e do Elitismo, *Traço*, v. 1.
6 Ver Um Bonde Chamado Privilégio do Desejo ou a Meritocracia do Desejar, *Traço*, v. 1.

"formação social", difundido como sinônimo de "baixo custo" (embora o dinheiro tenha aí seu peso).[7]

Bem, sem entrar, por ora, em detalhes desses textos – todos excelentes, escritos por pensadores excelentes –, essa pequena "bricolagem clínico-política" parece suficiente para demonstrar a incontornabilidade do desconforto que acompanha psicanalistas em coletivos (e psicanalistas que acompanham coletivos) e suas relações com instituições, hoje, no Brasil. Há vários ângulos pelos quais se pode olhar para esse desconforto – a questão da formação psicanalítica é o mais evidentemente reivindicado –, mas, seja sob qual ângulo quisermos olhar, não se pode negar que ele esteja na pauta do dia, a ponto de se confundir com esta.

Meu esforço aqui será o de tentar não reduzir a reflexão a simplesmente "emitir uma opinião". Creio que há um esforço de qualificação do debate a ser feito que quero iniciar aqui, que nem de longe chego perto de encerrar. Busco aqui recursos válidos indiretos para empunhar, principalmente, um dos significantes da provocação: "institucionalização". Sei que poderia ser "coletivo", "formação", "psicanálise" ou outros, mas eles, infelizmente, terão de aguardar pela próxima oportunidade.

Sublinho "institucionalização" justamente porque a provocação parece apontar para "ser avesso à institucionalização", mas não exatamente para "ser avesso a instituições psicanalíticas". Sendo ou não um pressuposto, necessário ou contingente, talvez o caminho mais cauteloso seja examinar a presença deste pré-requisito antes de qualquer coisa. Vejamos três das prováveis variáveis dessa equação para praticar o jogo de combinatórias, visando algumas respostas tangíveis. Para abordá-las, tenho em vista principalmente o cenário paulistano de coletivos de psicanálise e instituições psicanalíticas, tomando a posição pública de seus membros como índice de validação dos desdobramentos.

7 Ver O Público na Clínica e na Formação Psicanalítica, *Traço*, v. 1.

*Três Variáveis*

Seriam os Psicanalistas dos Coletivos de Psicanálise
Avessos a Instituições de Psicanálise?

Se tomados individualmente não, ou ao menos não necessariamente, uma vez que há psicanalistas que atuam nos
coletivos e são, ao mesmo tempo, filiados a instituições
de formação psicanalítica. Em muitos casos, inclusive, são
filiados a instituições de formação psicanalítica de tradições diferentes – é possível, por exemplo, ver analistas
kleineanos e lacanianos convivendo em um mesmo coletivo, e entre coletivos distintos, sem maiores desavenças.
Logo, pouco importa se esses que decidem pela filiação
institucional são maioria ou minoria, ou se fizeram tal
opção felizes ou a contragosto. O que vale considerar é
que a relação parece não ser a do tipo "ou-um-ou-ou-
tro", por petição de princípio. As superfícies de contato
não se atritam se esses psicanalistas não se colocarem
nem como porta-vozes do coletivo na instituição nem
como porta-vozes da instituição no coletivo. Tal condição é dada quando a instituição não tenta (ou tenta não
tentar, ao menos) se apropriar, tirar proveito ou "confis-
car" capital simbólico dos coletivos, pelo simples fato de
que um ou alguns de seus membros são filiados a ela.
Dizendo de outro modo, para aproveitar o vocabulário
do texto já citado de Paulon, não basta que os coletivos
não sejam "puxadinhos" das instituições, o bom convívio também tem como requisito que instituições não se
arroguem "sobrados" de coletivos. Examinaremos as consequências desse contraste mais adiante.

Seriam os Coletivos de Psicanálise Avessos a
Instituições em Geral? Por Exemplo, a Instituições de
Saúde ou de Assistência Social?

Bem, aqui podemos apontar com mais segurança: certamente não. Muitos membros dos coletivos são trabalhadores (ou melhor, trabalhadores *e* batalhadores) do SUS e

do suas, bem como há aqueles que têm suas jornadas de trabalho em hospitais e instituições privadas de saúde ou no terceiro setor. A realidade de boa parte desses membros acaba sendo, grosso modo, a seguinte: fazem sua jornada de 40 horas semanais, em um trabalho dito "regular", reservam alguns períodos (provavelmente noites) da semana para o consultório particular, acham tempo para estudar em grupo ou individualmente e, como se não bastasse (!!), desafiam as 24 horas do dia e dão um jeito de atuar em um coletivo de psicanálise, no mínimo, uma vez por semana – por razões óbvias, frequentemente aos sábados. Isso se estende desde aqueles que o fazem para se manterem materialmente até aqueles que acreditam na causa política dos serviços em que atuam, combinando as duas frentes em maior ou menor grau. Asseguro-me de que, nem os coletivos de psicanálise nem os psicanalistas são avessos a instituições em geral, quando tenho em vista aqui décadas de trabalhos realizados no Brasil por psicanalistas em instituições, cujo registro bibliográfico é vasto e riquíssimo. Tem para todos os gostos, e vou me dar a liberdade de elencar alguns aqui, em uma lista não exaustiva, dos clássicos aos contemporâneos: atuações na saúde pública[8] (em geral, é uma combinação entre os dois), na assistência social[9], nas medidas socioedu-

---

8 Temos uma bibliografia importantíssima sobre a psicanálise nos hospitais que são verdadeiras lições sobre o problema que estamos aqui tateando. Considero *Vastas Confusões e Atendimentos Imperfeitos*, de Ana Cristina Figueiredo, um clássico, leitura mais do que obrigatória. Desde o igualmente clássico e obrigatório *O Que Pode um Analista no Hospital?* até o mais recente *Abordagem Psicanalítica do Sofrimento nas Instituições de Saúde*, Maria Livia Tourinho Moretto vem insistindo que não se trata de ser "avesso à instituição em geral", mas, ao contrário, trata-se de insistir na presença da escuta psicanalítica desde dentro, de poder habitar uma certa estrangeiridade estratégica para que tal seja possível no interior, no caso, de um hospital. Menciono também, por fim, a tese de doutorado de Nadja Nara Pinheiro, *Uma Casa Com Paredes de Cristal*, que problematiza o lugar da psicanálise na clínica ambulatorial, a partir das relações entre o público e o privado, em uma perspectiva winnicottiana.

9 Aqui o tema é ainda mais espinhoso. Verli Eyer de Araújo propunha, no início dos anos 1980, o chamado *Serviço Social Clínico*, proposta ▶

cativas[10], nos trabalhos com imigrantes[11], na clínica com bebês[12] e mesmo nas "clínicas peripatéticas"[13]. Não reconheço em nenhum desses trabalhos algo que soe como "o-psicanalista-contra-a-instituição". Igualmente, não me recordo de ter conhecido algum coletivo de psicanálise que militasse ou milite contra instituições públicas ou de Estado. Pelo contrário. Não há razões para alimentar expectativas de convivências pacíficas entre a escuta psicanalítica e a estrutura institucional. Afinal, é da ausência de paz que brota a condição da escuta psicanalítica na instituição, e por meio dela se fazem os cotidianos desses psicanalistas que atuam na ponta e que, apesar de tudo, atuam. Mas bem, se houver algum coletivo por aí se posicionando a favor do desmonte do SUS ou algo do tipo, por favor, é preciso que ele seja avisado de que está lutando a luta errada.

## Seriam os Coletivos de Psicanálise Avessos a Instituições de Psicanálise, no Sentido de Instituições Que Já Existiam Antes Que Se Formassem Tais Coletivos?

Não sei se *seriam*, mas arrisco dizer que em algum momento sim, eles *foram*, e acrescentaria que, provavelmente, foi crucial que tenham sido. Às vezes, animados pelo humor *antiestablishment*, às vezes orientados por uma oposição notadamente estratégica, a literatura corrente

▷ esta que foi largamente criticada ao longo das décadas (ver E.M. Nicácio, Serviço Social e Subjetividade, *Praia Vermelha*, n. 18). Nesse campo heterogêneo de debates, vale destacar o trabalho de Tânia Ferreira, denominado *Os Meninos e a Rua*, bem como o balanço feito por Luciana Maria Susin e Maria Cristina Poli, em A Intervenção Clínica na Assistência Social (em A.C. Indursky et al., *Intervenções Psicanalíticas*).

10 Ver M. Guirado, *Instituição e Relações Afetivas*; I. da S.K. Marin, *Febem, Família e Identidade*.

11 Ver a belíssima obra de Ana Gebrim, *Psicanálise no Front*.

12 Claudia Mascarenhas organizou um livro bastante substantivo sobre o assunto, intitulado *O Bebê Não Vive Numa Bolha*.

13 Refiro-me aqui a mais um clássico: A. Lancetti, *Clínica Peripatética*.

aponta que é pela denúncia do elitismo e das dificuldades de acesso à formação institucional em psicanálise que muitos membros desses coletivos se reconheceram e se reconhecem hoje como pares, como *pares na margem*. Muitos membros desses coletivos veem nessa margem "transcoletiva" sua razão primeira de existir. Ao mesmo tempo, para postular tal oposição, foi preciso ignorar uma evidência que é o fato de que, com o perdão do tom relativista, há instituições e instituições de psicanálise. No atacado e no varejo, não há quem não admita que há entre elas significativas diferenças qualitativas e quantitativas. Há algumas instituições que se propõem a formar muitos psicanalistas e outras que se propõem a formar poucos do ponto de vista numérico. Há instituições abarrotadas de membros, cujo poder é razoavelmente rotativo, mas há também aquelas dirigidas pela mesma eterna meia dúzia de caudilhos[14], desde sua fundação. Soube recentemente até de instituições de psicanálise (fora da capital) que não se dispõem a propriamente formar novos quadros de analistas, pautando-se tão somente pelo fomento aberto de debates e publicações, e trabalhando na construção do conhecimento de forma menos imediata. Além disso, nunca é demais lembrar, há todo um universo daquilo que forma analistas e/mas não é instituição de psicanálise. Há tradicionais grupos de estudos que acontecem há décadas e, frequentemente, cumprem papel formativo (do ponto de vista teórico, pelo menos) fundamental para mais analistas do que as próprias instituições, e há também palestrantes e seminaristas que seguem firmes e fortes no estilo "bloco do eu sozinho", reunindo em torno de si grupos de leitura dirigida, e por aí vai. Nessa pletora de cenários para todos os gostos, ser "avesso a instituições de psicanálise" é deveras genérico e impreciso, porque no

14 Uso a expressão caudilho para aproximá-la do que Dunker e Kyrillos Neto denominaram "mestria acumulada". Ver C.I.L. Dunker; F.K. Neto, *Conflito Entre Psicanalistas e Impasses Fálicos da Brasilidade*, *Stylus*, n. 29.

fundo é possível supor que, em algum momento, tantos desses psicanalistas provavelmente se reconheceram como "avessos a algo que caracteriza instituições de psicanálise". Logo, nem todo psicanalista que se assume "avesso a instituições de psicanálise" fez das suas iniciativas parainstitucionais algo propriamente coletivo. O palestrante avulso poderia dizer: "montei meu 'bloco do eu sozinho' porque não suporto o oligopólio das instituições psicanalíticas". Um outro coordenador de grupos, por sua vez, diria: "meus grupos de estudos autônomos não seriam possíveis nas grades curriculares inflexíveis das formações institucionalizadas" – enfim, não é difícil conjecturar outras variações do mesmo tema para inferir que ter sido avesso a instituições de psicanálise não bastou para ensejar coletivos no sentido forte do termo. O que parece ter sido mesmo uma característica dos coletivos é a crítica contumaz à falta de democratização do acesso à formação *institucional* de psicanálise, por mais que não se trate exatamente de falta de opções, digamos, no vasto leque "parainstitucional" de grupos de estudos, seminários avulsos e afins. Ou seja, os coletivos não são apenas expedientes de validação dessas rotas alternativas às instituições então disponíveis para a formação psicanalítica. A partir deles, a oposição fundante, mesmo que genérica, aperfeiçoou a denúncia do elitismo para fazer surtir a crítica, mudando a qualidade de uma pergunta essencial: será que a existência dessas rotas alternativas (grupos de estudos, percursos avulsos etc.) não se tornou uma espécie de "álibi às avessas", oportunizando que instituições de psicanálise se eximissem da tomada de posição *pública* quanto ao compromisso com a agenda geral da democratização do acesso à formação psicanalítica?

Espero que essa pergunta possa reverberar mais longe do que minhas orelhas conseguem ouvir. Aqui, as sutilezas do tempo verbal estão a favor – *seriam, foram, são*. Disse que não sabia se *seriam* os coletivos de psicanálise avessos a instituições de psicanálise; no futuro do pretérito de *ser*, hesita-se demasiadamente entre o que não foi e o que poderia ter sido se lhe tivesse sido dada a chance. Não tenho como saber, nem como responder. Mas, na sequência, disse que acreditava que em algum momento sim, *foram: foram* que é, igualmente, pretérito perfeito e mais-que-perfeito de *ser* e de *ir*. Com isso, quero assinalar que em um passado minimamente estável a pergunta essencial se consuma, pois passar do ser ao ir e, por conseguinte, volver do ir ao ser, não deixa de ser expressão do devir mesmo que mobiliza as coletividades. Dizendo de modo mais claro e menos abstrato para dar preferência ao tempo presente: hoje, não são poucas as instituições brasileiras de psicanálise (quiçá já são maioria), das mais tradicionais às mais atuais, que se dispõem a lidar com os inúmeros recortes sociais de segregação (raça, classe e gênero) que, querendo ou não, elas engendraram, propondo soluções por meio de políticas de cotas e de bolsas, por exemplo. Se a onda autocrítica das instituições realizará a contento a superação das segregações ou não, o tempo dirá. Há os que apostam que sim e os que profetizam que não. Seja como for, há de se reconhecer *a fortiori* e *a posteriori* que os coletivos de psicanálise tinham razão nas críticas que lhes eram originárias, pois o atacado prevalecia ante o varejo. Resta saber se o tempo em que *foram* avessos nos permite inferir algo sobre o que hoje tais coletivos *são*.

*Esboço: Historicizar Instituições e Coletivos*

Uma vez posto isso, podemos traçar nosso desenvolvimento a partir de uma platitude preliminar: instituições de psicanálise não existem desde sempre. Bem mais jovens e impacientes do que as instituições de Estado, uma vez que sobre estas está investida a própria estrutura das nações modernas, segundo o poder tripartite de Montesquieu, as instituições psicanalíticas são empreendimentos indubitavelmente mais modestos e provisórios. Penso que elas podem ser compreendidas como o corolário das relações de força dos próprios movimentos psicanalíticos. Para não as emoldurar dentro dos contornos oportunistas da hagiografia, vale sempre analisar a gênese de cada uma delas no interior dos contextos históricos em que elas se dão. É uma análise histórica que dá um certo trabalho, mas que rigorosamente vale o trabalho que dá; dela se pode extrair lições acerca de toda sorte de situações em que dissensos superam consensos, em que ações e reações originaram resultantes grupais inéditas, tendencialmente mais propícias do que as antigas formas de relação, e por aí vai[15]. Em suma, a intencionalidade instituinte dos novos agrupamentos costuma se estender segundo a regra da instalação de novos movimentos em relação aos seus predecessores. Retroativamente, seria possível, portanto, reconhecer os índices do devir, disparado por uma coletividade mobilizada na história das instituições psicanalíticas.

Em se tratando de história da psicanálise, com efeito, não faltarão exemplos de tensões entre dissensos e consensos. No que tange às iniciativas instituintes que projetaram algo de tendência coletivista, na segunda metade do período ditatorial, na história da psicanálise no Brasil, há registros[16] dos mais diversos. Houve iniciativas coletivas que precipitaram de quadros institucionais e mantiveram relações orgânicas com a instituição, a ponto de praticamente se confundirem com ela, como no caso da relação entre

15 Trabalhei mais extensamente essa análise histórica em minha tese de doutorado. Ver R.A. Lima, *A Psicanálise na Ditadura*.

16 Vale dizer, não apenas no Brasil. Temos relatos de inquietações muito parecidas com a que vemos nos coletivos de psicanálise no Brasil acontecendo em outros países, como, notadamente, na França. O psicanalista Bernard W. Sigg foi um dos fundadores, em 1971, de um projeto sob a forma institucional de um Centro Médico-Psicopedagógico – CMPP, chamado L'Imagerie. Localizado em Vitry-sur-Seine, uma comuna nos subúrbios do sudeste de Paris, região pertencente ao "Cinturão Vermelho", o projeto é formado por equipes multidisciplinares e acolhe cerca de oitocentas famílias por ano (ver B.W. Sigg, *Les Murs de la psychanalyse*). Há um breve comentário sobre essa experiência em *Instituição e Mudança*, de Jean Claude Rouchy e Monique Soula Desroche.

a Clínica Social Anna Kattrin Kemper – CSAKK e o Círculo Psicanalítico do Rio de Janeiro – CPRJ, em meados dos anos 1970[17]. Houve também iniciativas individuais que partiram de quadros institucionais tradicionais (aparentemente os mais avessos ao "trabalho social"), como demonstra a trajetória de Melanie Farkas[18], na Sociedade Brasileira de Psicanálise de São Paulo – SBPSP, que não fundou um coletivo, mas foi capaz de agregar em torno de si interessados em diversas atividades que levavam a psicanálise para fora do *setting* clássico. Houve, ainda, o Instituto Brasileiro de Psicanálise – IBRAPSI carioca, um fio histórico que nos enreda nas tramas da história da esquizoanálise, do movimento lacaniano, da psicoterapia institucional e da influência intelectual da esquerda francesa pós-Maio de 1968[19].

Desafiando o "estado de ameaça", para lembrar da expressão de Janine Puget[20], fato é que há um patrimônio a ser devidamente inventariado de iniciativas, da ditadura aos tempos atuais[21], que se mantiveram desligadas da institucionalidade psicanalítica. Por mais que essas não estejam ainda sistematizadas do ponto de vista historiográfico, parece-nos oportuno colocar aqui, também, que não somente as instituições de psicanálise não existem desde sempre: os coletivos de psicanálise também não. Quero dizer, com isso, que as iniciativas de tornar a escuta psicanalítica acessível a quem quer que seja, independentemente da posição social ocupada, acontecem há

17 Ver J.B. Ferreira, Clínica Social Anna Kattrin Kemper, em D. Dadoorian; L. Fagundes; C. Pereira (orgs.), *Círculo Psicanalítico do Rio de Janeiro*.

18 Ver J.A.D. Pastore; S.S.G. de S. Soares (orgs.), *O Psicanalista na Comunidade*. Há um material interessante no YouTube, de psicanalistas que trabalharam com Melanie Farkas, uma iniciativa feita pela SBPSP para homenageá-la após sua morte. Disponível em: <www.youtube.com>.

19 Ver A. Rossi, *Formação em Esquizoanálise*.

20 Ver J. Puget et al, *Violence d'état et Psychanalyse*.

21 Ver, por exemplo, J. Broide, *Psicanálise nas Situações Sociais Críticas*; M.R. Kehl, *O Bovarismo Brasileiro*.

décadas no Brasil, mas nem por isso a luta pela democratização do acesso ao tratamento psicanalítico se deu sob a forma de coletivos. Isso nos permite compreender, sob certo ângulo histórico, por que a questão da formação dos analistas parece tão sensível hoje: a maior parte dessas iniciativas, honrosamente ocupadas em comprometer a escuta psicanalítica com uma agenda política de justiça social, não se ocupou de formar analistas – nem mesmo a CSAKK, uma vez que a formação institucional de analistas esteve a encargo da CPRJ, mesmo nos seus primórdios mais, digamos, "misturados". Logo, sejam tais iniciativas individuais ou gregárias, pessoais ou societárias, de curta ou de longa duração, há algo nelas que parece apontar para uma especificidade diferencial do que se poderia entender por coletivo de psicanálise: o posicionamento de um grupo nos movimentos psicanalíticos além ou aquém de qualquer cobertura institucional, cujo compromisso com a justiça social excede a já consagrada desobstrução da oferta da escuta a quem quer que seja e se prolonga na implicação com a demanda por formação psicanalítica. A dificuldade de fazer o mapa histórico dessas iniciativas consiste exatamente no hiato desse "índex" de institucionalização, que é a própria disposição para encarar a questão da formação. Portanto, ao não se institucionalizarem, infere-se que talvez (ou melhor, muito provavelmente) elas sequer almejaram a institucionalização em algum momento.

Posto isso, creio que temos condições melhores de desenvolver uma precisão que já anunciamos: como a provocação não é sobre instituições, e tampouco parece ser necessariamente sobre instituições de psicanálise, podemos nos permitir recuperar a ideia de institucionalização, sobretudo no que ela comporta de *marcha transitiva das coletividades*.

*Argumento*

Ser contra a institucionalização seria como ser avesso ao instituinte enquanto processo. Penso que isso não faria muito sentido, uma vez que o instituinte enquanto processo não equivale à posição estacionária, inócua e ociosa do instituído, ainda que haja uma tendência inexorável do instituinte a esse estado. Ainda assim, interromper o processo instituinte "no meio" seria como precipitar o instituído, antecipá-lo, confirmá-lo enquanto fim inevitável. Quero crer que a aposta na dimensão processual instituinte é, justamente, o contrário disso: a potência do experimento consiste, propriamente, na permanência de sua incompletude.

Logo, um dos sentidos que pode ser atribuído à expressão "ser avesso à institucionalização" é, exatamente, resistir à estagnação. Mas penso que há outro sentido concorrente com esse primeiro, que é precisamente o seu complemento, ser avesso à institucionalização enquanto "se manter em marcha". Ser avesso ao instituído parece indicar algo como: ser avesso à prescrição, ao adestramento, ou melhor – melhor porque o nosso português brasileiro permite – ao *amestramento*. Ora, nem é preciso ir tão longe na história da psicanálise para observar que excessos de mestria rimam com constrição do pensamento e com servidão voluntária.

Não obstante, parece legítimo que as instituições desejem "absorver" as vanguardas em seus quadros institucionais. Afinal, tal desejo não deixa de ser motivado por uma espécie de nostalgia narcísica: a vanguarda que eu quero ter por perto é uma versão da vanguarda que eu quis ser ou fui um dia. Não se deve retirar delas tal direito; assim como anunciamos no início, é totalmente legítima a filiação a instituições por parte dos psicanalistas de coletivos. Uma parte pode se nutrir da outra, algo mais da ordem do comensalismo do que do parasitismo. Afinal, não é por outra razão que as vanguardas parecem tão sedutoras para o instituído: elas remetem a um tempo de lutas em que o instituído foi instituinte, um tempo que, findado o processo de institucionalização, ficou necessariamente para trás. Porém, se por um lado isso vale para as instituições, por outro lado as vanguardas dificilmente se reconhecem nesse objeto perdido da nostalgia. É esperado que as vanguardas se afirmem como tal na negação do que veio antes, não enquanto negação do legado, mas enquanto negação da continuidade por inércia (diferença que costuma ser difícil para os saudosistas reconhecerem, mas não para a vanguarda). É inevitável o descompasso que acontece quando o instituído observa o instituinte como quem quer lhe dizer: "vocês são o que eu já fui". O instituinte se recusa a se espelhar no que o instituído já foi porque se recusa a repeti-lo, ou seja, o instituinte é avesso à institucionalização porque não quer se tornar o que o instituído se tornou. O instituído, por sua vez, tende a interpretar isso como "cuspir para cima", como se quisesse advertir que, fatalmente, o cuspe reencontrará o rosto de onde foi ejetado. A crítica válida e construtiva que o instituído pode ofertar aos coletivos reside no fato de que todo "autonomismo" padece da ausência crônica de acúmulo. O paradoxo das vanguardas costuma ser o de iniciar uma aproximação práxica com o campo por meio da crítica ao instituído, mas que, pelo próprio ímpeto de realizar transformações no campo, desconhece a história instituinte do instituído. Invencível como a força da gravidade que nos persuade a não "cuspir pra cima", o legado das instituições estabelecidas se impõe sem pedir licença às vanguardas justamente porque ele já balizava os parâmetros simbólicos que organizam o campo antes de qualquer vanguarda se apresentar nele enquanto tal. Ora, se é nas instituições que estão retidos os acúmulos da história e da memória do campo, é delas que partirá a justa desconfiança em relação aos autonomismos excessivamente espontaneístas.

Do ponto de vista estratégico e tático, as instituições lembram que saber recuar para negociar não é desistir da luta, mas se permitir algum respiro para que tensões políticas sejam reabsorvidas e transformadas, reencontrando mais adiante condições mais propícias, até mesmo para colocar propostas mais radicais do que as anteriores, por exemplo. Em suma, o instituído lembra que o regime de urgência que opera enquanto força motriz dos autonomismos instituintes pode levar a ações precipitadas que agem contra si próprias.

É por essa razão que, ao que tudo indica, os coletivos são mais vulneráveis a intempéries.

Para fins de ilustração, vale aqui retomar a platitude do "há instituições e instituições de psicanálise". Será que não é apenas para quem vê de fora que "os de dentro se misturam a ponto de se indiferenciarem"? Quem vê de dentro dificilmente se julga "misturado", os de dentro sempre vão recusar a pecha de alienado. Aqui, o atacado prevalece novamente sobre o varejo. O mesmo raciocínio parece valer para os coletivos de psicanálise: para quem os vê (muito) de fora, parece tudo igual. Evidentemente, não é.

O desgaste relacional nos coletivos tende a ser mais corrosivo também no que tange a discordâncias em geral, seja na forma de pensar a clínica, seja nas decisões relativas a projetos. A experiência de corresponsabilização é, provavelmente, muito mais horizontal no coletivo do que na instituição. As lideranças explícitas têm esse conforto, que é também um fardo: para o bem e para o mal, a culpa pode ser sempre do chefe de escola ou do chefe naquele momento. No coletivo, não. Eventuais bobagens que sejam feitas ao longo de um projeto podem manchar a reputação do coletivo, mesmo para aqueles que não se envolveram no projeto em questão. Uma reputação avariada, ou mesmo destruída, talvez uma versão da chamada cultura do cancelamento, pode levar anos para ser reconstruída. Isso nos melhores dos casos – nos fins inegociáveis, coletivos podem rachar ou se dissolver pela força demolidora das intrigas. Seguir no coletivo não é prova de bravura nem de covardia; sair do coletivo ou refundar o coletivo por meio de uma renomeação também não são nem um nem outro. Até que o caso a caso seja analisado, dissolvido e elaborado pelo coletivo, o que pode envolver, de fato, anos de trabalho interno, é desejável não tomar conclusões antecipadas.

Instituições, por sua vez, tendem a uma terceirização das responsabilidades e, por isso, tendem também a ser fortalezas mais sólidas. É a clássica ideia de que "a instituição protege seus membros": ela absorve o impacto em caso de acidentes morais, como a lataria flexível do carro contemporâneo, altamente "amassável" para proteger o motorista e os passageiros. O melhor exemplo desse expediente de proteção é a prerrogativa da expulsão, que pode ser acionada diante de uma decisão da maioria dos membros. É evidente que o instituído também se desgasta em uma expulsão, mas, em se tratando de movimentos instituintes, vale lembrar que essa prerrogativa simplesmente não existe, afinal, se uma maioria de um coletivo opta por expulsar um de seus membros, é provável que esse coletivo já não preze pela horizontalidade decisória que o caracterizaria e, portanto, já esteja acenando para o instituído.

*Prever*, não por acaso, é próprio do discurso do instituído. Como uma recusa à previsibilidade, ou uma manutenção da imprevisibilidade, os coletivos parecem exercer o que Henri Lefebvre denominou de "o direito à diferença": "o direito de não serem forçadamente classificados por categorias que foram determinadas pelos poderes necessariamente homogeneizantes"[22]. Zelar pela diferença é, de certo modo, permitir a multiplicidade e, consequentemente, a multiplicação em escala irrefreável.

Há aqui, talvez, também um sintoma do próprio *modus operandi* das instituições ao longo dos anos: as instituições não têm condições de absorver os quadros que elas mesmas formam. Um pouco como a universidade, que não tem condições estruturais de absorver todos os doutores e

22 *The Survival of Capitalism*, p. 35.

pós-doutores que ela mesma forma, há na psicanálise um excesso de contingente que é fruto de um descompasso malthusiano irreversível. Que as instituições psicanalíticas percam seus melhores quadros formados para iniciativas que não estão sob seu jugo, ou que mestres e doutores prefiram cada vez mais ser *influencers* com cursos avulsos *on-line*, em vez de seguirem dedicados à docência e à pesquisa universitária, bem, isso deve ser alguma espécie de sinal dos tempos e há de não causar mais espanto a médio e longo prazo. A lógica exponencial será: não importa o volume da chuva, quanto mais aumenta o número de pessoas à procura de abrigo, menor será o toldo. Em geral, o capital (financeiro e simbólico) que garantiria que as melhores escolhas estivessem nos espaços institucionalizados foi distribuído de forma tão desigual ao longo das últimas décadas que hoje as instituições psicanalíticas (não) colhem aquilo que plantaram. Os quadros de professores muito antigos, que não são capazes de renovar a gramática de suas reflexões, e a pouca abertura para que quadros mais jovens assumam postos de ensino ou de supervisão nas instituições tradicionais vão conduzindo os destinos à maneira da frase emblemática de Lênin: "A morte de uma organização se dá quando os de cima já não podem e os de baixo já não querem."

Claro, guardemos as devidas proporções aqui, não se trata de pregar a morte das instituições. Devo tomar uma posição clara aqui: isso seria uma tolice enorme. Arrisco dizer que é um tanto recente essa percepção de que as instituições não são inimigas dos coletivos. A propósito, instituições e coletivos brigam contra inimigos comuns na maioria esmagadora das vezes. Vale apenas chamar a atenção para o fato de que pertencer a um coletivo de psicanálise ou a um projeto de clínica pública hoje, a depender das circunstâncias do reconhecimento simbólico, pode dar mais prestígio no campo do que rezar a cartilha institucional até se tornar membro aderente ou membro efetivo dos quadros de uma instituição psicanalítica. Ou seja, o instituinte pode, de fato, tornar-se mais lucrativo simbolicamente do que o instituído. Se o descompasso malthusiano evidencia que os de cima já não podem, o desencanto das novas gerações com capitais simbólicos desigualmente distribuídos e uma certa ausência de perspectiva de "carreiras institucionais" leva os de baixo a não quererem. O preço que se paga para rezar a cartilha das subidas hierárquicas institucionais é muito alto para quem possui alternativas, e é certo que pertencer a um coletivo ou circular entre eles estão entre as melhores alternativas disponíveis hoje em termos de circulação de saberes e de práticas clínicas. Isso não é propriamente uma vantagem dos coletivos e, por conseguinte, uma desvantagem das instituições. Mais interessante seria se houvesse possibilidades mais claras de duplos pertencimentos, de tráfegos mais livres, para que a filiação institucional não seja um expediente de submissão da lógica dos coletivos à disciplina institucional, nem o seu contrário. Bastaria que ter um pé em cada barco não fosse signo de indecisão, mas sim de autonomia. Gerações de psicanalistas se formaram em um tempo em que instituições não permitiam dupla filiação: se você era da instituição X, você não poderia ser da Y, menos ainda da Z, e assim por diante. Muitas instituições ainda têm esse modelo caduco das monogamias institucionais. Nos coletivos de psicanálise, já houve e é provável que haja até hoje psicanalistas que atuam em dois coletivos distintos. Ou seja, ao que tudo indica, não há sequer paciência para esse tipo de expediente monogâmico arcaico.

*Considerações Finais:*
*Rumo a Uma Crítica do Ecletismo Tático*

Para quem vê de fora, é deveras paradoxal o "fascínio desconfiado" gerado por coletivos, para dentro e para fora. A ausência de uma agenda comum fascina e desconfia como a advertência sorridente e zombeteira do Gato Cheshire, de Alice no País das Maravilhas: "Se você não sabe para onde ir, qualquer caminho serve." Aqui, muito antes de decidir sobre a construção de uma agenda comum, é preciso, penso eu, investir fortemente na construção da *crítica do ecletismo tático*. Sem ela, os autonomismos continuarão de um lado, com seus prazos curtos de validade, as instituições se apresentarão de outro como toldos curtos para os tempos de chuva e, como resultante, o compromisso com a democratização do acesso à psicanálise nos seus mais diferentes níveis (do tratamento à formação) tenderá a se perder no horizonte da ação política objetiva.

Uma das formas que penso ser útil para a crítica do ecletismo tático é, justamente, o estudo da história das instituições psicanalíticas e dos processos instituintes que a precederam. O exame das "cartas de princípios", dos objetivos de seus grupos fundadores, das dinâmicas de continuidade e ruptura, dos fundamentos éticos que lhe deram razão de existir, e por aí vai. Não faltam recursos de método para tal, desde a memória até a história, e será necessário recorrer a todos os que estiverem disponíveis, pois é fácil supor que instituições contarão com suportes materiais de natureza arquivística e documental mais substantivos do que coletivos, por exemplo. Uma crítica do ecletismo tático historicamente informada poderá ajudar a dissolver eventuais falsas dicotomias ainda presentes entre coletivos e instituições, ou encontrar mais nitidez no contraste entre as falsas equivalências entre eles. Não sabemos e não saberemos o que pode surgir disso – mas podemos apostar que novos reequilíbrios entre semelhanças e diferenças entre eles surgirão após uma qualificação historiográfica do debate.

Uma aposta dessa magnitude exigirá transmutar a nostalgia em história para facilitar o reconhecimento, se é que esse é o objetivo. Seja como for, a nostalgia é narcísica e inofensiva aos olhos da vanguarda. A vanguarda não pode se reconhecer no instituído por meio de uma luta que ela não pode validar como dela. Há empatia, respeito, mas nenhuma dessas categorias é tão decisiva quanto a *implicação*. Afinal, sem implicação, não há processo instituinte. Nem escuta psicanalítica.

## REFERÊNCIAS

ANDRADE, Érico. Democratização da Formação em Psicanálise: Por um Giro Antirracista. *Traço*, São Paulo, v. 1, 2022.

ARAÚJO, Verli Eyer de. *Serviço Social Clínico: Transferência-Contra-transferência*. Rio de Janeiro: Agir, 1982.

BIRMAN, Joel. O Discurso Freudiano no Espaço Público. In: VERTZMAN, Julio; PACHECO-FERREIRA, Fernanda. *O Público na Psicanálise*. Curitiba: Appris, 2020.

BROIDE, Jorge. *Psicanálise nas Situações Sociais Críticas. Violência, Juventude e Periferia: Em uma Abordagem Grupal*. Curitiba: Juruá, 2008.

DUNKER, Christian Ingo Lenz. *Lacan e a Democracia: Clínica e Crítica em Tempos Sombrios*. São Paulo: Boitempo, 2022.

DUNKER, Christian Ingo Lenz; NETO, Fuad Kyrillos. Conflito Entre Psicanalistas e Impasses Fálicos da Brasilidade. *Stylus*, São Paulo, n. 29, 2014.

FERREIRA, João Batista. Clínica Social Anna Kattrin Kemper. In: DADOORIAN, Diana; FAGUNDES, Laura; PEREIRA, Claudia (orgs.), *Círculo Psicanalítico do Rio de Janeiro: 50 Anos*. Rio de Janeiro: Círculo Psicanalítico do Rio de Janeiro, 2019.

FERREIRA, Tânia. *Os Meninos e a Rua: Uma Interpelação à Psicanálise*. Belo Horizonte: Autêntica, 2007.

FIGUEIREDO, Ana Cristina. *Vastas Confusões e Atendimentos Imperfeitos: A Clínica Psicanalítica no Ambulatório Público*. Rio de Janeiro: Relume-Dumará, 2000.

FRANCO, Wilson. Por uma Psicanálise Desvencilhada do Eurocentrismo e do Elitismo. *Traço*, São Paulo, v. 1, 2022.

GEBRIM, Ana. *Psicanálise no Front: A Posição do Analista e as Marcas do Trauma na Clínica Com Migrantes*. Curitiba: Juruá, 2020.

GUERRA, Andréa Máris Campos. O Papel da Psicanálise na Desconstrução do Racismo à Brasileira. *Subjetividades*, Fortaleza, n. 20, nov. 2020.

GUERRA, Andréa Máris Campos et al. Ocupação Antirracista e Decolonial do Espaço Psicanalítico. *Quaderns de Psicologia*, Barcelona, v. 23, n. 3, 2021.

GUIRADO, Marlene. *Instituição e Relações Afetivas*. São Paulo: Summus, 1986.

KEHL, Maria Rita. *O Bovarismo Brasileiro*. São Paulo: Boitempo, 2018.

LANCETTI, Antonio. *Clínica Peripatética*. São Paulo: Hucitec, 2016.

LEFEBVRE, Henri. *The Survival of Capitalism: Reproduction of the Relations of Production*. Transl. by Frank Bryant. New York: St. Martin's, 1973.

LIMA, Rafael Alves. *A Psicanálise na Ditadura Civil-Militar Brasileira (1964-1985): História, Clínica e Política*. Tese (Doutorado em Psicologia Clínica), USP, São Paulo, 2021.

MARGEM PSICANÁLISE. Seriam os Coletivos de Psicanálise Avessos à Institucionalização? *YouTube*. Disponível em: <https://www.youtube.com>. Acesso em: ago. 2024.

MARIN, Isabel da Silva Kahn. *Febem, Família e Identidade: O Lugar do Outro*. São Paulo: Escuta, 2010.

MASCARENHAS, Claudia. *O Bebê Não Vive Numa Bolha: Clínica e Contexto*. São Paulo: Contracorrente, 2021.

MATOS, Roberta Veloso de. Um Bonde Chamado Privilégio do Desejo ou a Meritocracia do Desejar: Se Há Desejo, Ele Opera? *Traço*, São Paulo, v. 1, 2022.

MORETTO, Maria Lívia Tourinho. *Abordagem Psicanalítica do Sofrimento nas Instituições de Saúde*. São Paulo: Zagodoni, 2019.

_____. *O Que Pode um Analista no Hospital?* São Paulo: Casa do Psicólogo, 2002.

NETO, Augusto Ribeiro Coaraci et al. O Público na Clínica e na Formação Psicanalítica: Uma Aposta Coletiva. *Traço*, São Paulo, v. 1, 2022.

NICÁCIO, Erimaldo Matias. Serviço Social e Subjetividade. *Praia Vermelha*, Rio de Janeiro, n. 18, 2008.

PACHECO-FERREIRA, Fernanda; MENDES, Roberta de Oliveira. Quem Paga o "Pathos"? Psicanálise e Clínica Social. *Ágora: Estudos em Teoria Psicanalítica*, Rio de Janeiro, v. 25, n. 1, jan.-abr. 2022.

PALUMBO, José Henrique Parra; MOREIRA, Luiz Eduardo de Vasconcelos; HARITÇALDE, Christian. Por uma História das Políticas da Psicanálise: Institucionalização, Formação e Posicionamento Político dos Analistas. *Psicologia USP*, São Paulo, v. 29, n. 1, jan.-abr. 2018.

PASTORE, Jassanan Amoroso Dias; SOARES, Sylvia Salles Godoy de Souza (orgs.). *O Psicanalista na Comunidade*. São Paulo: SBPSP, 2013.

PAULON, Clarice Pimentel. Psicanálise: Ocupação ou Puxadinho da História? *Traço*, São Paulo, v. 1, 2022.

PINHEIRO, Nadja Nara Barbosa. *Uma Casa Com Paredes de Cristal: A Clínica Psicanalítica no Ambulatório Hospitalar*. Tese (Doutorado em Psicologia Clínica), PUC-RJ, Rio de Janeiro, 2003.

PUGET, Janine et al. *Violence d'état et Psychanalyse*. Paris: Dunod, 1989.

ROSA, Miriam Debieux. Cartas aos/às Jovens Psicanalistas Hoje. *Lacuna: Uma Revista de Psicanálise*, n. 12, 2021.

ROSSI, André. *Formação em Esquizoanálise: Pistas Para uma Formação Transinstitucional*. Curitiba: Appris, 2021.

ROUCHY, Jean Claude; DESROCHE, Monique Soula. *Instituição e Mudança: Processo Psíquico e Organização*. São Paulo: Casa do Psicólogo, 2005.

SIGG, Bernard W. *Les Murs de la psychanalyse: Conditions de la pratique*. Paris: Messidor/Éditions Sociales, 1990.

SUSIN, Luciane Maria; POLI, Maria Cristina Candal. A Intervenção Clínica na Assistência Social: O Testemunho de uma Prática em Construção. In: INDURSKY, Alexei Conte et al. *Intervenções Psicanalíticas: A Trama Social*. Porto Alegre: Criação Humana, 2016.

TRAÇO: *Revista de Psicanálise do Instituto Gerar*. São Paulo, v. 1, dez. 2022. Disponível em: <https://revistatraco.com/001-edicao/>. Acesso em: ago. 2024.

## SOBRE OS AUTORES

**ANA CAROLINA BARROS SILVA**
Diretora-geral da Casa de Marias, psicanalista com duplo doutoramento em Psicologia, Linguagem e Educação pela Universidade de São Paulo e pela Université Paris VIII.

**BIANCA SPINOLA**
Psicóloga formada pela PUC-SP, é integrante da Rede SUR psicanálise desde 2019. Atua em clínica particular com temas voltados à raça, com especial enfoque nas questões sobre mestiçagem.

**CAMILA GENEROSO**
Psicóloga, psicanalista. Especialista em psicopedagogia e desenvolvimento infantil. Atua na área clínica com atendimento a crianças, adolescentes e adultos. Na área jurídica, trabalha como perita e assistência técnica. Em seu trajeto de estudos, desenvolve pesquisas em saúde mental das crianças negras e relações familiares.

**CLÉLIA PRESTES**
Coordenadora de Formação no AMMA Psique e Negritude. Pós-Doutoranda no Diversitas/FFLCH (USP), com pesquisa sobre "Concepções de Saúde e de Futuro". Doutora em Psicologia Social (USP).

**DEISY PESSOA**
Psicóloga Clínica bilíngue (LIBRAS) PUC-SP; especializada em Saúde Coletiva - USP; psicanalista focada em relações sociais; artista e arteira pela vida. Acredita na arte como tecnologia de saúde mental.

**EMILIANO CAMARGO DAVID**
Psicólogo e psicanalista; professor adjunto do Instituto de Psicologia da UERJ; docente colaborador do Mestrado Profissional em Atenção Psicossocial (MEPPSO/UFRJ); Integrante do AMMA Psique e Negritude

**FERNANDA ALMEIDA**
Psicanalista e assistente social, atua no SUS em um CAPS-AD. Integrante da equipe editorial do Boletim online e da Comissão de Reparação Racial e Ações Afirmativas do Departamento de Psicanálise do Instituto Sedes Sapientiae. Integra o projeto Territórios Clínicos da Fundação Tide Setubal.

**GABRIEL INTICHER BINKOWSKI**
Psicanalista e professor no Instituto de Psicologia da USP. Doutor em Psicologia pela Université Sorbonne Paris Nord. É membro do Laboratório de Psicanálise, Sociedade e Política (PSOPOL). Coordena o eixo de Clínica Transcultural do Grupo Veredas: Psicanálise e Migração.

**HELENA B. GUILHON**
Psicóloga formada pela Pontifícia Universidade Católica de São Paulo. Membro do projeto de clínica pública Rede SUR de 2019 a 2023. Monitora no curso de especialização Psicanálise nas Situações Sociais Críticas de 2020 a 2022. Em formação no curso Psicanálise do Instituto Sedes Sapientiae. Psicóloga voluntária para a ONG Mundo AFlora.

**KWAME YONATAN**
Psicanalista, pós-doutorando pela USP e doutor pela PUC-SP. Poeta e escritor, possui quatro livros publicados, sendo o último *Por um Fio: Uma Escuta das Diásporas Pulsionais*.

**LAÍS DE ABREU GUIZELINI**
Psicanalista e psicóloga. Parte da equipe do Canal de Acolhimento e analista de programas e projetos na Fundação Tide Setubal, atuando na linha de saúde mental Territórios Clínicos.

**MARCOS AMARAL**
Psicólogo de perspectiva sócio-histórica, doutor em Educação: Psicologia da Educação (PUC-SP). Coordenador de incidência política e institucional no AMMA Psique e Negritude.

**MARIA LÚCIA DA SILVA**
Psicóloga, Psicanalista. Cofundadora e integrante do AMMA Psique e Negritude: Pesquisa, Formação e Referência em Relações Raciais e da Articulação Nacional de Psicólogas(os) Negras(os) e Pesquisadoras(es). *Fellow* da Ashoka - Empreendimento Social.

**MIRIAM DEBIEUX ROSA**
Psicanalista, Professora Titular do Instituto de Psicologia da USP. Coordena o Laboratório Psicanálise, Sociedade e Política (PSOPOL) e o Grupo Veredas: Psicanálise e Imigração. Pró-Reitora Adjunta para Inclusão e Pertencimento da USP.

**NOEMI MORITZ KON**
Psicanalista, mestre e doutora pelo IPUSP, membro do Departamento de Psicanálise do Inst. Sedes Sapientiae. Autora de *Freud e Seu Duplo* (Edusp/Fapesp), *A Viagem: Da Literatura à Psicanálise* (Companhia das Letras), coorganizadora de *O Racismo e o Negro no Brasil, Questões Para a Psicanálise* (Perspectiva).

**PAULA JAMELI**
Psicóloga e psicanalista. Cofundadora e membra do corpo clínico do coletivo PerifAnálise São Mateus. Formação continuada em psicanálise nas perspectivas teórica, clínica, política e interseccional (raça, classe e gênero).

**PEDRO SEINCMAN**
Doutorando em Psicologia Clínica no Instituto de Psicologia da USP, mestre em Psicologia Social pela PUC-SP, membro do Laboratório Psicanálise, Sociedade e Política do IPUSP (PSOPOL).

**PRISCILLA SANTOS DE SOUZA**
Psicanalista, doutora pelo Instituto de Psicologia da USP; membra do PSOPOL; professora do Instituto Gerar; militante do Movimento de Mulheres Olga Benário e da Escola Tamuya de Formação Popular.

**RAFAEL ALVES LIMA**
Professor de História e Filosofia da Psicologia do Departamento de Psicologia Experimental do IP-USP; psicanalista; membro do

Laboratório de Teoria Social, Filosofia e Psicanálise (LATESFIP--USP), autor de *A Psicanálise na Ditadura* (Perspectiva).

#### RODA TERAPÊUTICA DAS PRETAS
Coletivo de psicólogas negras que se propõe a oferecer atendimento psicoterapêutico através de dispositivos grupais para mulheres negras e periféricas.

#### ROSIMEIRE BUSSOLA SANTANA SILVA
Cofundadora do Coletivo PerifAnálise - São Mateus. Artesã, Psicóloga, trabalhadora do SUS. Pós-graduada em Saúde da Família. Desde 2012, atuante nas políticas públicas da zona leste de São Paulo.

#### SANDRA ALENCAR
Psicóloga, psicanalista, mestre e doutora em psicologia social, membro do Grupo Veredas - Psicanálise e Migração, e trabalhadora da saúde na Secretaria Municipal de Saúde de São Paulo.

#### TIDE SETUBAL
Psicóloga, psicanalista, mestre pela universidade Paris V. Membro do Departamento de Psicanálise do Instituto Sedes Sapientiae, onde participa de grupos de pesquisa e é professora do curso Clínica Psicanalítica - Conflito e Sintoma. Coordenadora do projeto Territórios Clínicos e conselheira da Fundação Tide Setubal.

#### VERONICA ROSA DA SILVA
Mãe; psicóloga; psicanalista; trabalhadora do SUAS; membro dos coletivos Pretoologia e PerifAnálise São Mateus; uma das condutoras do grupo de estudos EtnoperifA e de estudos em Freud.

#### VIVIANE SORANSO
Psicóloga, ativista social, especializada na promoção da inclusão racial e de gênero. Mestre em Mudança Social e Participação Política pela USP. Coordenadora do Programa Lideranças Negras e Oportunidades de Acesso na Fundação Tide Setubal. Desempenha papel fundamental na implementação do Comitê de Diversidade e Inclusão.

Este livro foi impresso na cidade de Cotia,
nas oficinas da Meta Brasil,
para a Editora Perspectiva.